알기쉬운

형사소송법 제2판

오경식 지음

유원북스

머리말

2019년 상반기에는 형사사법 절차에서 많은 변화를 이루기 위한 다양한 정부 정책들이 쏟아졌다. 고위공직자를 수사대상으로 하는 공수처 설치, 경찰과 검찰의 수사권의 근본적 변화를 예상하는 검경수사권 법안 등이 국회에서 패스트트랙의 형식으로 제안되어 있다. 물론 이와 유사한 법안들이 과거에도 여러 차례 국회에서 제안된 적은 있지만 이번에는 분위기가 과거와는 다르다는 느낌이 든다.

실체적 진실발견과 절차적 정당성을 함께 확보하려는 형사소송법 이념에는 여러 가지 험난한 과정이 있었지만 현대 민주주의 국가에서는 그 접점을 찾거나 아니면 절차적 정당성에 더 큰 무게를 두는 방향으로 국가형벌권의 규율이 진행되고 있다.

수사부터 형벌의 집행까지 진체적 형사소송절차에서 강조되는 원칙은 공판중심주의를 통한 구두변론주의일 것이다. 또한 인터넷과 가상세계 등 현재의 과학기술에서 다양하게 형성되는 전자적 사실을 재판에서 증거로 채택하는 여러 과정을 형사소송법이라는 법규범으로 현출해야 하는 것은 입법, 사법, 정부에서 여러 가지 극복되어야 할 시대적 사명이라 할 수 있다.

안타깝게도 국민들에게 중요한 형사 관련 법률 개정은 법률전문가들의 전문성 보다는 정치적·시대적 상황에 따라 정책적으로 급조되는 경향이 있으며, 그러한 경향이 최근 너무나 많이 진행되고 있다. 우리 형사소송법이 전면적으로 개정된 시기는 2007년 4월 30일 국회본회의를 통과한 형사소송법이다. 당시 개정은 형사소송의 기본적 내용을 거의 변경하는 수준의 대폭적 개정이었다.

국민의 형사재판 참여제도, 변호인의 피의자신문참여권, 기록열람·등사권, 피의자와 피고인의 진술거부권, 피의자신문, 구속사유와 구속기간, 구속전피의자심문제도, 보석과 체포·구속적부심사제도, 긴급체포시의 압수·수색·검증제도, 재정신청제도, 공판전 준비절차와 피의자신문제도, 증거법분야 등을 반영한 공판중심주의의 강화가 그 주요 개정내용이었다.

그 후 2017년 12월 개정된 전자적 증거와 헌법재판소 위헌결정에 대한 보완적 일부 조문 개정이 있었다. 물론 향후 경찰과 검찰 및 국가정보원의 수사권 관련 형사소송법이 대폭 개정될 경우 이에 대한 전면적 내용 수정은 불가피하지만 향후 이러한 절차는 아직 유동적이기 때문에 추후 개정안이 통과될 경우 이에 대한 내용을 보완하기로 한다.

이 책은 법학과 및 로스쿨에서 형사소송법이라는 과목을 쉽게 이해할 수 있도록 핵심적인 내용을 정리하여 변호사시험, 행정고시, 경찰공무원 채용과 승진 및 법무사 등 각종 시험을 대비한 정리서의 성격을 가지고 있다.

이 책은 저자가 1987년부터 매 학기 대학과 온라인 강의를 통해 형사소송법 과목을 강의하면서 틈틈이 정리한 강의안과 주요 판례등을 정리하였으며, 특히 강의실에서 학생들과 토론을 하면서 어려운 이론과 쉽게 이해하기 어려운 분야와 이론을 보다 쉽게 전달하기 위하여 이 책을 출간하였다.

저자는 사법시험, 입법고시, 행정고시, 변호사시험, 경찰채용 및 승진시험 등 각종 출제위원을 역임하면서 경험한 관련 분야의 이론과 내용 파악을 쉽게 하도록 하였으며, 또한 최근의 형사소송관련 판례와 실무를 전체적으로 이해하기 쉽게 정리한 것이 이 책의 장점이다.

이 책은 법학과 학생은 물론이고 비법학도도 쉽게 형사소송법의 전반적 내용을 이해할 수 있도록 그 분량을 대폭 줄여 각종 시험에 대비할 수 있도록 하였다. 또한 형사소송법을 처음 접하거나 기본 교재 없이 온라인 강의를 듣는 학생들에게도 기본 교재로 손색이 없다고 생각한다.

이 책의 출간에 많은 분들의 도움이 있어 먼저 감사를 드린다. 먼저 학문의 길로 이끌어 주시고 항상 따뜻한 격려와 도움을 주신 은사님이자 지도교수님이신 연세대학교 명예교수이신 이형국교수님께 감사드리며 건강과 행복이 함께 하시길 바랍니다.

이 책의 출간을 위해 구성과 아이디어 및 관련 자료 수집에 도움을 준 국립강릉원주대 형사법 강의를 담당해 오고 있는 라갑주박사에게 감사드린다. 또한 국립강릉원주대 대학원 박사과정을 수료하고 형사소송법 강의를 해온 박민수선생에게도 감사를 드립니다. 또한 어려운 여건 속에서도 이 책의 출간을 위해 편집과 교정을 다 해주신 유원북스 이구만사장님께 감사들며, 이 책의 출간으로 형사소송법을 공부하는 모든 이들에게 학문적 발전과 행운이 함께 하길 기원합니다.

2024년 2월 5일 강릉에서 저자

차 례

제1편 서 편

제2편 총 론

제1장 소송의 주체

제2장 소송절차

제3편 각 론

제1장 수 사

제 1 편
서 편

제 1 장

형사소송법의 의의와 성격

제1절 형사소송법의 의의

1. 형사소송법이란 '형사절차'(실체형법의 구체적 실현을 위한 절차)를 정하는 국가법체계이다.

2. 형사절차법이 아니라 형사'소송'법이라 부르는 이유는?

- 형사소송은 형사절차의 일부로서 특히, 소송의 구조 즉 특정한 사건에 관하여 기소자(검사)와 피기소자(피고인)가 양당사자로서 대립하여 공격·방어를 행하고 이에 공정한 제3자인 법원이 공권적 판단(재판)을 내리는 절차를 말한다.
- 규문절차에서는 기소자와 법원이 분화되어 있지 않고, 피고인은 단지 조사의 객체에 그치므로 '소송'이라 할 수 없고 단지 형사절차라고 할 뿐이다.
- 바로 이점을 강조하기 위하여 형사'소송'법이라고 부른다. 다만 형사절차는 형사소송 뿐만 아니라(기소에서 재판확정까지 뿐만 아니라) 그 전절차인 수사절차, 후 절차인 재판 집행절차까지 의미하며 형사소송법은 이들까지 규정하고 있다.

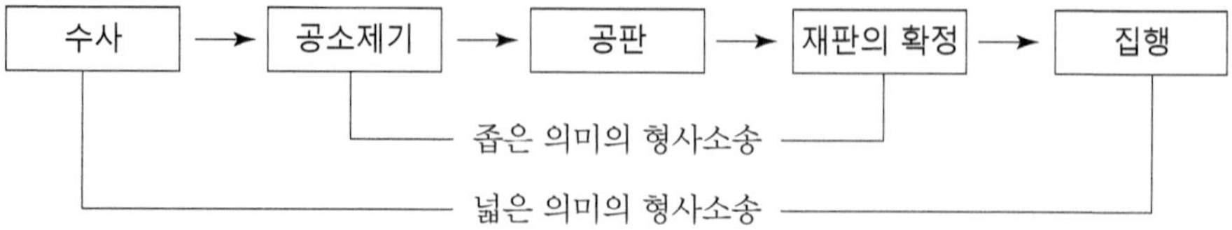

3. 우리 형사소송법도 좁은 의미의 형사소송 절차뿐만 아니라 그 전후절차인 수사절차, 재판집행절차까지도 규율하고 있다.

- 제1편 총칙(1조~194조)
- 제2편 제1심(195조~337조)
- 제3편 상소(338조~419조)
- 제4편 특별소송절차(재심, 비상상고, 약식절차) (420조~458조)
- 제5편 재판의 집행(459조~493조)

4. 형법과 형사소송법과의 관계

- 형법의 구체적 적용은 반드시 형사소송법에 정한 절차에 따라야 한다(당사자의 임의로 실현할 수 있는 사법의 경우와는 본질적으로 다르다).
  - → 사적자치의 원칙(민법상 권리는 민사소송의 절차 없이도 실현할 수 있다).
- 사법과 민사소송법과의 관계보다 형법과 형사소송법과의 관계는 훨씬 더 밀접한 관계에 있다(일체불가분의 관계).
  - Mommsen, "형사소송 없는 형법은 칼 없는 칼자루와 같고, 형법 없는 형사소송은 칼자루 없는 칼과 같다"(Mommsen, Römisches Strafrecht, 1899).

제2절 형식적 의의의 형사소송법과 실질적 의의의 형사소송법

1. 형식적 의의 : 「형사소송법」(1954.9.23 법률 제341호)으로 불리어 공포·실시한 법률 → 형사소송법전

＊실질적 의의의 형사소송법이 아닌 과태료(151) 비용배상 등 규정도 있음.

2. 실질적 의의 : 형사절차를 규정한 법률체계의 전부. 그 주요한 것은 형사소송법에 규정되어 있으나, 예컨대 법원조직법, 검찰청법, 즉결심판에 관한 절차법, 소년법, 관세법, 소송촉진 등에 관한 특례법 등에도 포함되어 있다.

제3절 형사소송법의 성격

1. 형사소송법은 공법이다.

2. 형사소송법은 사법법이다.

－형사소송법은 형사사법권(국가적 공권)의 행사에 관한 절차를 규정하고 있는 사법법이다(행정법에 대립).

- 사법법＝법적 안정성을 원리
- 행정법＝합목적성을 원리
  - └→ 무엇이 정당한가를 결정하는 가치기준

※ 사법법과 행정법의 불가분적 관련성
- 수사단계 ↔ 경찰법
- 소송조직 ↔ 사법행정법
- 형 집행 ↔ 행형법

3. 형사소송법은 형사법이다.

– 사법법

┌ 민사법 : 사인사이의 평균적 정의(형식적 평등)의 실현, 이해득실을 평균화하여 조정.
└ 형사법 : 국가와 개인사이의 배분적 정의(실질적 평등)실현.

┌ 민사법 : 당사자 처분주의, 형식적 진실주의
└ 형사법 : 당사자 처분주의 없음, 실체적 진실주의, 정치적 색채

- 현행 형사소송법은 당사자주의를 대폭 도입하여 직권주의와의 조화를 꾀하고 있으나 공형벌의 실현을 목적으로 하는 형사소송법에는 어느 정도 직권주의와 실체적 진실주의가 요청된다(형사소송의 민사소송화의 한계).

4. 형사소송법은 절차법이다.

– 실체법인 형법의 구체적 실현절차를 정한 절차법이다(기술법).

- 형법 : 윤리적 성격(사건 그 실체에 관하여 적용)
- 형소법 : 기술적 성격, 형식적 확실성(형법의 구체적 적용절차에 적용)

– 형사소송법은 ① 소송행위의 대리나 취소를 허용하지 않음
② 기술적 성격(공소장의 기재, 교호신문제 등)이 강한 것으로 윤리적·몰가치적이다.

제 2 장
형사소송법의 법원과 적용범위 및 역사

제1절 형사소송법의 법원

1. 형사소송법의 법원은 원칙적으로 '형식적 의미의 법률'이어야 한다(명령이나 관습법을 법원으로 부터 배제).

* 법치주의(Rule of Law), 헌법 12조 1항 "누구든지 법률에 의하지 아니하고는 체포, 구금, 압수, 수색 또는 신문을 받지 아니하며, 법률과 적법한 절차에 의하지 아니하고는 처벌, 보안처분 또는 강제노역을 받지 아니한다."
→ 이는 영·미의 "due process of law"(법의 정당한 절차)사상을 헌법에 명시한 것임.
* 법원(法源)＝헌법, 형사소송법, 법원조직법, 검찰청법, 경찰관직무집행법, 변호사법, 소년법, 즉결심판에 관한 절차법, 형사보상법, 소송촉진 등에 관한 특례법, 행형법, 국가보안법 등.

2. 대법원 규칙

－헌법 제108조, "대법원은 법률에 저촉되지 아니하는 범위 안에서 소송에 관한 절차, 법원의 내부규율과 사무처리에 관한 규칙을 제정할 수 있다."

– 대법원 규칙은 피고인의 중요한 이해와 관계없는 사항, 즉 순기술적 사항에 관해서만 허용되며, 법원이 될 수 있다.
– 현행 형사소송규칙은 2012년 5월 29일 대법원규칙 제2403호로 일부개정, 2013년 1월 1일부터 시행되고 있다.

제2절 형사소송법의 적용범위

1. 물적 적용범위

– 우리나라 법원에 재판권이 있는 모든 형사사건이 적용된다.
  • 피고인, 피의자의 국적은 불문한다.
  • 행정벌 사건, 징계사건은 제외된다.

2. 인적 적용범위

– 대한민국 영역 내에 있는 모든 사람에 적용된다. 단, 다음과 같은 예외가 인정된다.

1) 국내법상 예외

– 대통령은 내란 또는 외환의 죄를 범한 경우를 제외하고 재직중 형사상의 소추를 받지 아니한다(헌법 제84조).
– 국회의원은 국회에서 직무상 행한 발언과 표결에 관하여 국회 외에서 책임을 지지 아니한다(헌법 제45조).

2) 국제법상 예외

– 외국의 원수 그 가족 및 내국인이 아닌 수행자
– 위임받은 외국의 외교관 및 부수원(참사관, 서기관, 외교관부 무관. 서기).
– 승인을 얻고 대한민국 영역 내에 주둔하는 외국의 군대 및 군함 소속원

3. 지역적 적용 범위

– 속지주의 : 대한민국 영역 내에서 발생한 형사소송(영역이란 영토, 영해, 영공을 포함). 대한민국영역 외에 있는 우리선박, 항공기 포함(형법 제3조, 제5조, 제6조)

* 치외법역 : 외국의 대사관, 공사관, 승인을 얻고 대한민국 영역 내에서 체류하는 외국의 군함.

4. 시간적 적용범위

– 시행시부터 폐지시까지.

– 법률의 변경이 있는 경우 소급효 금지의 원칙은 형사소송법에는 적용되지 않는다. 따라서 신법을 적용할 것인가 구법을 적용할 것인가는 입법정책의 문제.

  • 공소제기를 기준으로 형사소송법 시행 전에 공소가 제기된 사건에 대하여는 구법을 적용하고(형사소송법 부칙 제1조), 시행 후에 공소가 제기된 사건에는 본법을 적용한다. 단, 시행 전에 구법에 의하여 행한 소송행위의 효력에는 영향을 미치지 않는다(형사소송법 부칙 제2조).

제3절 형사소송법의 역사

1. 서설

1) 형사소송제도는 인류의 장구한 역사적 소산이다.

① 복수시대 : 사적 복수 [동해보복(Talio법칙)]

② 사적 복수의 한계(속죄형)

③ 공형벌시대로의 진입(초기단계의 죄형천단주의, 위하형)

④ 형사법의 분화와 규문주의

⑤ 근대시민국가성립과 죄형법정주의 : 법의 지배, 사법권독립
→ 탄핵주의적 소송구조의 확립(신의 지배에서 벗어남)

* 일찍이 인류는 초경험적인 신의 존재를 절대시하여, 신판이라는 초경험적 수단을 쟁송의 추이를 결말짓는 제도로 사용하였다. 그러나 과학의 발달과 휴머니즘의 각성으로, 형사절차에 있어서 신의 추방이 이루어졌다.

⑥ 오늘날 형사소송구조 ┌ 대륙법계(직권주의)
└ 영미법계(당사자주의, 배심제도)

2) 근대 및 현대국가는 소송활동의 주도권을 당사자에게 부여하는 탄핵주의적 소송구조를 취하고 있다.

- 이는 장구한 인류의 역사적·문화적 업적이지만 여전히 지성적인 제도로 발전가능성이 있다. 우리는 우리에게 주어진 형사소송 구조를 금과옥조로 할 것이 아니라 아직 미완의 창조 대상으로 파악하여 신의 지혜로 접근할 수 있는 제도적 개혁을 염두에 두자(Sisyphus의 노력).
- 우리의 형사소송법을 이해하려면 우리나라 고대의 형사제도에 대한 이해가 앞서야 하지만, 다른 법체계와 마찬가지로 서구의 그것을 계수하였으므로 먼저 서구의 형사소송역사를 고찰하기로 한다.

2. 서구의 형사소송 역사(대륙법계, 영미법계)

1) 로마법계

- 로마 초기 왕정시대 : 고대법적 테두리에서 왕 및 관리는 아무런 제약없이 형벌권 행사가능.
- 공화정시대 : 민회에 의한 민중재판. 말기에는 실체법과 절차법 구분, 죄형법정주의, 배심제도의 싹이 틈. 공중소추제도확립.
- 제정시대 : 황제와 원로원이 재판권장악 → 배심제도 없어짐.
    - 직권으로 시작되는 형사절차 : 고문횡행, 중세 이후 규문주의 확립에 영향.
    - 소추를 기다려서 시작되는 절차.

* 로마법에는 직권주의, 규문주의적 색체가 짙음. 민형사의 혼동.

2) 게르만 법계

– 프랑크 왕국 이전 : 민회(무장능력 있는 자유인 남자가 모인 회의)에 의한 민중재판, 공개 · 구두 · 변론주의, 피해자소추.
원시적 증거법(신판, 결투, 결백선서)

– 프랑크 왕국 이후 : 중앙집권적 왕권 신장, 국왕법원설치

• 카알 대제 때 → '프랑크의 규문절차'(Frankisches Rügeverfahren), 직권주의. 범인지명, 결백선서, 비합리적 증거법, 합리적 증거법칙에 입각한 근대적 규문절차와 다름.
프랑크의 형사절차는 중세 교회법에 지대한 영향 → 중세 봉건적 규문절차 성립에 근거를 제공

3) 근대 초기의 규문 절차

– 근세 초기의 강력한 국가절대주의를 배경으로 규문주의가 확립됨. 중대한 역할은 이태리 볼로냐 대학을 중심으로 한 주석학파가 만든 카논법(그리스도교의 발전과 더불어 형성된 법체계로서 종교법을 본질로 한다. 중세에 있어서의 그리스도교의 발전은 법왕의 권위를 증대시켜 교회는 국가와 병존하는 대세력으로, 교회에 관한 법체계가 국가법과 독립하여 시행되었다. 교회재판소는 종교적 사항 이외 혼인이나 이자 등 사건에도 재판권을 가졌다)이다.

– 모든 절차는 비밀주의 · 서면주의 · 고문인정(자백은 증거의 왕)

– 독일로 계수되어 카롤리나 형법전(C.C.C.)(1532년)에 명문화 : 전 유럽으로 확산.

• 민사와 형사의 분할, 신판과 같은 비합리적 증거법칙 배제.
예 피고인의 자백 또는 신용 있는 2인 이상의 증언이 있어야 유죄로 함.

• 그러나 고문의 성행, 절차의 무시 등 인권 유린 사태 속출

– Voltaire(1694~1778)("프랑스의 형법은 시민을 상하게 하는데 목적이 있고 영국의 형법은 시민을 구제하기 위해서 있다." 영국 배심제 찬양), Montesquieu(1689~1775), Beccaria(이태리, 1738~1794) 등의 맹렬한 비판.

* Beccaria

1738.3.15. 밀라노에서 귀족의 아들로 출생.

빠비아 대학에서 법학을 공부하면서 욕구불만에 찬 청년으로 성장.

－"범죄와 형벌"(1764) → 익명으로 출판, 열광적 반응 일으켰다.

└→ 비인간적 고문, 재판에 작용하는 금력, 권력 비판

㉵ 법정에서 무죄 방면될 사람도 형리에게 돈을 주지 않으면 다시 옥으로 끌려가며 형리는 고가로 술을 팔았으며 돈 없는 피의자는 짚단조차 없는 맨 땅바닥에서 잤으며 부유한자는 개인용실을 빌려 가족과 동거, 외출하는 등 자유로운 생활. 순회재판은 연1회, 지하 감옥에서 재판도 받지 못하고 2년 이상 감금된 자도 수두룩하였다.

4) 프랑스 대혁명과 형사소송법의 개혁(탄핵주의)

－프랑스 대혁명(1789)을 고비로 전 유럽의 전제군주정체가 붕괴되고, 자유주의·민주주의·법치주의의 열광적인 물결에 의해 규문주의 형사절차가 퇴각되어 영국의 형사절차를 모방하려고 노력하였다. 공개주의, 구두주의, 배심제도(기소배심, 심리배심제도)를 도입)

－프랑스 혁명의 반동(나폴레옹 제의 등장) : 다시 권위주의적 경향

* 나폴레옹 치죄법(1808) : 검사에 의한 국가소추주의, 규문주의 색체 농후한 예심 절차. 법원의 직권주의, 공개주의, 자유심증주의 등으로 직권주의 색체가 농후한 '개혁된 형사소송법'이라고도 불리운다.

5) 대륙법계의 형성

－프랑스 나폴레옹의 '개혁된 형사소송법'은 유럽제국에 영향을 미쳐 대륙법계의 전형을 형성함.

－규문주의 → 탄핵주의로 발전(단 직권주의 색체 짙음).

－독일에서도 형사소송법전(1877.3) 제정.

－프랑스, 독일을 주축으로 한 대륙법계의 형성.

3. 영미법계의 형사소송역사

1) 영국

- 11C 중엽 이후 노르망 정복 : 민중재판(공개주의, 구두변론주의)
  → 국왕의 전단적 형사재판을 제한하는 기반.
- 13C 신판이 금지되었고 배심제도를 채택.
- 철저한 당사자주의, 탄핵주의적 소송구조확립.
  - 특징
    - 배심제도, 당사자주의.
    - 증거법칙확립 : 자백법칙, 전문법칙.
    - 인권보장과 적정절차(due process of Law).
    - 인신보호절차(Habeas Corpus).

    "한 사람의 무고한 자를 벌하는 것보다 열 사람의 죄인을 놓치는 것이 낫다"(better ten guilty escape than one innocent suffer).

2) 미국

- 1776년 독립 이후 영국과 동일한 형사제도 채택.
- 특징 : 철저한 당사자주의, 구두변론주의, 단 검사에 의한 국가소추주의는 독특한 발전(영국 : 경찰소추원칙, 사인소추 인정).
- 후진국의 형사제도에 중대한 영향력을 미침.

4. 우리나라 형사소송역사

1) 고대

- 충분한 자료가 없으나 「삼국지위서동이전」, 「주서이역전」 등에서 보여 지는 단편적인 사기(史記)를 정리하면
  - 고조선의 팔조법금 "상살자 이사상(相殺者 以死償)(사람을 죽인자는 사형에 처하고), 상상이곡상(相傷以穀償)(상해를 입힌 자는 곡식으로 배상하고), 상도자몰위기가노비(相盜者沒爲其家奴婢)(도둑질을 한자는 그 집의 노비가 된다)".

• 부여의 12배 배상(절도).
• 고구려의 제가회의제도(제가평의제도) : 민중재판성격
• 동예의 소도(Asylum, 피난처제도).
• 혈족에 의한 복수에서 속죄시대로 이행하였음을 추측.

– 중앙집권적 고대국가인 삼국시대에 들어오면 왕권 강화와 더불어 공형벌 제도의 확립이 진행된다. 삼국시대에 통일적 법전이 있었는지는 의심스러우나 일반적으로 수살, 살인, 간음 등에 대하여는 엄한 형벌이 따랐을 것으로 추측.

2) 고려시대

– 중앙집권이 확립된 왕권국가로서 당률이 의용되었다.
– 형사절차는 전단적 권위주의적이었고 고문이 허용되었다.
– 재판권은 중앙은 형부가, 지방은 지방행정관리가 행사하여 행정사법이 분리되지 못하였음(민·형사의 미분화).
– 특징 : 왕권본위의 규문절차.

3) 조선시대

– 중국의 大明律을 우리 실정에 알맞게 의용 하는 한편 「경국대전」, 「속대전」, 「대전통편」, 「대전회통」 등 법전을 제정하였으나 형정의 문란은 그칠 줄 몰랐다.
– 형사절차의 특색은 전단적·권위주의적이었고 고문이 허용되었으며, 사법권은 후기로 갈수록 권문세가에 의하여 도용되었다.
– 재판기관은
  - 국왕＝친국(親鞠) : 중대사건의 경우.
  - 의금부＝추국(推鞠) : 강상(綱常)의 죄는 삼성추국(三省推鞠)이라 함. 형조, 한성부.
  - 관찰사＝유형 이하의 죄 재판.
  - 지방수령＝태형 이하의 죄 재판.
  - 형사절차＝유고적 합리주의에 입각한 규문절차.

[수사절차와 재판절차의 미분화]

- 죄인 신문(訊問) → 문초, 고문(공초를 받아냄), 구두주의(문자 서납의 금지)
- 고문의 허용 → 자기부죄진술의 의무 ┌ 압슬, 족장
  └ 낙형, 난장

※ 단 노약자, 임산부는 고문금지, 고문방법의 상세한 제한(때리는 부위, 횟수, 심장의 규격)

- 증인심문 ┌ 목격자(간증)를 중시함.
  증인에 대한 문초가 행해짐. 대질.
  └ 호패에 의한 사전적인 증인신분확인.
- 검험(檢驗) ┌ 사체검시(예 피부에 푸른 반점이 있으면 중독사).
  「무면록」에 의거 채증(採證)함.
  └ 사체의 장소이동금지. 처녀시체검시에는 여자의 참여.
- 심리기한 : 결옥일한(決獄日限)제도 ┌ 大事(死) 30일
  中事(徒流) 20일
  └ 小事(苔杖) 10일

※ 사형의 사인삼복제도(死因三覆制度)실시(3심제도).

※ 조선시대 형사절차의 폐해.

- 각종 비리협잡군 횡행.
- 대리태형, 사인도 교묘하게 빠져나감(문서위조).
- 금옥(禁獄)시설 엉망(식사제공 없음, 옥바라지, 자체조달 능력 없으면 대궁밥이나 얻어먹음).

4) 한일합방과 대륙법 계수

- 1910년 한일합방.
- 1912년 조선총독부제령 제11호(조선형사령)로 일본의 구형사소송법이 사용됨(대륙법계의 첫경험) → 식민지하 권위주의 · 직권주의의 경향.
- 1945년 해방.

- 1948년 미군정법령 제176호 형사소송법의 개정에 의하여 영·미식 당사자주의적 소송절차 도입, 영장제도, 변호제도의 강화 등을 채택함으로써 영미법계의 첫경험.

5) 현행형사소송법

- 1954년 법률 제341호로 제정·공포.
- 이후 현재까지 2020.2.4. 법률 제16924호로 일부 개정되어 시행되고 있다. 단 부칙에 그 시행 시기를 공포 후 6개월이 경과한 날부터 1년 내에 시행하되, 그 기간 내에 대통령령으로 정하는 시점부터 시행한다. 단 형사소송법 제312조 제1항(검사작성 피의자신문조서)의 개정 규정은 공포 후 4년 내에 시행하되, 그 기간 내에 대통령령으로 정하는 시점부터 시행하며, 공수처 관련 법률(고위공직자범죄수사처 설치 및 운영에 관한 법률 일부 중 동 법률 제21조 제2항 중 형사소송법 제196조 제1항을 형사소송법 제197조 제1항(사법경찰관)으로 개정하여 시행하고 있다.
- 현행 형사소송법은 영미법계의 당사자주의적 소송구조와 대륙법계인 직권주의 소송구조를 절충하여 운영되고 있다.

제 3 장
형사소송법의 이념(목적)

– 형사소송법의 목적 내지 이념은 무엇인가? → 그것은 '형사사법에 있어서의 정의'이다. 이것은 두 측면에서 의미를 갖는다.

- 실체면 : 범죄의 진상을 신속하고 정확히 파악하여 법적용.
- 절차면 : 실체면을 파악하는 과정. 절차적 측면에서도 절차적 적정, 인권보장이 실현될 것.

1. 실질직 목적(공정·신속한 재판)

1) 형사사법에 의한 정의, 즉 공정한 재판.

┌ 사실의 진상을 정확히 파악하여 형벌법규의 적정한 적용.
│ 사실의 진상을 정확히 파악하지 못하면 중대한 오판을 초래한다.
└ 공정한 재판＝사안의 진상파악＋형벌법규의 바른 적용.
　　　　　　　└→ 이를 특히 실체적 진실발견주의라 한다.

– 사안의 진상파악 : 실체적 진실발견주의.

- 실체적 진실발견주의란 법원이 당사자의 사실상의 주장, 사실의 인부(認否) 또는 제출한 증거에 구속되지 아니하고 실질적으로 사실의 진상을 규명하여 객관적으로 진실한 사실을 인정하는 주의를 말한다(반대 : 형식적 진실주의).

• 형식적 진실발견주의란 법원이 당사자의 사실상의 주장, 사실의 인부 또는 제출한 증거에 구속되어 이를 기초로 하여 사실의 진부를 인정하는 주의를 말한다.

• 민사소송에서는 당사자 처분주의가 인정되어 있으므로 형식적 진실주의가 지배하고 있으나, 공형벌의 문제를 다루는 형사소송에서는 실체적 진실주의가 요청되고 있다.

※ 기소인부절차(Arraignment)

└→ 공판정에서 피고인에게 공소사실을 고지하면서 그의 답변을 구하는 절차.

영국 보통법(Common law)에 기원.

– 왜 실체적 진실주의가 요청되는가?

• 적극면 : 죄 있는 자는 빠짐없이 벌하자! (대륙법계)

• 소극면 : 죄 없는 자가 유죄로 되는 일이 없도록 하자! (영미법계)

□ 영국격언 : "한사람의 죄 없는 자를 벌하는 것보다는 열사람의 범인을 놓치는 것이 낫다."

□ 소극적 진실주의가 강조되는 경향(현대 자유민주주의).

– 실체적 진실주의의 제약

• 절대적 진실은 신의 능력으로나 가능한 것이고 인간의 능력으로는 한계에 직면한다.

• 형사소송도 하나의 국가제도인 이상 개개 사건마다 진실발견을 위하여 무한한 노력과 비용을 쓰는 것은 불가능하다. 제도적 제약을 전제로 가능한 한 절대적 진실에 접근할 수밖에 없다.

• 신속한 재판의 요청으로 인한 시간적 제약.

• 소송법 이외의 다른 이익과의 충돌로 인한 제약.

예 군사상·공무상·업무상 비밀을 보호하기 위하여 이를 압수·수색하는 것을 제한할 수 있다(형소법 제110조~제112조), 증언거부권 인정(형소법 제147조~제149조).

* 이는 실체적 진실발견이라는 소송법적 이익보다 다른 이익이 우위에

있음을 인정하는 것.

형벌 법칙의 바른 적용

－죄형법정주의 원칙

－사실의 인정, 법령의 해석·적용, 형의 양정(量定)도 공정할 것

- 사법권의 독립효과도 관계됨(재판의 독립)
- 행정권으로 부터의 독립, 여론(매스컴)으로부터의 독립

2) 신속한 재판

－재판의 공정성은 신속할수록 빛난다.

－Bacon, "사법은 신선할수록 향기가 높다."

－헌법 제27조 제3항 "모든 국민은 신속한 재판을 받을 권리를 가진다. 형사피고인은 상당한 이유가 없는 한 지체 없이 공개재판을 받을 권리를 가진다."

－「소송촉진 등에 관한 특례법」

- 제21조(판결선고기간)
  - 1심 : 공소제기 된 날로부터 6개월 이내
  - 항소심 → 기록 송부 받은 날로부터 4개월 이내
  - 상고심 → 기록 송부 받은 날로부터 4개월 이내
  - 약식명령 : 청구일부터 14일 내(법 제22조)

2. 절차상의 목적(적정절차, 인권보장)

1) 절차의 적정(형사사법절차에 있어서의 정의)

－형벌권실현이 공정하더라도 절차가 부적정해서는 안된다. 수단, 절차도 정당하여야 한다. 영미법상의 법의 적정절차(due process of Law → 원래 영미법적 개념. Magna Carta → 처음에는 형식적인 법의 구속을 의미했다가 자유와 정의 같은 의미로 유연한 내용을 갖는 것으로 이해되었다가 현재에는 실질적인 공정·합리적인 것을 뜻한다)강조. 대륙법계의 법치주의도 동일한 개념.

예 진술거부권보장. 자백배제법칙, 위법하게 수집된 증거배제 등도 법의

절차적 적정에서 이해할 수 있다.

2) 인권보장

– 수사절차, 공판절차, 집행절차 등 형사절차에 있어서 수반되는 각종 강제적 처분은 항상 인권보장을 염두에 두어야 한다.

– 영장제도

– 형사소송법은 공공질서유지와 인권보장이라는 두 마리의 토끼를 쫓는 것 (조화점 발견에 노력 경주)

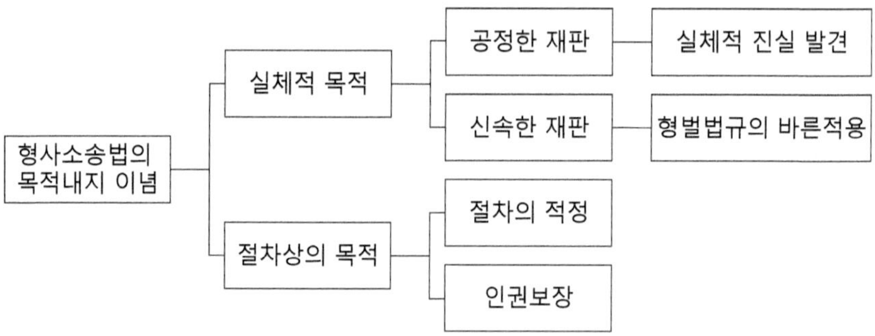

제 4 장

형사소송의 기본구조

– 형사절차의 성격과 구조는 시대 및 국가에 따라 다르다.

– 역사적으로 보면 규문주의와 탄핵주의로 대별되고 탄핵주의는 다시 직권주의와 당사자주의로 구분된다.

- 규문주의
- 탄핵주의
  - 직권주의(대륙법계)
  - 당사자주의(영미법계)

→ 우리 형사소송법(절충주의)

– 우리 형사소송법은 직권주의와 당사자주의의 절충을 통하여 조화를 꾀하는 탄핵주의적 소송구조를 취하고 있다.

1. 규문주의와 탄핵주의

1) 규문주의란 재판기관이 소추기관의 소추 없이 직권에 의하여 형사절차를 개시·심리할 수 있는 주의를 의미한다.

– 규문절차는 소송구조가 아니다. 피고인은 단지 조사·심리의 객체에 불과하고 소송주체로서의 당사자가 되지 못한다.

– 카롤리나 형사법전에 의해 대표되는 규문절차는 국가절대주의를 배경으로 하고 있었으나 프랑스 혁명을 계기로 탄핵주의적 소송구조가 확립됨에 따라 자취를 감추게 되었다.

– 진실진술의무를 강제하기 위한 고문 성행, 밀행주의, 서면주의

2) 탄핵주의란 재판기관과는 별도로 소추기관(원고)에 의한 소추에 의하여 비로소 법원이 심리를 개시하는 형사절차이다.

– 피고인은 소추기관(원고)과 대립하는 소송주체이며 양당사자는 공격·방어의 권리가 있으므로 변론·증거제출을 통한 입증을 토대로 법원은 공정한 심리를 행한다.

– 불고불리의 원칙, 공개주의, 구두변론주의.

– 누가 소추하느냐 ┌ 국가소추주의 – 검사, 소추관(경찰, 국가기관)
　　　　　　　　　└ 사인소추주의 ┌ 피해자소추주의
　　　　　　　　　　　　　　　　　└ 공중소추주의

규문주의	탄핵주의(소추주의)
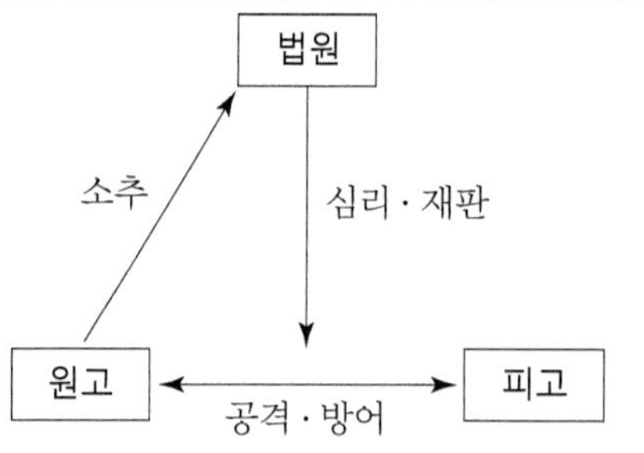	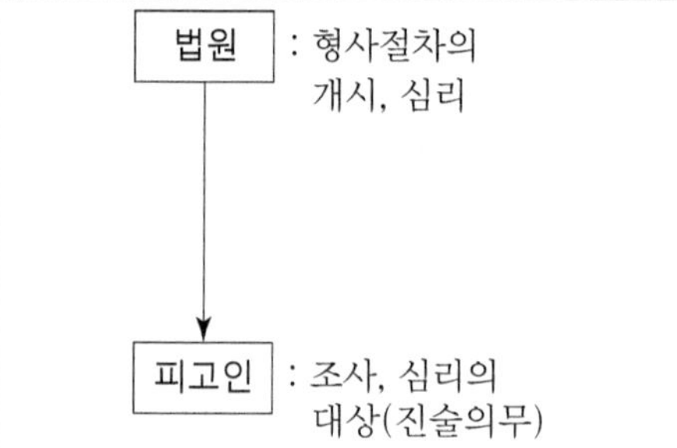

3) 우리 형사소송법은 탄핵주의적 소송구조

– 현행 형사소송법은 국가소추주의

– 기소독점주의(검사)

– 불고불리의 원칙, 공개주의, 공판중심주의, 구두변론주의

– 피고인은 소송주체(법원, 피고인, 검사) 가운데 하나이며 소송 당사자이다. (당사자 대등의 원칙) → 방어권

2. 직권주의와 당사자주의

1) 직권주의란 법원에게 소송의 주도권을 인정하여 법원의 직권에 의해서 심리를 행하는 주의를 의미한다.

– 대륙법계의 형사소송 구조(실체적 진실주의의 요청)

– 당사자의 소송활동은 소극적 · 수동적이다.

– 직권주의란 탄핵주의를 전제로 하고 있으므로 규문절치하의 극단 적인 직권주의와 혼동하여서는 안 된다.

– 직권주의는 실체적 진실발견주의로써 소송구조에 관련되는 것이 아니라 형사소송법의 목적에 관련된다.

2) 당사자주의란 소송당사자(검사, 피고인)에게 소송의 주도적 지위를 인정하고 당사자 상호간의 공격 · 방어에 의하여 소송을 진행시키는 소송구조를 의미한다.

– 영 · 미법계의 소송구조(게르만식 탄핵주의 전통)

– 피고인과 검사는 대등한 소송당사자로서 소송활동에 적극적, 능동적으로 참여하여 공격 · 방어를 행하고 법원은 단지 공정한 제 3자인 「엄피이이」로서 심판을 한다.

– 당사자주의

• 당사자 처분주의 : 소송목적물의 처분, 입증을 당사자의 의사에 맡겨 법원이 구속된다(민사소송).

• 당사자 소송주의 : 검사, 피고인이 공격 · 방어를 행하고 법원은 이를 근거로 재판한다(형사소송).

3) 양 주의의 장단점

	장점	단점
직권주의	• 실체적 진실 발견에 효과적 • 심리의 능률가속화	• 심리에 법원의 임의개입 위험 • 당사자의 소송활동경시 • 피고인의 방어권 소홀

당사자주의	• 피고인 방어권 보장, 인권보장 • 이해관계가 절실한 당사자의 적극적 소송활동에 基하여 실체적 진실 발견에 기여함 • 법원이 냉정한 제3자로서 공정한 재판을 할 수 있다	• 심리의 능률, 신속을 저해 • 당사자 간의 타협가능성으로 실체적 진실발견 저해 • 소송상능력의 차이로 말미암아 불공평한 재판 가능성(변호인 없는 피고인 불리)

※ 이처럼 직권주의와 당사자주의는 각기 장단점을 지니고 있으므로 어느 일방만이 우수하다고 할 수는 없다. 다만 형사소송은 실체적 진실발견이라는 대원칙을 근거로 하므로 완전한 당사자소송주의를 취할 수 없는 한편, 당사자주의가 없는 직권주의는 규문주의에로의 전락을 의미한다.

※ 결국 양자를 필요적 공존개념으로 보아야 하며, 문제는 양자를 어떻게 조화 있게 한계 지울 것인가이다(공익 vs 사익)

[우리나라의 형사소송구조]

	당사자주의	직권주의
당사자 대등	• 공판정출석, 변론, 증거조사 상소 등에 있어서 검사와 대등한 지위로서의 피고인 • 변호인제도의 보장	
심판대상의 한정	• 공소장기재(공소사실, 적용법조, 공소사실의 특정은 피고인의 이익을 위한 것) • 공소사실이 동일하여도 공소장변경하여야 심판 • 공소장변경시 피고인의 방어권보장을 위한 공판정절차정지	• 법원의 공소장 변경허가 공소장 변경요구
피고인 신문	• 심문의 주도권을 당사자에게 인정 • 피고인의 진술권(제286조) • 피고인의 진술거부권(제283조의2) • 검사의 논고(제302조) • 피고인의 최후진술(제303조)	• 법원의 보충심문권(제287조) • 법원의 진술제한권, 신문제한권(제299조)

증거 조사	• 당사자의 신청에 의한 증거 조사원칙(제294조) • 당사자의 증거조사참여권(제163조, 제176조) • 법원의 증거결정(제295조) • 증거조사신청권(제294조) • 증인신문권(제161조의2) • 증거조사에 관한 의견진술권(293조) • 증거조사에 대한 이의신청권(296조) • 상호신문제(제161조의2) • 전문법칙(제310조의2) • 증거로 함에 대한 동의(제318조)	• 법원의 직권에 의한 증거 조사는 보충적(제294조, 제295조) • 직권에 의한 증거조사(제295조) • 증거로 함에 대한 당사자의 동의의 진전성 조사(제295조) • 법원의 증인신문권(제161조의2) • 소송관계인의 진술제한권(제299조)
상소	• 항소이유만 심판함을 원칙으로 한다(제364조 제1항)	• 예외적으로 항소이유서에 포함되지 아니한 이유도 직권적 심판(제364조 제2항)
기타	• 당사자의 공판기일 지정신청권, 공판기일 변경신청권(제270조) • 재판장의 처분에 대한 이의권(제304조)	• 재판장의 소송진행권(공판기일지정·변경권, 변론제한, 증인신문순서변경권)

제 2 편
총 론

제 1 장

소송의 주체

제1절 형사소송의 주체

1. 형사소송의 주체란 소송절차를 발전·진행시킴에 있어 큰 주체적인 지위를 가지고 이에 관여하는 자(법원·검사·피고인)이다.

2. 소송주체

– 법원 : 심판의 주체(재판권의 주체)

– 검사 : 소추의 주체(공소권의 주체) ┐ → 심판을 받는 소송당사자

– 피고인 : 피소추자 ┘

[탄핵주의 소송구조]

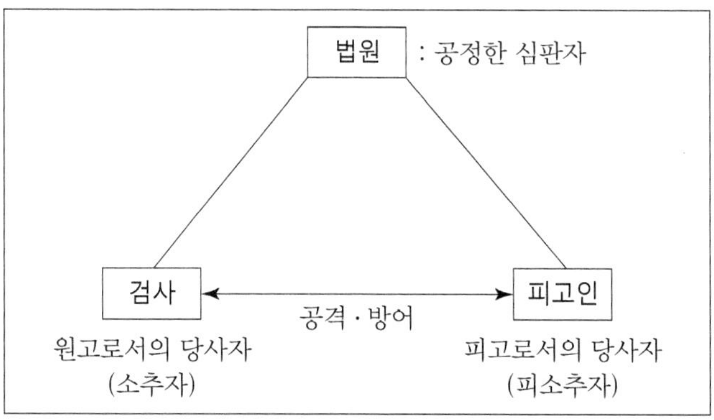

3. 소송관계인

- 검사, 피고인(당사자)
- 피고인의 변호인, 대리인, 보조인(형소법 제29조)

  → 피고인 또는 피의자의 법정대리인, 배우자, 직계친족, 형제자매는 피고인의 명시한 의사에 반하지 않는 소송행위를 할 수 있음.(단, 법률에 다른 규정이 있는 때에는 예외로 함)

4. 소송관여자 : 법원서기, 정리, 증인, 감정인, 고소인, 고발인 등

5. 기소전 단계에 있는 조사기관, 피의자 등은 소송의 주체가 아니다.

아무리 피의자의 지위가 준당사자적 지위로 향상되고, 수사절차가 소송구조화 되더라도 조사절차는 여전히 수사기관과 피의자사이의 양면관계일 뿐이다.

법원서기
정리, 증인
감정인, 고소인
고발인 → 소송관여자

변호인
대리인
보조인 → 소송관계인

6. 소송구조와 소송주체의 지위

- 규문절차 : 소송주체는 없고 피고인은 심리의 객체일 뿐
- 탄핵주의소송구조
  - 직권주의 : 법원이 주도적 지위, 당사자는 수동적
  - 당사자주의 : 당사자가 주도적 지위, 법원은 엄파이어

7. 당사자 대등의 원칙(무기평등의 원칙)

소송당사자인 검사와 피고인은 그 법적 지위가 평등하다. 공판정출석, 변론,

증거조사, 상소 등에 있어서 동일한 권리를 가진다.

제2절 법 원

1. 사법권 일반

1) "사법권은 법관으로 구성된 법원에 속한다."(헌법 101조 제1항).

삼권분립주의, 사법권우위론, 사법권의 독립(공정한 재판의 확보)

"법관은 헌법과 법률에 의하여 그 양심에 따라 독립하여 심판한다."(헌법 제103조) 법관의 신분보장, 사법행정의 사법부 내부 관할

2) 사법권(재판권)이란 법률상의 쟁송에 관하여 심리재판하는 권한 및 이에 부수되는 모든 권한(민사, 형사, 행정, 증거재판권).

3) 규범통제(H. Kelsen)

- 법률이 헌법에 위반되는 여부가 재판의 전제가 된 경우에는 법원은 헌법재판소에 제청하여 그 심판에 의하여 재판한다(헌법 제107조).
- 구체적 규범통제
  - 위헌법률심사권(헌법재판소).
  - 위헌위법명령 · 규칙 · 처분심사권(대법원).
  - 명령 · 규칙 · 처분이 헌법이나 법률에 위반되는 여부가 재판의 전제가 된 경우에는 대법원은 이를 최종적으로 심사할 권한을 가진다(헌법 제107조 제2항).

2. 법원의 의의와 종류

1) 법원의 의의

- 국법상의 의의 : 사법행정 단위로서의 법원
  - 사법행정상 관청으로서의 법원(사법행정권의 주체)

• 사법행정상 관서로서의 법원(단순한 사법행정의 단위로 어떠한 권한도 없다)
→ (법관을 중심으로 직·간접으로 법관을 보좌)

• 관서의 청사를 법원이라고도 한다.

– 소송법상 의의 : 재판권을 행사하는 재판기관 → 형사소송법에서의 '법원'(법관의 합의체, 단독판사)은 이런 의미

2) 법원의 종류

– 대법원(대법원장을 포함한 14인의 대법관)

– 고등법원 → 민사부, 형사부, 특별부

– 특허법원

– 지방법원 가정법원 (민사지법, 형사지법으로 할 수도 있다)

– 행정법원

– 지방법원지원, 소년부지원, 가정법원지원, 시·군법원 : 2, 3개를 합하여 1개의 지원으로 할 수도 있다.

– 특별법원 → 군사법원(헌법 제110조)

3. 법원의 구성

1) 국법상 의미에 있어서의 법원

(1) 법원

① 대법원

– 최고법원이며 서울특별시에 둔다(법원조직법 제11조, 제12조).

– 대법원장은 국회의 동의를 얻어 대통령이 임명(법원조직법 제41조 제1항)

– 대법관은 대법원장의 제청으로 국회의 동의를 얻어 대통령이 임명(대법원장을 포함한 14인)(법원조직법 제413조 제2항)

– 대법원에는 법원행정처를 둔다(법원조직법 제19조).

② 고등법원

– 고등법원장과 고등법원판사로 구성된다.

－민사부, 형사부, 특별부(부장판사를 둔다).

－고등법원에는 사무국을 둔다(법원조직법 제10조 제1항).

③ 특허법·특허법원은 1998.3.1부터 시행.

－특허법원에는 특허법원장과 특허법원판사로 구성된다.

－특허법원은 고등법원의 부와 부장판사에 관한 규정(법원조직법 제28조의3) 이 준용된다.

④ 지방법원

－지방법원장과 지방법원판사로 구성된다.

－민사부, 형사부를 둔다(민사지법, 형사지법으로 할 수 있음).

－지방법원에는 사무국을 둔다(법원조직법 제10조)

⑤ 가정법원

－가정법원장과 가정법원판사로 구성된다.

－부를 두고 부장을 둔다.

－가정법원에는 사무국을 둔다(법원조직법 제10조).

⑥ 행정법원

－1998.3.1부터 시행

－행정법원장과 행정법원판사로 구성된다.

－부를 두고 부장을 둔다.

－행정법원에는 사무국을 둔다(법원조직법 제10조).

⑦ 지원

－지방법원지원 : 지원장과 법률로 정한 수의 판사로 구성된다.
사무과를 둔다(법원조직법 제10조).

－지방법원소년부지원 : 〃

－가정법원지원 : 〃

－시·군법원 : 시·군법원에는 1인의 판사를 둔다.
시·군법원에는 다음의 사건을 관할한다.

1. 소액사건 심판법의 적용을 받는 민사사건
2. 화해, 독촉 및 조정에 관한 사건

3. 20만 원이하의 벌금 또는 구류나 과료에 처할 범죄사건

4. 「가족관계의 등록 등에 관한 법률」 제75조에 의한 협의상 이혼의 확인

(2) 법관

① 법관의 종류

– 대법관 : 판사, 검사, 변호사 또는 변호사 자격이 있는 자로서 법조경력(국가기관, 지방자치단체, 「공공기관의 운영에 관한 법률」 제4조에 따른 공공기관, 그 밖의 법인에서 법률에 관한 사무에 종사, 공인된 대학의 법률학 조교수 이상) **20년 이상**, 45세 이상.

– 사법연수원장, 고등법원장, 특허법원장, 법원행정처차장, 지방법원장, 가정법원장, 행정법원장과 고등법원 및 특허법원의부장판사는 **15년 이상**.

– 판사 : 판사, 검사, 변호사 또는 변호사 자격이 있는 자로서 법조경력(국가기관, 지방자치단체, 「공공기관의 운영에 관한 법률」 제4조에 따른 공공기관, 그 밖의 법인에서 법률에 관한 사무에 종사, 공인된 대학의 법률학 조교수 이상) **10년 이상**.

※ 재직기간을 통산하여 5년 미만의 판사는 변론을 열어서 판결하는 사건에 관하여는 단독으로 재판할 수 없다(법원조직법 제42조의3 제1항).

② 법관의 임명

– 대법원장 : 국회의 동의를 얻어 대통령이 임명.

– 대법관 : 대법원장의 제청으로 국회의 동의를 얻어 대통령이 임명.

– 판사 : 인사위원회의 심의를 거치고 대법관 회의의 동의를 받아 대법원장이 임명.

③ 법관의 신분보장

– '법관은 탄핵결정·금고 이상의 형의 선고에 의하지 아니하고는 파면되지 아니하며, 법관징계위원회의 징계처분에 의하지 아니하고는 정직, 감봉 또는 불리한 처분을 받지 아니한다.'(헌법 제106조, 법원조직법 제46조)

④ 법관의 임기(헌법 제105조)

– 대법원장 : 6년 중임할 수 없다.

– 대법관 : 6년 연임할 수 있다.

– 판사 : 10년 연임할 수 있다.

⑤ 법관의 정년(법원조직법 제45조)

– 대법원장 : 70세

– 대법관 : 70세

– 판사 : 65세

⑥ 법관의 겸직금지(법원조직법 제49조)

– 국회 또는 지방의회 의원

– 행정부서의 공무원

– 정치운동에 관여하는 일

– 대법원장의 허가 없이 보수 있는 직무에 종사

– 금전상 이익을 목적으로 하는 업무에 종사

– 대법원장의 허가 없이 보수의 유무를 불문하고 국가기관 이외의 법인, 단체 등의 고문·임원·직원 등의 직위에 취임하는 일

– 기타 대법원 규칙이 정하는 일

⑦ 법원직원

– 재판연구원 : 소속법원장의 명을 받아 사건의 심리 및 재판에 관한 조사·연구, 그밖에 필요한 업무를 수행.(변호사의 자격이 있는 사람 중에서 대법원장이 임명.

– 사법보좌관 : 대법원과 각급법원에 둘 수 있다.

– 기술심리관 : 특허법원에 둔다.

– 집행관 : 지방법원 및 그 지원에 둔다.(재판의 집행, 서류송달, 기타 사무에 종사)

– 법원경위 : 법정에서 법관이 명하는 사무 기타 대법원장이 정하는 사무집행

(3) 사법행정

– 관서로서의 법원과 그 직원에 대한 행정적 활동

- 법관 등 법원직원에 대한 지휘, 감독
- 법원공무원의 임면, 보직, 징계, 직무대리(인사행정)

• 법원의 내부규율의 제정, 예산집행

– 사법행정의 자치주의

• 사법권독립의 취지에서 사법행정은 법원의 자치에 맡긴다.

• 대법원은 법원의 내부규율과 사무처리에 관한 규칙제정권.

• 대법원법관회의 : 사법행정의 중요사항 의결.

• 대법원장은 사법행정사무를 총괄한다.

• 각급법원장은 각급법원의 사법행정사무를 총괄한다.

2) 소송법상 의미에 있어서의 법원(재판기관)

(1) 단독제와 합의제

– 단독제 : 1인의 법관으로 구성

• 장점 : 소송절차의 신속, 법관의 책임감을 강하게 한다.

• 단점 : 신중을 기하지 못할 염려

– 합의제 : 2인 이상의 법관으로 구성

• 장점 : 심리의 신중을 기할 수 있다

• 단점 : 소송절차의 지연, 법관의 책임감 약화

– 현행법상 공판법원의 구성

a. 지방법원, 지방법원지원은 단독제를 원칙으로 하며 다음의 경우에만 판사 3인의 합의부에서 심판한다.(법원조직법 제32조 제1항)

① 합의부에서 심판할 것으로 합의부가 스스로 결정한 사항

② 사형, 무기, 단기 1년 이상의 징역, 또는 금고에 해당하는 사건 및 이와 동시에 심판할 사건

– 다만 아래에 열거한 사건은 제외된다.

가. 제331조, 제332조(제331조의 상습범에 한한다)와 그 각 미수죄에 해당하는 사건

나. 폭력행위등처벌에관한법률 제2조 제1항·제3항, 제3조 제1항·제2항, 제6조(제2조 제1항·제3항, 제3조 제1항·제2항의 미수죄에 한한다), 제9조

에 해당하는 사건

다. 병역법 위반사건

라. 「특정범죄 가중처벌 등에 관한 법률」 제5조의3 제1항, 제5조의4 제1항 · 제4항 · 제5항(제1항 · 제4항에 해당하는 죄에 한한다), 제5조의11에 해당하는 사건

마. 보건범죄단속에 관한 특별조치법 제5조에 해당하는 사건

바. 부정수표단속법 제5조에 해당하는 사건

사. 「도로교통법」 제148조의2 제1항, 제2항 제1호에 해당하는 사건

③ 지방법원 판사에 대한 제척 · 기피사건

④ 다른 법률에 의하여 지방법원합의부의 권한에 속하는 사건

b. 고등법원은 판사 3인으로 구성된 합의부에서 심판한다(법원조직법 제7조 제3항).

c. 대법원은 대법관 전원의 2/3이상의 합의부에서 행한다. 단 3인 이상으로 구성된 부에서 먼저 심리하여 의견일치 된 때에는 부에서 재판할 수 있다. 그리나 다음의 경우에는 항상 합의부에서 한다(법원조직법 제7조 제1항).

① 명령, 규칙이 헌법에 위반함을 인정하는 경우

② 명령, 규칙이 법률에 위반함을 인정하는 경우

③ 종전의 대법원이 판시한 헌법, 법률, 명령, 규칙의 해석 · 적용에 관한 의견을 변경 할 필요가 있음을 인정하는 경우

④ 부에서 재판함이 적당하지 아니 함을 인정하는 경우

－합의부의 구성

- 재판장 : 공판기일지정권(형소법 제267조), 소송지휘권(법 제279조), 법정경찰권(법 제281조 제2항), 긴급시 강제처분권(법 제80조)
  → 피고인소환, 구속, 구속촉탁
- 합의부원(배석판사) : 소송의 진행 면에서는 권한의 차이가 있으나 합의에서는 평등.

(2) 재판장·수명법관·수탁판사·수임판사

① 재판장 : 합의체인 경우 법관 1인이 재판장이 된다.

- 합의체의 기관으로서 각종권한을 갖는다. : 공판기일지정권(법 제267조), 소송지휘권(법 제279조), 법정경찰권(법 제281조, 법원조직법 제58조), 긴급시 강제처분권(법 제80조).

② 수명법관 : 합의체의 법원이 그 구성원인 법관에게 특정한 소송행위를 하도록 명하였을 때, 이 명을 받은 법관[예 피고인 구속장발부(법 제37조, 제136조)].

- 법원의 기관이지 독립지위를 갖는 것은 아니다

③ 수탁판사 : 공판법원(단독, 합의체)이 다른 법원의 판사에게 특정한 소송행위를 촉탁한 경우 이 촉탁을 받은 판사(법 제37조, 제136조), 그 소송행위에 관하여는 법원 또는 재판장과 동일한 권한이 있다(수탁판사는 다른 법원의 판사에게 전촉 할 수 있다. 이 때 전촉 받은 판사도 수탁판사이다).

④ 수임판사 : 수소법원(공판법원)과 독립하여, 소송법상 권한을 행하는 재판기관(개개의 법관)

- 수사기관의 청구에 의해 영장을 발부하는 판사(법 제201조).
- 제1회 공판기일전에 증거보전을 행하는 판사(법 제184조).
- 수사상의 증인신문을 행하는 판사(법 제221조의2).

4. 공평한 법원의 구성(제척·기피·회피)

1) <u>공정한 재판</u>의 전제는 <u>공평한 법원의 구성</u>이다. 법원이 해당사건에 관해 개인적 이해관계가 있다든지, 선입견을 가지고 있으면 재판의 공정을 기대할 수 없다. 이러한 취지하에 인정된 제도가 제척, 기피, 회피제도이다.

- 제척 : 법관이 법률상 당연히 그 사건의 직무집행에서 배제됨
- 기피 : 당사자의 신청에 의하여 법관을 그 사건의 직무집행에서 배제시키는 제도
- 회피 : 법관 스스로 직무집행에서 탈퇴하는 것

2) 제척

(1) 의의 : 법관이 불공정한 재판을 할 염려가 현저한 경우를 법률상 유형화하여 이에 해당하면 당해 법관은 당연히 그 사건의 직무집행에서 배제되는 제도(법 제17조)

(2) 요건

① 법관이 피해자인 때

- 직접피해자에 한하고 간접피해자는 안된다.(단 법관이 간접피해자일 경우 기피사유는 될 수 있다).
- 법익을 침해당한 자 및 공격당한 객체도 포함

② 법관이 피고인 또는 피해자의 친족 또는 친족 관계가 있었던 자인 때

③ 법관이 피고인 또는 피해자의 법정대리인, 후견감독인인 때

④ 법관이 사건에 관하여 증인, 감정인, 피해자의 대리인으로 된 때

- 형사사건만을 의미, 피고사건 및 피의사건을 포함
- 단순히 수사기관에서 참고인으로 조사받은 것은 아님

⑤ 법관이 사건에 관하여 피고인의 대리인, 변호인, 보조인으로 된 때

- "대리인"에는 법인의 대표자 포함(법 제27조)
- "변호인"에는 특별변호인 포함(법 제31조)

⑥ 법관이 사건에 관하여 검사 또는 사법경찰관의 직무를 행한 때

- 법관의 임관 전에 검사 또는 사법경찰관으로서 범죄수사, 공소제기 등을 한 경우

⑦ 법관이 사건에 관하여 전심재판 또는 그 기초가 되는 조사심리에 관여한 때

- 전심재판 : 항소재판에서는 1심, 상고심에서는 1,2심의 종국재판(판결 및 결정)
- 관여한 때 : 재판의 내부적 성립에 실질적으로 영향을 미친 때
- 기초가 되는 조사·심리에 관여한 때 : 재판의 실체형성에 이바지한 조사·심리에 관여한 경우, 따라서 법관이 증거조사를 했더라도 당해 재

판에 증거로 채택되지 않은 경우는 제외된다.

※ 선거관리위원장으로서 고발한 사건의 재판담당은 제척원인이 아님 (대판 1999.4.13, 99도155)

– 구속영장발부, 재심의 대상인 확정재판에 대한 관여, 약식재판에의 관여 등도 모두 이에 해당하지 않는다.

– 상소심의 환송판결 전의 원심재판에 관여한 법관이 환송 후의 심급재판에서 제척되는 것은 아니다(대판 1968.12.6, 67도1112; 대판 1971.12.28, 71도1208; 대판 1979.2.27, 78도3204).

– 재심의 대상인 확정판결에 대한 관여도 전심재판에의 관여라고 볼 수 없다.(대판 1964.6.22, 64모 16; 대판 1982.11.15, 82모11)

(3) 약식명령과 즉결심판을 한 법관에 대하여는 견해 대립

① 적극설 : 이를 전심재판 또는 그 기초되는 조사·심리에 관여한 것으로 보아 제척 사유에 포함.

– 판례의 입장 : 대판 1995.10.18, 4288형상242; 대판 1985.4.23, 85도281).

– 논거 : 약식명령청구시 불이익변경금지의 원칙도입(법 제457조의2).

• 단 즉결심판에 대해서는 대법원예규에서는 소극설을 취하고 있음.

② 소극설 : 약식명령은 피고인을 신문하거나 증거조사를 함이 없이 단지 서면에 의한 재판에 불과하므로 제척사유에 해당하지 않음(단 기피사유에는 해당될 수 있음)(다수의 학설의 입장).

– 증거보전절차(법 제184조)에서 증인신문을 행한 법관은 제척되어야 한다. 판례는 검사의 증거보전청구에 의한 증인신문을 한 법관은 제척사유에 해당되지 않는다고 한다(대판 1971.7.6, 71도974).

– 재판상 준기소절차에서 부심판결정에 관여한 법관도 제척사유에 해당한다.

– 수임판사로서 전심재판의 조사에 관여한 경우도 제척사유

• 결국 구체적인 경우 제척사유에 해당하느냐 여부는 “불공정한 재판

의 염려"가 있는가 여부에 따라서 결정해야 한다.

(4) 효과 : 제척사유 있는 법관은 당연히 당해 사건의 직무집행으로부터 제척된다.

- 제척원인 있는 법관의 사건 관여는 절대적 항소이유(법 제361조의5 제7호) 또는 상고이유(법 제383조)가 된다.
- 당사자는 위 경우 기피신청을 할 수 있다(법 제18조)

3) 기피

(1) 의의 : 법관이 불공정한 재판을 할 염려가 있는 경우에 당사자의 신청에 의하여, 그 법관을 당해 사건의 직무집행으로부터 배제시키는 제도(법 제18조).

[제척과 기피의 차이]

	제척	기피
원인	유형적, 열거적	비유형적, 비제한적
효과	법률상 당해사건의 직무집행에서 당연배제	신청이 이유 있는 경우 당해 사선에서 배제

(2) 기피신청의 시기(아무런 규정이 없다).

- 판결선고시설 : 판결을 선고하는 시점까지 기피신청이 가능하다는 입장(다수설)
- 변론종결시설 : 변론이 종결되어 판결선고의 단계로 넘어가면 기피신청이 허용되지 않는다는 입장(소수설. 판례의 입장).(대판 1995.1.9. 94모77).
  - 기피제도는 소송지연 수단으로 남용될 우려가 크다. 따라서 기피신청시기를 제한하자는 견해도 있으나 이렇게 하면 기피제도의 기능을 약화시킬 염려가 있다.

(3) 원인 : 법관이 제척원인에 해당하는 때

법 제18조 제1항 : 법관이 불공평한 재판을 할 염려가 있는 때

예 법관의 예단, 법관이 심리도중 유죄를 예단하는 취지의 발언을 한 경우 등 비유형적

(4) **신청권자** : 검사, 피고인.

– 변호인도 피고인의 명시된 의사에 반하지 않는 한 기피를 신청할 수 있다(법 제18조 제2항)(변호인의 고유권).

(5) **신청절차** : 구두 또는 서면으로, 합의법원의 법관인 경우에는 그 법관의 소속법원에, 수명법관 또는 수임판사, 또는 단독판사인 경우에는 당해 법관에게 신청(법 제19조 제1항).

– 기피사유는 신청한 날로부터 3일 이전에 서면으로 소명하여야 한다(법 제19조 제2항).

(6) **신청에 대한 결정** : 신청 받은 법원 또는 법관은 그 기피신청이 법률의 규정에 위배된 때에는 결정으로 기피신청을 기각.

예 신청권 없는 자의 신청, 기간 내에 기피사유를 소명하지 않은 기피신청

– 이 경우를 제외하고는 기피당한 법관은 지체 없이 기피신청에 대한 의견서를 제출[{이 의견서에서 스스로 기피신청이 이유가 있다고 인정한 때에는 결정이 있는 것으로 간주한다(법 제20조)}].

– 기피신청에 대한 재판은 기피 당한 법관이 소속한 법원의 합의부에서 결정으로 한다. 다만 그 소속법원이 합의부를 구성하지 못할 때에는 직근상급법원이 결정한다(법 제21조).

– 기피당한 법관이 그 결정에 참여할 수 없음은 당연(법 제21조 제2항)

– 기피신청이 있는 때에는 급속을 요하는 경우를 제외하고는 소송 진행을 정지하여야 한다(법 제22조).

– 기피신청이 이유 없을 때는 결정으로 기각하고 이유 있을 때는 이를 인용하는 결정을 한다.

• 인용결정의 효력발생시기

– 원인발생시설
– 신청시설
– 결정시설

기피원인이 제척사유인 경우는 원인발생시, 그 밖의 경우는 결정시에 효력이 발생한다고 본다.

– 기피신청이 이유있다는 결정이 있으면 그 법관은 당해 사건에 관한 직무집행으로부터 탈퇴하여야 한다.
  • 만일 그 법관이 그 사건의 심판에 관여하면 절대적 항소이유(법 제361조의5 제7호) 또는 상고이유(법 제383조 제1호)가 된다.

4) 회피

– 법관 스스로 기피이유가 있다고 생각할 때에는 그의 신청에 의하여 그 사건의 직무집행으로부터 탈퇴하게 하는 제도(법 제24조 제1항).
– 내부적 해결(사건재분배, 합의부원의 재구성 등)이 우선되지만 이것이 이루어지지 않을 때 소속법원에 신청하여 법원의 결정에 따라 직무집행에서 탈퇴하게 된다.
– 신청은 소속법원에 서면으로 하고(법 제24조 제2항), 회피신청에 대한 재판에는 기피신청에 대한 재판규정(법 제21조)이 준용된다(법 제24조 제2항).

5) 제척 등 규정의 준용

– 법관의 제척, 기피, 회피에 관한 규정은 법원의 서기관, 법원사무관, 법원주사 또는 법원주사보와 통역인에 준용된다.(법 제25조 제1항)
  • 이들은 직접 사건을 심판하는 자는 아니지만 공판조서 등 소송서류의 작성, 소송서류의 송달 등에서 보는 바와 같이 재판에 영향을 주는 바가 적지 않으므로 "재판의 공정과 신속"이라는 견지에서 이들에게도 준용한다.

▶ 참조판례

– 약식명령을 발부한 법관이 그 정식재판절차의 항소심판결에 관여함은 형사소송법 제17조 제7호, 제18조 제1항 제1호 소정의 법관이 사건에 관하여 전심재판 또는 그 기초되는 조사심리에 관여한 때에 해당하며 제척, 기

피의 원인이 되나, 제척 또는 기피되는 재판은 불복이 신청된 당해 사건의 판결절차를 말하는 것이므로 약식명령을 발부한 법관이 그 정식재판 절차의 항소심 공판에 관여한 바 있어도 후에 경질되어 그 판결에는 관여하지 아니한 경우는 전심재판에 관여한 법관이 불복이 신청된 당해사건의 재판에 관여하였다고 할 수 없다(대판 1985.4.23, 85도281).

– 형사소송법 제18조 제1항 제1호 및 같은 법 제17조 제7호의 규정에 의하여 법관이 기피 또는 제척의 원인이 되는 "법관이 사건에 관하여 전심재판 또는 그 기초가 되는 조사심리에 관여한 때"의 사건에 관한 전심이라 함은 불복신청을 한 당해사건의 전심을 말하는 것으로서 재심청구사건에 있어서 재심대상이 되는 사건은 이에 해당되지 않는다(대판 1982.11.15, 82모11).

– 환송판결전의 원심에 관여한 재판관이 환송후의 원심재판관으로 관여하였다 하여 군법회의법 제48조나 형사소송법 제17조에 위배된다고 볼 수 없다(대판 1979.2.27, 78도3204).

– 법관에게 불공평한 재판을 할 염려가 있다고 하여 기피신청이 있는 경우에 형사소송법 제22조에 의하여 정지될 소송진행은 그 피고사건의 실체적 재판에의 도달을 목적으로 하는 본안의 소송절차를 말하고 판결의 선고는 이에 해당되지 않는다(대판 1987.5.28, 87모10).

5. 법원의 관할

1) 관할의 의의

– 법원의 관할이란 재판권의 행사에 관하여 각 법원에 분배될 직무의 분할이다.

- 재판권 : 국법상의 개념으로서 일반적·추상적 개념
- 관할권 : 소송법상의 개념으로서 특정법원이 구체적 형사사건에 관하여 현실로 재판권을 행사할 수 있는가의 구체적 한계문제
- 재판권 결여 → 공소 기각(제327조 1호)
  관할권 결여 → 관할위반의 선고(제319조)

– 관할제도의 존재의의

- 심리의 편의, 사건의 능률적 처리 외에도 피고인의 이익보호를 목적으로 한다.
- 따라서 법원의 자의적 취급을 방지하기 위하여 법률상 추상적 기준에 의하여 획일적·자동적으로 관할이 정해지고, 예외적으로 구체적 타당성의 견지에서 법정 관할의 수정을 인정하고 있다.
- 일단 관할이 정해지면 그 법원에 의하여 재판이 행해질 것이 요청된다. (관할 항정의 원칙)

– 관할의 종류

- 법정관할
  - 고유관할
    - 사물관할
    - 토지관할
    - 심급관할
  - 관련사건의 관할
- 제정관할
  - 관할의 지정
  - 관할의 이전

2) 사물관할(sachliche Zuständigkcit)

– 사건의 경중 또는 성질을 표준으로 한 제 1심 법원 관할의 분배

- 제1심관할은 지방법원 또는 동지원의 단독판사에 속하는 것이 원칙이지만(법원조직법 제7조 제3항) 사형, 무기 또는 단기 1년 이상의 징역, 금고에 해당하는 사건, 이와 동시에 심판할 공범사건, 지방법원 판사에 대한 제척, 기피사건, 다른 법률에 의하여 지방법원 합의부의 권한에 속하는 사건, 합의부에서 심판할 것으로 합의부 스스로 결정한 사건 등은 지방법원 또는 동지원의 합의부에서 심판한다(법원조직법 제32조 제1항)
- 다만 단기 1년 이상의 징역 또는 금고에 해당하는 사건이라도 다음의 경우에는 단독판사의 관할사건으로 한다(법원조직법 제32조 제1항 3호)

  ① 형법 제331조, 제332조(제331조의 상습범에 한한다)와 그 각 미수죄에 해당하는 사건

② 폭력행위등처벌에관한법률 제2조 제1항 · 제3항, 제3조 제1항 · 제2항, 제6조(제2조 제1항 · 제3항, 제3조 제1항 · 제2항의 미수죄에 한한다), 제9조에 해당하는 사건

③ 병역법 위반사건

④ 「특정범죄 가중처벌 등에 관한 법률」 제5조의3 제1항, 제5조의4 제1항 · 제4항 · 제5항(제1항 · 제4항에 해당하는 죄에 한한다), 제5조의11에 해당하는 사건

⑤ 보건범죄단속에 관한 특별조치법 제5조에 해당하는 사건

⑥ 부정수표단속법 제5조에 해당하는 사건

⑦ 「도로교통법」 제148조의2 제1항 · 제2항 제1호에 해당하는 사건

• 시 · 군법원의 즉결심판관할 : 20만원 이하의 벌금 또는 구류, 과료에 처할 사건(법원조직법 제34조 제1항 3호), 즉결심판에 대하여 고지를 받은 날로 부터 7일 이내에 지방법원 또는 지원에 정식재판을 청구할 수 있다(법원조직법 제35조)

3) 토지관할(örtliche Zuständigkeit)(재판적 : Gerichtsstand)

– 동급법원 사이에 있어서 사건의 토지 관계에 의한 관할의 분배(재판적).

– 토지관할은 범죄지, 피고인의 주소, 거소 또는 현재지로 한다(법 제4조 제1항). 따라서 각 법원은 그 관할구역 내에 범죄지, 피고인의 주소, 거소 또는 현재지가 존재하는 형사사건에 대한 토지관할권을 갖는다.

– 범죄지 : 범죄구성요건에 해당하는 사실의 발생지, 행위지는 물론 결과발생지, 중간현상발생지도 포함

예 서울에서 독이든 빵을 대전에 있는 피해자에게 우송하여, 피해자가 대전에서 이를 먹고 대구에서 입원사망한 경우 서울(행위지), 대전(중간현상발생지), 및 대구(결과발생지)는 모두 범죄지이므로, 서울형사지방법원, 대전지방법원, 대구지방법원은 모두 이 사건에 대한 토지관할권이 있다.

– 예비 · 음모지

– 부작위범 = 부작위의 지, 작위의무의 지, 결과발생의 지

－간접정범＝피이용자의 행위지, 결과발생지, 이용자의 이용 행위지
－공범＝교사·방조행위지, 정범의 실행행위지, 결과발생지
－주소(생활의 근거되는 곳), 거소(주소 이외에 다시 계속적으로 거주하는 곳)는 민법상 개념에 의한다(공소제기 당시를 기준)(민법 제1819조).
－현재지 : 공소제기 당시 피고인이 현재하는 장소(임의의 현재 지는 물론 강제로 인한 현재지도 포함)

「각급법원의 설치와 관할구역에 관한 법률」
→ 전국 각 법원의 관할구역을 규정하고 있다.

4) 심급관할

－상소절차에 있어서 관할의 분배
－판결의 상소
- 지방법원(지원)단독판사의 판결에 대한 항소사건은 지방법원합의부(항소부) 관할.
- 지방법원(지원)합의부의 제1심판결에 대한 항소사건은 고등법원관할(법원조직법 제28조 1호).
- 2심판결에 대한 상고사건, 1심판결에 대한 비약석 상고사건은 대법원관할(법원조직법 14조).

－결정·명령의 항고
- 지방법원 단독판사의 결정, 명령에 대한 항고사건은 지방법원 합의부 관할.
- 지방법원 합의부의 제1심 결정, 명령에 대한 항고사건은 고등법원 관할.
- 2심 결정, 명령에 대한 항고사건은 대법원 관할.

5) 관련사건의 관할

(1) 관련사건의 의의(법 제11조) : 상호관련된 수개의 사건
－1인이 범한 수죄(경합범)
－수인이 공동으로 범한 죄(형법총칙상 공범, 필요적 공범, 합동범)
－수인이 동시에 동일한 장소에서 범한 죄(동시범)

- 범인은닉죄, 증거인멸죄, 위증죄, 허위감정통역죄, 장물에 관한 죄와 그 본범의 죄

(2) 관련사건의 병합관할 → "관할의 분배문제"

- 사물관할을 달리하는 수개의 사건이 관련된 때에는 법원합의부가 병합관할(법 제9조). 단 결정으로 관할권 있는 단독판사에게 이송할 수도 있다.
- 토지관할을 달리하는 수개의 사건이 관련된 때에는 1개의 사건에 대하여 관할권 있는 법원은 다른 사건까지 관할할 수 있다(법 제5조, 다만 이 규정은 사물관할이 동일한 사건에 대해서만 적용된다)(관할권 없는 타사건도 관할권 취득).
- 고유의 관할사건이 무죄, 면소, 공소기각되더라도 일단 발생한 관련사건에 대한 관할권은 소멸하지 않는다(관할항정의 원칙).

(3) 관련사건의 병합심리

- 관련사건의 병합관할은 관할의 분배문제임에 비하여 관련사건의 병합심리는 관련사건이 각 관할법원에 계속된 후에 있어서의 병합심리에 관한 문제.
- 사물관할을 달리하는 수개의 관련사건이 각각 법원합의부와 단독판사에 계속된 때는 합의부의 결정으로 단독판사에 속한 사건까지 병합심리 할 수 있다(법 제10조).
- 법원합의부와 단독판사에 계속된 사건이 토지관할을 달리하는 경우도 동일하다(규칙 4조 제1항).
- 사물관할은 같으나 토지관할을 달리하는 수개의 관련사건이 각각 다른 법원에 계속된 때에는 검사 또는 피고인의 신청에 의하여 공통직근상급 법원의 결정에 의하여 1개의 법원이 병합심리 할 수 있다(법 제6조). 이 경우는 당사자의 신청이 있음을 요한다.

(4) 관련사건의 분리심리

- 법원합의부가 단독판사에 속하는 사건을 관련사건으로서 병합심리하는 경

우, 병합심리의 필요가 없다고 인정하는 때에는 결정으로 관할권 있는 법원의 단독판사에게 이송할 수 있다(법 제9조 단서).

– 토지관할을 달리하는 수개의 관련사건이 동일법원에 계속된 경우에 병합심리의 필요가 없는 때에는 법원은 결정으로 이를 분리하여 관할권있는 법원에 이송할 수 있다(법 제7조).

6) 재정관할(관할의 지정·이전)

(1) 관할의 지정

– 법원의 관할이 명확하지 아니한 때 또는 관할위반을 선고한 재판이 확정된 사건에 관하여 다른 관할법원이 없을 때 검사의 신청에 의하여 관계있는 제1심법원에 공통되는 직근상급법원의 결정으로 관할지정(법 제14조).

– 관할지정결정으로 법원은 당해 사건의 관할권 취득.

- 공소제기 후에도 관할지정 신청가능, 단 수소법원에 즉시 통지하여야 함(법 제16조 제2항). 관할지정 신청이 있으면 소송절차 정지한다(규칙 제7조).

(2) 관할의 이전

– 검사 또는 피고인의 신청에 의하여 직근상급법원의 결정으로 관할을 이전하는 것(법 제15조). 관할이전신청이 있으면 결정이 있을 때까지 소송절차 정지(규칙 제7조).

– 신청사유

- 관할법원이 법률상이유 또는 특별한 사정으로 재판권을 행사할 수(법 제15조) 없을 때.

  예 법률상 이유 : 법관의 제척, 기피, 회피나, 법관의 결원으로 공판법원을 구성할 수 없을 경우

  예 특별한 사정 : 천재지변 등 장기간 재판권 행사 불능사태.

- 범죄의 성질, 지방의 민심, 소송의 상황, 기타사정으로 재판의 공평을 유지하기 어려울 염려 가 있는 때

예 지방민심이 피고인을 동정 또는 증오할 경우

▶ 참조판례

– 신청인이 국가보안법 위반 피고사건의 담당법관에 대하여 기피신청을 하였고, 또 위 피고사건에서 위증을 한 공소외(갑) 등에 대하여 대검찰청에 고소를 제기하여 대검찰청에서 이들을 조사하고 있는 중이라는 사실만으로는 위 피고사건의 관할법원인 수원지방법원이 그 재판권을 행사할 수 없다거나 위 법원에서 위 피고사건에 대한 재판을 하면 재판의 공평을 유지하기 어려운 염려가 있다고 할 수 없다(대판 1982.12.17, 결정 82초 50).

7) 관할의 경합

(1) 의의

– 동일사건에 대하여 2개 이상의 법원이 관할권을 갖는 경우

예 토지관할의 경합＝범죄지, 범인의 주소, 거소, 현재지

– 법원 간에는 아무런 우열도 없으므로 모두 관할권을 갖게 된다. 그러나 심급관할에 있어서는 관할의 경합은 일어나지 않는다.

(2) 소송계속의 경합과 해결

– 관할이 경합되는 경우 동일사건에 대하여 검사는 어느 법원에도 공소제기할 수 있으므로 소송계속의 경합이 발생할 수 있다.

– 이런 경우 동일사건에 대한 중복심리, 이중판결은 허용되지 않으므로 어느 한 법원으로 하여금 심판하도록 해야 한다.

– 동일사건이 사물관할을 달리하는 수개의 법원에 계속된 때에는 법원합의부가 심판한다(법 제12조)

– 동일사건이 사물관할을 같이하는 수개의 법원에 계속된 때에는 먼저 공소를 받은 법원이 심판한다. 단 직근상급법원의 결정에 의하여 뒤에 공소를 받은 법원으로 하여금 심판하게 할 수 있다(법 제13조). 이 경우 심판하지 않게 된 법원은 결정으로 공소기각해야 한다(법 제328조 제1항).

8) 관할권 부존재의 효과

(1) 관할권의 존재는 소송조건이다. 따라서 법원은 항상 직권으로 그 유무를 조사해야 한다(법 제1조).

－관할권 유무를 정하는 시기 ┌ 토지관할 : 공소제기시
　　　　　　　　　　　　　 └ 사물관할 : 공소제기 ↔ 판결시
　　　　　　　　　　　　　　 (전과정에서 존재해야 함)

(2) 관할권의 부존재와 관할위반의 선고

－관할권이 없으면 판결로써 관할위반을 선고함이 원칙(법 제319조)

－예외 : 토지관할의 위반

- 피고인의 신청이 없으면 토지관할권 부존재를 이유로 관할위반의 선고를 할 수 없다(법 제320조 제1항).
(피고인의 이의가 없으면 그대로 소송을 진행시키는 것)
- 단, 관할위반의 신청은 피고사건에 대한 진술 前에 하여야 한다.(법 제320조 제2항). 피고인의 진술로써 관할위반의 하자는 치유된다. 이후 법원은 관할권을 가지게 된다.

(3) 관할위반과 소송행위의 효력

－관할위반인 경우에도 소송행위의 효력에는 영향이 없다(법 제2조).
(절차유지의 원칙, 소송경제의 원칙)

－따라서 다시 공소를 받은 법원은 앞서 행해진 소송행위(예 증인신문조서)를 유효한 증거로 쓸 수 있다.

9) 사건의 이송

(1) 의의 : 법원이 소송계속 중인 사건을 타법원에 이송함(동일법원내에서 사건의 재배당과 다르다).

(2) 종류

① 관련사건의 이송

- 관련사건에 대한 심리를 분리하여 고유의 관할법원으로 이송하는 경우 (법 제7조, 제9조 단서)

② 현재지 관할법원에의 직권이송(법 제8조).

- 법원은 피고인이 그 관할구역내에 현재하지 아니하는 경우에 특별한 사정이 있으면 결정으로 그 사건을 피고인의 현재지를 관할하는 동급 법원으로 이송할 수 있다.
- 단독판사의 관할사건이 공소장변경에 의하여 합의부관할사건으로 변경된 경우에 결정으로 관할권이 있는 법원에 이송한다(1995년 신설).

③ 군사법원으로의 사건이송

- 법원은 공소가 제기된 사건에 대하여 군사법원이 재판권을 가지게 되었거나 재판권을 가졌음이 판명된 때에는 결정으로 사건을 같은 심급의 군사법원으로 이송한다. 이 경우 이송 전에 한 소송행위의 효력에 영향 없다(법 제16조의2).

④ 관할이전에 따른 사건이송

- 법원에 공소가 제기된 후 관할이전의 결정이 있으면 관할권과 더불어 소송계속도 이전되므로 수소법원은 사건을 이송하여야 한다.

제3절 검 사

1. 검사와 검찰제도

1) 검사의 의의

- 검사란 검찰권을 행사하는 국가기관(수사, 공소제기, 재판집행)

(1) 국가기관

- 검사는 행정부(법무부)에 속한 행정공무원이지만 다른 행정공무원과는 달

리 개개의 검사가 국가를 대표하여 검찰권을 행사하는 국가기관(행정관청)

(2) 상명하복의 관계

– 검사동일체의 원칙에 의하여 상명하복의 관계

 • 심판상 독립이 보장되는 법관과 성격을 달리한다.

(3) 준사법적 성격

– 검찰권은 비록 행정부의 일종이지만 수사, 공소제기 · 유지, 재판의 집행 등 내용면에서 사법부와 불가분적 관련을 맺고, 형사사법의 공정이라는 견지에서 준사법적성격(임명자격의 엄격성, 신분보장)

(4) 소송당사자의 성격

– 검사는 형사소송에 있어서 소송당사자, 공소권의 주체, 피고인과 법률상 대등한 지위(당사자 대등의 원칙)

2) 검찰제도

– 규문주의하에서는 재판기관의 직권으로 형사절차가 개시 · 진행되었으므로 검찰제도가 없었다.

– 프랑스의 개혁된 형사소송법(1808년)에 의하여 탄핵주의적 소송구조가 확립되면서 검찰제도가 발전되기 시작함

(오늘날의 검찰제도는 "공화국의 대관"인 프랑스 검찰제도에서 연유)

 • 공화국의 대관 : 소추권뿐만 아니라 예심판사의 지휘, 감독, 법률의 해결 · 통일 · 감독권, 경찰관, 변호사, 집달관, 법원서기관 등의 감독권까지 갖고 있었다.

– 독일은 프랑스검찰제도를 계수하였으나 법원과 검사는 명확히 구분되고 오로지 소추권과 재판집행권만 인정하였으며 검사에 의한 국가소추제도를 확립하였다.

(오늘날 독일은 국가소추주의 원칙, 예외적 사인소추주의, 검사의 수사권, 소추권,

재판집행권을 인정하고 있다)

• 배심제도

□ 기소배심(대배심) → 기소여부결정, (12~23인 배심원) 12인 이상 찬성 시 기소, 1923년 이후 사용 안됨.

□ 심리배심(소배심) → 공판심리에서 사실확정(만장일치만) 중대사건만 사용(1/10정도)

– 영국은 철저한 당사자주의에 입각하여 공중소추주의를 원칙으로 하지만 대부분은 주로 경찰소추에 의하고 있으며, 공익에 관한 사건, 중대한 사건인 경우에는 공소국장(director of public prosecution), 법무장관(attorney general), 법무차관(solicitor general)의 소추에 의하고 있다.

– 미국은 처음에는 영국처럼 사인소추를 원칙으로 하였으나, 후에는 프랑스식 검찰제도를 계수하여 검찰청을 두고 임명 또는 선출된 검사에 의한 국가소추주의를 채택하고 있다. (검사에게는 소추권 및 공소유지권만 있다는 점이 특색)

• 미국의 기소절차

① 대배심기소절차 : 검사가 기소장을 대배심에 제출하여 기소여부에 대한 승인을 받는 절차(연방의 중범죄사건에만 적용).

– 대배심이 승인할 경우에도 검사는 기소여부에 대한 재량권을 가진다. 그러나 대배심이 불기소를 결정하면 검사는 기소할 수 없다.

② 검사기소절차 : 대배심기소절차가 적용되지 않거나 피의자가 대배심기소절차를 포기한 경우 검사가 피의자를 기소하는 절차(대부분의 주에서는 기소전 예비청문절차를 거친다).

※ 답변협상(plea bargaining) : 이는 피고인 · 피의자이 자신의 유죄를 시인하는 대신에 검사는 구형을 낮추거나 일부 범죄를 기소하지 아니하는 것을 조건으로 서로 합의하는 것을 말한다. 이는 소송비용절감과 소송지연을 방지하고자 연방대법원과 주법원에 인정되고 있다.

• 우리나라의 검사

– 국가소추주의

– 기소독점주의(예외) 재판상 준기소절차(부심판결정)

– 기소편의주의

– 범죄수사권의 주체(사법경찰관리의 지휘, 감독)

– 공소제기, 유지권

– 재판집행

• 일본의 검사

– 국가소추주의(검사), 공소권

– 재판집행권

– 제1차적 수사권은 경찰에, 검사는 제2차적(보충적) 수사권만 있다.

2. 검찰청

1) 의의

– 검사의 사무를 통할하는 기관(검찰청법 제2조 제1항)

– 검찰청 자체는 아무런 권한도 없으므로 관청이 아니다. 관서이다

(• 사법행정권의 주체인 관정으로서의 법원과는 다르다)

2) 검찰청 조직

– 대검찰청, 고등검찰청, 지방검찰청(지방검찰청 지청)

(각급법원에 대응한다)

– 대검찰청＝검찰총장

고등검찰청＝고등검찰청 검사장

지방검찰청＝지방검찰청 검사장

지방검찰청지청＝지방검찰청 지청장

– 각 검찰청의 관할 구역은 각 법원의 관할구역과 동일(검찰청법 제3조 제4항)

수사상 필요한 경우에는 관할구역 외에서 직무집행 가능(검찰청법 제5조 단서)

– 검사 이외의 직원 : 검찰부이사관, 검찰수사서기관, 검찰사무관, 검찰서기, 통역공무원, 기술공무원 등

3. 검사의 자격과 신분보장

1) 검사의 임명자격(특정직공무원 : 법 제36조)

a. 사법시험에 합격하여 사법연수원의 소정과정을 필한 자

b. 변호사의 자격이 있는 자(검찰청법 제29조)

- 부장검사 이상 검찰총장의 임명자격도 법관의 경우와 같이 일정기간 이상의 법조경력을 요한다(검찰청법 제27조~제29조).
- 검사의 임명, 보직은 법무부장관의 제청으로 대통령 이행한다(검찰청법 제34조 제1항).
- 검찰총장의 임명은 법무부장관의 제청으로 국회의 인사 청문을 거쳐 대통령이 임명한다.(검찰청법 제34조 제2항)

2) 검사의 신분보장

- 검찰사무의 공정성, 정치적 영향력의 배제 등의 요청으로 법관과 동일한 정도의 신분 보장이 필요
- 검사는 탄핵이나 금고 이상의 형을 선고받은 경우를 제외하고는 파면되지 아니하며, 징계처분이나 적격심사에 의하지 아니하고는 해임 · 면직 · 정직 · 감봉 · 견책 또는 퇴직의 처분을 받지 않는다.(검찰청법 제37조)
- 정년제(검찰청법 제41조), 휴직제(검찰청법 제38조)
- 명예퇴직제(법 제40조), 직급정년제(법 제42조)

4. 검사의 소송법상 지위

1) 서설

(1) 검사는 검찰권을 행사하는 국가기관으로서 현행법상 범죄수사권, 공소권, 재판집행지휘권의 주체이다

(2) 이러한 검찰권은 행정권의 일종으로서 사법권과는 다르나 형사사법과 밀접한 관련을 맺고 있으므로 직무집행의 공정성이 강력히 요청된다. 이러한 측

면에서 검찰권행사에 대한 정치적 영향력의 배제, 검사 자신의 독선, 자의의 억제가 필요하기 때문에 그 자격요건의 준사법화(검찰청법 제27조~제30조), 강력한 신분보장(검찰청법 제37조~제41조)이 행해지고 있다.

(3) 검사는 개개로서 검찰권을 행사하는 독립적 관청이며(합의제는 없다) 피해자 등 특정한 자의 대리인이 아니라 공익의 대표자이다. 그리고 검사는 직무상 상사의 명령에 복종하여야 하는 상명하복의 관계에 있고(검사동일체의 원칙) 전국의 검사는 검찰총장을 정점으로 한 피라미드의 계층적 통일구조를 이루고 있다.

－이러한 검사의 소송법상 지위를 분설하면 다음과 같다.

2) 수사의 주체

(1) 현행법상 검사는 명실상부한 수사의 주체로서(법 제195조) 피의자신문, 참고인심문, 감정의 위촉 등 임의수사는 물론이고, 피의자구속(법 201조), 체포(법 제200조의2)긴급체포(법 제200조의3), 현행범체포(법 제212조), 압수·수색·검증(법 제215) 등 강제수사를 할 수 있다. 또한 판사에 대한 영장청구권, 강제처분청구권, 증거보전청구권, 수사종결권을 독점하고 있으므로 수사의 주재자이다.

> 제195조(검사의 수사) 검사는 범죄의 혐의 있다고 사료하는 때에는 범인, 범죄사실과 증거를 수사하여야 한다.
>
> 제195조(검사와 사법경찰관의 관계 등) ① 검사와 사법경찰관은 수사, 공소제기 및 공소유지에 관하여 서로 협력하여야 한다.
> ② 제1항에 따른 수사를 위하여 준수하여야 하는 일반적 수사준칙에 관한 사항은 대통령령으로 정한다.
> [본조신설 2020.2.4.] [종전 제195조는 제196조로 이동 〈2020.2.4.〉]
> [시행일 미지정] 제195조

(2) 검사는 범죄수사에 관하여 사법경찰관리에 대한 지휘감독권(구법 제196조)

을 폐지하면서 협력관계를 규정하였다. 또한 검사는 사법경찰관에게 보완수사를 요구할 수 있으며(법 제197조의2), 시정조치요구(법 제197조의3), 검사와 사법경찰관이 동일한 범죄사실을 수사하게 된 경우 사건송치요구권(법제197조의4)를 규정하고 있다. 구법하의 지방검찰청 검사장에게 교체임용요구권과 수사중지명령권(검찰청법 제54조)과 검사와 사법경찰관리는 상명하복의 관계는 개정으로 폐지되었다.

(3) 개정 규정을 종합해 볼 때 현행법상 검사와 사법경찰관과의 관계를 협력관계로 개정하였다. 일본의 경우 사법경찰관을 제1차적 수사주체로하고 검사를 제2차적 보충적 수사주체로 하고 있다.

제197조(사법경찰관리) ① 경무관, 총경, 경정, 경감, 경위는 사법경찰관으로서 범죄의 혐의가 있다고 사료하는 때에는 범인, 범죄사실과 증거를 수사한다. 〈개정 2020.2.4.〉 ② 경사, 경장, 순경은 사법경찰리로서 수사의 보조를 하여야 한다. 〈개정 2020.2.4.〉 ③ 삭제 〈2020.2.4.〉 ④ 삭제 〈2020.2.4.〉 ⑤ 삭제 〈2020.2.4.〉 ⑥ 삭제 〈2020.2.4.〉 [전문개정 2011.7.18.] [제196조에서 이동, 종전 제197조는 삭제 〈2020.2.4.〉] [시행일 미지정] 제197조 제197조의2(보완수사요구) ① 검사는 다음 각 호의 어느 하나에 해당하는 경우에 사법경찰관에게 보완수사를 요구할 수 있다. 1. 송치사건의 공소제기 여부 결정 또는 공소의 유지에 관하여 필요한 경우 2. 사법경찰관이 신청한 영장의 청구 여부 결정에 관하여 필요한 경우 ② 사법경찰관은 제1항의 요구가 있는 때에는 정당한 이유가 없는 한 지체 없

이 이를 이행하고, 그 결과를 검사에게 통보하여야 한다.
③ 검찰총장 또는 각급 검찰청 검사장은 사법경찰관이 정당한 이유 없이 제1항의 요구에 따르지 아니하는 때에는 권한 있는 사람에게 해당 사법경찰관의 직무배제 또는 징계를 요구할 수 있고, 그 징계 절차는 「공무원 징계령」 또는 「경찰공무원 징계령」에 따른다.
[본조신설 2020.2.4.]
[시행일 미지정] 제197조의2

제197조의3(시정조치요구 등) ① 검사는 사법경찰관리의 수사과정에서 법령위반, 인권침해 또는 현저한 수사권 남용이 의심되는 사실의 신고가 있거나 그러한 사실을 인식하게 된 경우에는 사법경찰관에게 사건기록 등본의 송부를 요구할 수 있다.
② 제1항의 송부 요구를 받은 사법경찰관은 지체 없이 검사에게 사건기록 등본을 송부하여야 한다.
③ 제2항의 송부를 받은 검사는 필요하다고 인정되는 경우에는 사법경찰관에게 시정조치를 요구할 수 있다.
④ 사법경찰관은 제3항의 시정조치 요구가 있는 때에는 정당한 이유가 없으면 지체 없이 이를 이행하고, 그 결과를 검사에게 통보하여야 한다.
⑤ 제4항의 통보를 받은 검사는 제3항에 따른 시정조치 요구가 정당한 이유 없이 이행되지 않았다고 인정되는 경우에는 사법경찰관에게 사건을 송치할 것을 요구할 수 있다.
⑥ 제5항의 송치 요구를 받은 사법경찰관은 검사에게 사건을 송치하여야 한다.
⑦ 검찰총장 또는 각급 검찰청 검사장은 사법경찰관리의 수사과정에서 법령위반, 인권침해 또는 현저한 수사권 남용이 있었던 때에는 권한 있는 사람에게 해당 사법경찰관리의 징계를 요구할 수 있고, 그 징계 절차는 「공무원 징계령」 또는 「경찰공무원 징계령」에 따른다.
⑧ 사법경찰관은 피의자를 신문하기 전에 수사과정에서 법령위반, 인권침해 또는 현저한 수사권 남용이 있는 경우 검사에게 구제를 신청할 수 있음을 피의자에게 알려주어야 한다.

[본조신설 2020.2.4.]

[시행일 미지정] 제197조의3

제197조의4(수사의 경합) ① 검사는 사법경찰관과 동일한 범죄사실을 수사하게 된 때에는 사법경찰관에게 사건을 송치할 것을 요구할 수 있다.

② 제1항의 요구를 받은 사법경찰관은 지체 없이 검사에게 사건을 송치하여야 한다. 다만, 검사가 영장을 청구하기 전에 동일한 범죄사실에 관하여 사법경찰관이 영장을 신청한 경우에는 해당 영장에 기재된 범죄사실을 계속 수사할 수 있다.

[본조신설 2020.2.4.]

[시행일 미지정] 제197조의4

3) 공소권의 주체

(1) 검사는 형사사건에 있어서 공소를 제기하고 이를 유지하는 권한을 가지고 있다(공소권)

(2) 공소제기권

– 검사는 공소제기권을 독점하는 소추기관이다(기소독점주의). 따라서 검사는 소송당사자로서 항상 원고의 지위를 가지며 피고인과 대립한다. 또한 소송권의 행사는 검사의 재량에 맡긴다(기소편의주의). 다만 공소권 행사의 적정을 보장하려는 각종의 제도들이 마련되어 있다.

- 불기소처분에 대한 항고제도(검찰청법 제10조)
- 고소인, 고발인에 대한 불기소처분 통고(법 제258조)
- 고소인, 고발인에 대한 불기소이유고지(법 제259조)

(3) 공소수행권(소송당사자)

– 검사는 소송당사자로서 공소를 수행할 권한과 책무가 있다(법 제246조). 검사는 피고인과 대등한 당사자(당사자대등의 원칙)로서 소송활동을 전개한다.

- 검사는 소송당사자일 뿐만 아니라 공익의 대표자로서 피고인의 정당한 이익을 보호할 지위에 있다(실질적 변호 요청).
- 검사 이외의 자가 소송당사자로 되는 경우도 있다
  - 재판상 준기소절차에서 지정변호사(법 제265조)
  - 즉결심판절차에서 청구권자인 경찰서장(즉심절차법 제3조)

4) 재판집행의 주재자

- 검사는 재판집행의 지휘, 감독에 관한 직무와 권한을 가진다(법 제460조)
- 누가 재판을 집행하는가에 관하여 입법주의 대립
  - 법원주의 : 영미법(신중성)
  - 검사주의 : 일본, 우리나라(행정력, 기동성), 독일.

  ※ 단 급속을 요하는 경우는 재판장의 집행지휘권(법 제460조 제1항 단서)
- 특히 자유형의 집행에 있어서는 신속, 철저를 기하기 위하여 검사의 형집행장제도를 두고 있다(법 제473, 474조). 이는 일종의 인신구속영장을 법관이 아닌 검사가 발부하는 권한을 부여한다는 점에 특색이 있다.

5) 기타의 권한

(1) 인권옹호기관

- 검사는 공익의 대표자로서 인권옹호에 관한 직무도 담당한다.

  검사의 구속장소감찰제도(법 제198조의2)

  인권침해사건의 조사(인권침해사건 조사·처리 및 구금·보호시설의 실체조사에 관한 규칙)
- 수사 및 공소권의 주체로서 인권옹호기관으로서의 중요성은 강조되어야 한다(사법경찰관리에 대한 지휘감독)

(2) 법령적용에 관한 권한

- 검사는 법원에 대하여 법령의 정당한 적용을 청구할 권한이 있다(검찰청법 제4조 3호)

– 비상상고제도(법 제441조), 확정판결에 법령위반(검찰총장 → 대법원)
– 공소장의 적용 법조를 명시하는 것(법 제254조 제3항)
– 상소제도 심판의 법령위반을 이유로

(3) 기타 소송법상 권한
– 고소권자 지정권(법 제228조)
– 피고인을 위한 재심청구권(법 제424조)
– 민법상 금치산, 한정치산의 청구권(민법 제9,12조)

(4) 검사의 제척, 기피제도
– 검사에게는 제척, 기피제도가 없다. 이것은 검사동일체 원칙에 의하여 특정 검사를 직무집행에서 탈퇴시키는 것은 아무 의미도 없기 때문이며 동시에 언제든지 교체가 가능하기 때문이다(직무이전권).
– 다만 이것만으로는 부족하기 때문에 검사에게도 제척, 기피제도를 두어야 하고 기피신청권자는 수사단계에서는 피의자와 고소인, 공판단계에서는 피고인에게 인정하자는 견해도 있다(백형구, 형사소송법, 105면).

5. 검사동일체의 원칙(검찰청법 제7조)

1) 의의
– 전국의 검사는 검찰권의 행사에 관하여 검찰총장을 정점으로 하여 마치 피라미드처럼 계층적 조직체로서 상명하복의 관계에 있는 것(일체불가분의 유기적 조직체).
– 이 원칙은 범죄수사, 공소권행사, 재판의 집행 등의 검찰권행사에 있어서 기동성, 신속성, 통일성, 공정성을 기하려는 것.
  예 범인발견, 검거, 증거수집의 전국적 수사조직필요. 기소, 불기소의 통일적 기준(공정성 확보)

2) 내용

(1) 동일체

- 전국의 검사는 검찰총장을 정점으로 하여 계층적 통일체를 이루고 이는 유기적 조직체로서 작용한다.
- 따라서 검사의 교체는 소송법상 하등의 영향도 없고 직무의 이전, 승계가 인정된다.(검찰청법 제7조)

(2) 정점

- 검사동일체의 정점은 검찰총장
- 법무부장관은 검찰사무에 관하여 일반적 지휘, 감독권은 있으나 구체적인 사건에 관하여는 검찰총장만을 지휘, 감독할 수 있다
- 이것은 법무부장관의 검찰권에 대한 지휘, 감독권을 제한함으로써 정치공무원에 의한 정치적 영향력을 신분 보장되는 검찰총장을 완충지로 하여 배척하려는 취지에서 마련된 규정이다. 그러나 검사의 임명 및 보직은 법무부장관의 제청이 있어야 하므로(검찰청법 제34조) 정치적 영향권에서 벗어 날 수 있을 지는 의문이다.

(3) 상명하복

- 전국의 검사는 상명하복의 관계에 있다
- 검찰총장을 위시한 각급검사장, 지청장은 검찰사무에 관하여 소속검사에 대한 지휘, 감독권이 있다(검찰청법 제12조, 제17조, 제21조)
- 동시에 각급검사는 상사(차장검사, 부장검사)의 지휘, 감독을 받는다. 상사의 명령에 복종할 의무(검찰청법 제7조 제1항)

3) 효과

① 직무이전, 승계권

- 검찰총장, 검사장, 지청장은 자신의 권한에 속하는 사무의 일부 또는 소속 검사의 직무를 다른 검사로 하여금 처리하게 할 수 있고(직무이전

권), 자신이 직접 처리할 수도 있다(직무승계권). (검찰청법 제7조의2)

② 직무대행권

－각 검찰청의 차장검사는 소속장의 사고시 직무대리(검찰청법 제13조 제2항, 제18조 제2항, 제23조 제2항)

③ 검사교체의 효과

－검사가 사무 처리도중 교체되어도 소송상 하등의 영향도 없다.

(판사가 공판 개정 후 교체되면 공판절차를 갱신하여야 한다)

제4절 피고인 및 그 보조자

1. 피고인의 의의

(1) 검사에 의하여 공소가 제기된 자 또는 공소가 제기된 자로 취급되는 자

－피고인은 공소제기 후의 관념이며 공소제기 전의 피의자와 구별된다.

－소송당사자는 피고인만을 의미한다. 수형인과도 구별됨

(2) 누가 피고인으로 되는가?

거동설

- 표시설 : 공소장의 표시에 의해 결정한다는 입장(갑이라고 기재되어 있으면 실제로 을이 갑 행세를 해도 갑만 피고인이다)
- 행위설 : 피고인으로 실제 취급되었거나 그 행위를 한 자가 피고인이라는 입장(갑이라고 기재되어있더라도 실제로 을이 갑행세를 하면 을만 피고인)
- 의사설 : 검사의 의사를 기준으로 결정한다는 입장

※ (통설, 판례) 표시설과 행위설의 결합

→ 공소장에 표시된 자 및 피고인으로 취급되는 자는 모두 피고인

(예제)

① 피고인이 타인의 성명을 모용한 경우(피모용자는 피고인이 아니다)

– 검사에 의하여 지목된 실제 피고인 갑이 을의 성명을 모용하여 공소장 기재는 을로 된 경우이다(을에게는 사실상의 소송계속도 없다).

– 이 경우 공소장 기재된 피모용자(을)는 피고인이 아니다. 따라서 판결이 선고되거나 확정되어도 피모용자 을에게는 하등의 영향을 미치지 아니하며, 만일 형이 확정되어 그의 본적지에 전과가 통보된 경우에는 형 집행관서인 검찰청 검사에게 전과말소신청을 할 수 있다(수형인명부).

– 인정신문을 포함한 공판심리 중 성명모용사실이 밝혀지면 검사는 공소장정정절차(실무상 인정, 법조문 없음)에 의하여 피고인의 성명 등을 정정하면 된다(대판 1984.9.25, 84도1610; 1985.6.11, 85도756).

– 피모용자에게 판결이 선고되거나 확정되어도 그는 피고인이 아니므로 그에게는 상소 또는 재심에 의하여 판결을 시정한다.

– 실제로는 불구속기소의 경우에 이런 일이 일어나며 구속수사 기소의 경우에도 수사기관의 잘못으로 피고인의 성명 모용이 일어난다. 만일 성명모용에 의하여 피모용자가 공판심리중 "아는 바 없다"고 진술함으로써 모용사실이 밝혀지면 그를 사실상 절차에서 배제하면 족하고 그에게 공소기각 등 재판을 할 필요는 없다. 물론 본래의 피고인(모용자)에게는 공소장 정정에 의하여 다시 절차를 시작한다.

② 피고인이 가명 또는 허무인 명의를 사용한 경우

– 검사에 의하여 지목된 실제 피고인 갑이 가명, 위명을 사용하여 공소장 기재는 허명 을로 된 경우(실제로 이런 일은 일어날 수 없다)

– 여기서 피고인은 갑뿐이며 허무인 을이 피고인일 수는 없다

– 이 경우는 공판심리 중 위 사실이 밝혀진 경우에는 공소장정정에 의하고, 판결의 선고 또는 확정된 경우에는 상소 또는 재심에 의하여 판결을 시정한다.

③ 공소장 기재된 피고인 이외의 자가 피고인으로서 행위를 하거나 또는 피고인으로 취급된 경우

– 공소장기재된 진실한 피고인 갑에 대하여 을이 소위 몸받이로서 갑 행

세를 하는 경우 또는 수사기관, 법원의 착오로 을을 공소장에 기재하여 피고인으로 취급한 경우이다(성명모용의 경우는 진실한 피고인의 동일성은 인정된다)

- 이 경우 공소장에 표시된 갑을 실질적 피고인, 피고인 취급을 받는 을을 형식적 피고인이라고 하며 모두 피고인이다.
- 인정신문단계에서 위 사실이 밝혀지면 형식적 피고인(을)을 특히 피고인 취급을 할 필요는 없으므로 재판 없이 을을 사실상 배제하면 족하다. 실질적 피고인(갑)의 출석을 명하고 절차를 진행시키면 된다.
- 피고인 신문 등 사실심리에 들어간 이후에 위 사실이 밝혀지면, 형식적 피고인 (을)에게 사실상의 소송계속이 발생하였으므로 을을 절차로부터 배제하는 데 일정한 재판이 필요하다. 이 경우는 "공소제기 절차가 법률의 규정에 위반하여 무효인 때"(법 제327조 2호)를 준용하여 공소기각의 판결을 한다(통설). 이 경우는 을에 대한 공소제기가 없는 것이므로 공소기각의 결정을 할 것이라는 견해도 있다. 이렇게 형식적 피고인(을)에 대한 소송계속을 종결하고 실질적 피고 인 (갑)을 출석시켜 원래의 공소제기에 근거하여 그 이후의 절차를 진행하면 된다.
- 판결 선고 또는 확정 후에 사실이 밝혀진 경우에는 상소 또는 재심에 의하여 형식적 피고인(을)에 대한 판결을 시정한다. 실질적 피고인(갑)에게는 원래의 공소제기에 근거하여 그 이후의 절차를 진행시키면 된다.

(3) 공동피고인

- 공동피고인이란 동일소송절차에 있어서 수인의 피고인이 공동으로 심판을 받는 경우 그 수인의 피고인(예 관련사건의 병합심리)을 말한다.
- 공동피고인의 1인은 타공동피고인에 대하여 相피고인이라 함
- 공동피고인에 대한 소송관계는 병합심리의 결과로 동일법원에 수개의 사건이 계속되어 있는 것이므로 소송법률관계는 개별로 존재하는 것이다.
- 따라서 1인에 관하여 발생한 법률관계는 원칙적으로 타공동피고인에게 미치지 아니한다.

(예외) 법 제364조의2, 법 제392조

- 원심판결 파기의 이유가 항소 또는 상고한 공동피고인에 공통하는 때 다른 공동피고인에 대하여도 원심판결을 파기하여야 한다.

※ 공동피고인의 경우 문제되는 것

- 공동피고인의 자백과 보강증거(법 제310조) : 공동피고인의 자백을 유일한 증거로 타공동피고인을 유죄로 할 수 있는가?
  - 보강증거필요설
  - 보강증거불요설
  - 판례 : 대법원은 "형사소송법 제310조의 피고인의 자백에는 공범인 공동피고인의 진술은 포함되지 않으며, 이러한 공동피고인의 진술에 대하여는 피고인의 반대신문권이 보장되어 있어 독립한 증거능력이 있다."고 판시하여 보강증거 불요성의 입장.

    (대판 1992.7.28, 92도917)
- 공동피고인의 증인적격(법 제148조) : 공동피고인은 증인으로 될 수 있는가?
  - 긍정설 : 공동피고인은 다른 피고인에 대하여 제3자이므로 병합심리 중의 공동피고인도 증인적격 인정.
  - 부정설 : 공동피고인의 공범관계 여부와 관계없이 변론을 분리하지 않는 한 증인적격 부정.
  - 절충설 : 공범관계의 공동피고인은 증인적격 부정, 자기의 피고사건과 실질적 관련성이 없는 경우는 공동피고인이라도 증인적격 인정.
  - 판례 : 절충설의 입장.

    (대판 2008.6.26, 2008도3300)(대판 1979.3.27, 78도1031)
- 공동피고인의 퇴정(법 제297조) : 피고인이 다른 피고인의 면전에서 충분한 진술을 할 수 없다고 인정하는 때 공동피고인 퇴정시킴.

2. 피고인의 소송법상 지위

1) 서설

–피고인의 지위와 소송구조

① 피고인 관념은 탄핵주의 소송구조에서 인정되는 것

② 규문절차 : 재판권자의 조사·심리의 객체에 불과할 뿐이다.

(방어권무시, 고문, 진술의무)

③ 탄핵주의 ┌ 당사자주의＝피고인의 지위강화, 적극적, 능동적
　　　　　　└ 직권주의＝피고인의 지위약화, 소극적, 수동적

–현행법상 피고인의 소송법상 지위는

- 소송당사자로서의 지위
- 증거방법으로서의 지위
- 절차의 대상으로서의 지위

2) 소송당사자로서의 지위

–피고인은 소추권자인 검사와 대립하는 소송당사자로서 능동적 당사자인 검사의 공격에 대하여 자기를 방어하는 수동적 당사자이다.

–피고인에게는 소송절차에서 자기의 정당한 이익을 방어할 수 있는 방어권이 주어지고 있는데, 현행형사소송법은 영미법계의 당사자주의적 소송구조의 장점을 많이 채택함으로써 종래의 직권주의적 소송구조에 비하여 피고인의 인권보장을 꾀하고 있고, 이로 말미암아 피고인의 소송당사자로서의 지위가 한층 강화되어 있다(당사자대등의 원칙 실현)

–이러한 취지로 볼 수 있는 규정으로는

① 피고인의 이익이 되는 사실의 진술권(법 제286조 제2항), ② 피고인의 진술거부권(법 제283조의2), ③ 확정판결 시까지의 무죄추정권(헌법 제27조 제4항, 법 제275조의2), ④ 변호인선임권(법 제30조, 제90조), ⑤ 접견교통권(법 제34조), ⑥ 보석청구권(법 제94조), ⑦ 기피신청권(법 제18조), ⑧ 증거보전청구권(법 제184조), ⑨ 구속취소청구권(법 제93조), ⑩ 증인신문권(법

제163조, 제161조의2), ⑪ 최후진술권(법 제303조), ⑫ 재판장의 처분에 대한 이의신청권(법 제304조), ⑬ 상소권(법 제338조), ⑭ 재심청구권(법 제424조) 등 외 다수.

– 국가의 권위를 바탕으로 하고 법률전문가인 검사의 공격으로부터 자기의 정당한 이익을 방어하려는 피고인의 방어권은 아무리 강조해도 지나치지 않는다.(방어의 실효성 보장)

3) 증거방법으로서의 지위

– 피고인은 공소사실에 관한 한 가장 직접적인 체험자로서 일종의 인적 증거 방법이다.

– 다만 피고인의 신체가 때로는 검증(신체검사)의 대상으로 된다는 점에서 물적 증거 방법으로서의 성격도 있다.(법 제139조)

– 피고인이 당사자로서 소송주체이며 규문절차에서처럼 조사의 객체가 아님은 분명하지만 그렇다고 증거방법으로서의 지위를 부정하는 것은 아니다(보충적 지위)

– 따라서 피고인의 임의의 진술은 하나의 증거로 될 수 있고(법 제309조, 317조), 다만 피고인의 증인적격에 관하여는 부정함이 통설이다.(미국법에서는 증인적격을 인정하고 있다)

4) 절차의 대상으로서의 지위

– 피고인은 소환, 구속, 압수, 수색 등 강제처분의 객체이며 적법한 강제처분에 응할 의무가 있고 거부할 수 없다.(이는 도망의 방지, 출석의 확보, 증거소멸의 방지를 위하여 부득이한 것으로서 바로 절차의 대상인 성격에서 나온 것)

– 법정질서에 복종할 의무 : 재정의무(법 제281조), 재판장의 소송지휘권(법 제279조) 및 법정의 질서유지(법원조직법 제58조)에 복종할 의무

3. 당사자 능력

1) 의의

– 형사소송에 있어서 당사자로 될 수 있는 능력(당사자능력은 소송조건, 법원의 직권조사사항. 결여시 공소기각 결정(법 제328조)(검사는 문제가 없으므로 주로 피고인의 당사자능력이 문제된다)

– 법률상 인격자는 모두 당사자 능력이 있으므로 피고인이 될 수 있다.(형법상 책임능력과는 다르며, 구체적인 사건에 있어서 피고인이 될 수 있는 자격인 당사자적격과도 다르다).

– 일단 공소가 제기되면 형사미성년자이건 심신장애자이건 당해 소송의 당사자가 된다(당사자 능력 상실 시기＝피고인 사망).

2) 법인의 당사자 능력

– 법인이 형사책임을 지는 경우에는 법인도 피고인으로서의 당사자능력이 있다. 법인이 형사책임을 지지 않는 경우에는 당사자 능력이 없으므로 공소기각의 재판을 한다(통설). 예 법인이 살인죄로 제소된 경우는 공소기각의 재판

– 법인의 당사자 능력상실시기는 청산의 실질적인 종료 시(통설). 다만 소송계속 중에는 청산은 종료되지 않고 따라서 당사자 능력은 판결확정시까지 존속된다는 견해가 있으나(대판 1976.4.27, 75도2551) 前說이 타당하다.[따라서 법인의 실질적인 청산의 종료가 있으면 공소기각결정(법 제328조)]

4. 소송능력

1) 피고인이 유효하게 각종의 소송행위를 할 수 있는 능력, 즉 자기의 이익을 위하여 방어권(변호권)을 행사할 수 있는 능력으로서 의사능력(법 제26조)이 그 성질을 이룬다.

2) 소송능력은 자기의 지위와 이해득실을 변별하여 상당한 정도의 방어행위

를 할 수 있는 의사능력으로 족하다.

– 구별개념

• 책임능력 : 행위의 불법을 통찰하거나 이에 따라 행위를 조종할 수 있는 행위자의 능력

• 변론능력 : 법정에서 변론할 수 있는 능력, 상고심에서는 소송능력 있는 피고인도 변론능력 없다(법 제387조).

• 딩사자능력 : 형사소송에서 당사자로 될 수 있는 능력

3) 소송능력은 소송행위의 유효요건

– 피고인에게 소송능력이 결여되면 공판절차 정지(법 제306조)

– 형법상 책임능력이 결여되었다고 판단되면 무죄선고(법 제325조)

– 단 책임능력에 관한 규정의 적용을 받지 아니하는 범죄사건(조세범처벌법, 관세법, 담배사업법 등 행정범)에 있어서는 소송능력 없는 피고인의 법정대리인이 소송행위를 대리한다(법 제26조).

– 피고인이 법인인 경우 그 대표자가 소송행위를 대표한다(법 제27조 제1항).

– 피고인을 대리, 대표할 자가 없을 때에는 법원은 직권 또는 검사의 청구에 의하여 특별대리인을 선임하여야 한다(법 제28조 제1항). 특별대리인은 피고인 또는 피의자를 대리, 대표하여 소송행위를 할 자가 있을 때까지 그 임무를 수행한다(법 제28조 제1항).

▸ 주요판례

– 피고인인 법인에 대한 소송이 계속되고 있는 한 청산사무는 종결되지 않고 법인의 당사자능력도 그대로 존속한다(대판 1976.4.27, 75도2551; 대판 1982.3.23, 81도1450).

5. 무죄추정과 자기부죄강요금지

1) 무죄추정의 원칙

① 의의 : 피고인 또는 피의자는 유죄판결이 확정될 때까지는 무죄로 추정된

다는 원칙(인권존중의 이념)

- 헌법 제27조 제4항 "형사피고인은 유죄의 판결이 확정될 때까지는 무죄로 추정된다."
- 형소법 제275조의2 "피고인은 유죄의 판결이 확정될 때까지는 무죄로 추정된다."
  - 헌법과 형사소송법은 피고인만 정하고 있으나 당연히 피의자도 포함되며, 유죄판결이란 형선고의 판결 및 집행유예, 선고유예, 형면제의 판결도 포함한다.

② 연혁

- 로마법 "소추자가 입증할 수 없을 때는 피고인은 석방된다."
- 프랑스인권선언 제9조 "누구든지 범죄인으로 선고되기까지는 무죄로 추정된다."
- 19C초 독일 학설 "의심스러울 때는 피고인의 이익으로"(In dubio pro reo)
- 우리나라에서는 종전에는 성문규정이 없었고 이론상 인정되었으나 제5공화국 헌법 제26조 제4항 제6공화국 헌법 제27조 제4항 및 이에 의거한 개정형소법 제275조의2에서 이를 명문화하였다.

③ 형사소송의 지휘이념으로서의 무죄추정의 원칙

- 상대주의 : 실체적 진실발견의 한계를 겸허하게 인정하고 사법제도에 대한 절대주의적 사상을 버려야 한다. 비록 의심이 가더라도 범인추급을 불능하게하고 유죄확정을 포기하는 것이 상대주의이다.
- 인권존중사상 : 피고인에게 불이익한 방향에서 오판의 희생물이 되지 않도록 소송법상 배려하는 것

④ 법적 의미

- 무죄추정의 원칙은 시민적 자유를 보장하는 근대법의 지침원리 또는 이념에만 머무르는 것이 아니다. 다음과 같은 여러 가지 법적 의미를 수반한다.

a. 공판절차에 있어서 거증책임은 검사에게 있다

b. 유죄인지 무죄인지 불분명한 경우에는 무죄를 선고해야 한다.

c. 피의자 또는 피고인의 구속은 최소한도로 자제되어야 하고 임의수사의 원칙, 구속사유의 제한, 보석제도, 구속적부심사제도 등도 같은 맥락에서 이해된다.

d. 형사절차에 있어서 피의자 또는 피고인에 대한 부당한 취급(고문, 폭행, 협박, 모욕)을 배제해야 한다.

2) 자기부죄강요금지(진술거부권)

① 의의 : 피의자 또는 피고인이 수사절차나 공판절차에서의 신문에 대하여 진술을 거부할 수 있는 권리

- 헌법 제12조 ② "모든 국민은 형사상 자기에게 불리한 진술을 강요당하지 아니한다."
- 형소법 제283조의2 "피고인은 진술하지 아니하거나 개개의 질문에 대하여 진술을 거부할 수 있다."
- 형소법 제244조의3 "피의자를 신문하기 전에 일체의 진술을 하지 아니하거나 개개의 질문에 대하여 진술을 하지 아니할 수 있다는 것을 알려주어야 한다."

② 연혁

- 17C말 영국의 가혹한 종교재판 강제신문절차에 대한 반동으로 자기부죄강요금 지의 원칙 확립
- 미국수정헌법 제5조 자기부죄거부권 인정
- 우리 헌법 제12조 제2항, 형사소송법 제283조의2, 형사소송법 제244조의3.

③ 형사소송의 기본원리로서의 진술거부권

- 피의자의 경우 : 인권보장 사상, 자백의 강요금지
- 피고인의 경우 : 인권보장 사상, 무기대등의 원칙

→ 진술의무를 부과하면 피고인에게 불리한 무기를 검사에게 제공하는 결과가 된다.

④ 진술거부권의 내용

a. 주체 : 피고인 및 피의자

b. 범위

- 구두의 진술 및 이에 갈음하는 서면의 제출을 강요당하지 않는 것(지문, 족형 채취, 신체측정, 사진촬영, 신체검사 등에는 거부권이 미치지 않는다.)
- 거짓말 탐지기 사용
  - 거짓말 탐지기의 사용은 혈압, 발한 등 생리적 변화가 문제로 되는 것이지 진술거부권의 문제는 아니라고 보는 견해도 있으나, 이러한 생리적 변화가 독립하여 증거로 되는 것이 아니라 질문과의 대응관계에서 의미가 있는 것이므로 본인의 동의 없이 거짓말 탐지기를 사용하는 것은 진술거부권의 침해라고 본다.
- 마취분석
  - 아미탈 등 용액을 정맥주사하면 심적 긴장, 불안감이 사라지고 환각상태에서 질문에 대답하게 된다. 이는 진술거부권의 상실을 의미하므로 진술거부권의 침해라고 본다.
- 인정신문(법 제284조)에 대해서도 진술거부권이 인정되는가 ?
  - ⓐ 긍정설 : 인정신문에 대해서도 진술거부권을 행사할 수 있다.
  - ⓑ 부정설 : 성명, 주소, 직업 등은 불이익한 사항이 아니고, 모두절차에 불과한 인정신문에 대해서는 진술거부권을 행사할 수 없다.
  - ⓒ 절충설 : 성명, 본적, 주소, 직업 등을 진술하면 범인임이 판명되거나 전과가 드러나게 됨으로써 증거모집의 문이 열리는 것과 같은 경우에는 진술거부권을 행사할 수 있다.
- 결론 : 절충설이 합리적이다. 다만 인정신문에 관한 답변이 자기에게 불리한 것인가 여부의 판단은 주관에 맡겨져 있으므로 피고인이 주관적으로 인정신문에 대한 답변이 불리하다고 판단할 경우에는 진술거부권을 행사할 수 있다는 결론으로 되어 절충설은 긍정설과 동일한 의미를 갖는 것으로 본다.

c. 진술거부권의 고지

- 피의자의 진술거부권의 사전고지는 형사소송법 제244조의3에서, 피고인에 대한 진술거부권에 대하여는 형사소송법 제283조의2에서 규정하고 있다.
- 피의자에 대한 진술거부권의 고지는 명시적으로 하여야 하며 신문시마다 할 필요는 없으나 시간적 간격이 길거나 조사관이 바뀐 때에는 다시 고지해야 한다.
  - 진술거부권 불고지의 효과
    - □ 진술거부권을 고지하지 아니한 경우에는 진술거부권을 침해한 것이므로 그 증거능력이 부정된다.

＊증거능력이 부정되는 근거

- 진술거부권을 불고지한 경우에 그 증거능력이 부정된다는 점에는 이론이 없다. 그러나 증거능력이 부정되는 근거에 대하여는 진술거부권을 고지하지 않은 때에는 자백의 임의성이 인정되는 경우에도 위법수집증거 배제법칙에 의하여 자백의 증거능력이 부정된다는 견해와, 진술거부권을 불고지하고 얻은 자백은 곧 그 임의성이 의심되는 경우이므로 그 증거능력은 자백배제법칙에 의해 부정된다는 견해가 대립한다.

- 판례 : 대법원은 "피의자의 진술거부권은 헌법이 보장하는 형사상 자기에게 불리한 진술을 강요당하지 않는 자기부죄거부의 권리에 터 잡은 것이므로 수사기관이 피의자를 신문함에 있어서 피의자에게 미리 진술거부권을 고지하지 않은 때에는 그 피의자의 진술은 위법하게 수집된 증거로서 진술의 임의성이 인정되는 경우라도 증거능력이 부인되어야 한다"고 판시하여 진술거부권을 불고지하여 얻은 자백의 증거능력을 부정하는 근거를 위법수집증거배제법칙에서 찾는 것으로 보인다.(대판 1992.6.23, 92도682.)

제5절 변호인

1. 변호인의 의의

1) 변호인이란 피고인 또는 피의자의 방어력을 보충하기 위하여 선임된 보조자

2) 변호인제도의 존재이유

– 수사절차에 있어서도 피의자의 준당사자적 성격을 강조하고 방어력 보충하기 위한 것임
– 탄핵주의적 소송구조, 특히 당사자주의적 소송구조 하에서 피고인의 빈약한 방어권을 보충함으로써 당사자 대등의 원칙을 실현하는 것임
  - 피고인 또는 피의자
    - □ 법률지식 빈약, 법정투쟁경력 미약
    - □ 범죄혐의를 받고 있다는 열등감
    - □ 구속된 경우에는 자체활동의 자유제한
  - 검사
    - □ 법률전문국가, 법정투쟁경력 풍부
    - □ 국가기관으로서의 권위와 막강한 조직력
    - □ 각종 강제력 인정

2. 형식적 변호와 실질적 변호

– 형식적 변호 = 변호인에 의한 변호
– 실질적 변호 = 법관 및 검사에 의한 변호
  - 공평한 재판의 주체인 법관
  - 법령의 정당한 적용을 청구하는 검사

3. 변호인의 소송법상 지위

1) 서설

– 변호인의 의의, 변호인제도의 존재이유
  형식적 변호의 중요성, "형사소송의 역사는 변호권 확대의 역사이다"
– 변호인은 소송법상 다음 지위를 갖고 있다
  • 보호자로서의 지위 : 피고인 피의자의 정당한 이익을 보호하는 자
  • 공익자로서의 지위 : '정당한'이익의 보호자, 변호권 남용 금지

2) 보호자로서의 지위

– 피고인 또는 피의자의 이익을 보호하는 자(기본 임무)
– 피고인 또는 피의자에게 불리한 증거를 모집하여 제출하거나 불리한 주장을 해서는 안 된다는 당연성
– 그러나 변호인은 피고인(피의자)의 단순한 대리인이 아니며 원칙적으로 법률전문 가로서 법률지식이나 소송기술에 있어서 피고인(피의자)보다 월등한 능력을 지니고 있으므로 변호인에게 독자적인 독립대리권과 고유권을 인정하고 있다.

3) 공익자로서의 지위

– 변호인은 피고인 또는 피의자의 "정당한" 이익의 보호자
– 변호권을 남용하면서까지 그들의 부당한 이익을 보호해선 안된다.(공정한 형사사법에 협력할 공익자적 지위)
– 피고인(피의자)을 위하여 허위사실을 제시, 증거조작, 증거소멸 등을 해서는 안된다(명예훼손죄, 증거인멸죄 등이 성립할 수도 있다) 다만 공판정에 제출된 증거만으로는 유죄로 될 수 없는 경우 설사 스스로 피고인의 유죄를 확신하더라도 무죄의 변론을 할 수 있고 또 하여야 한다(보호자의 우위성)
– 진실발견에 협력할 의무(진실의무)
– 다만 피고인(피의자)의 보호자라는 관점에서 소극적 성격

예 피고인이 변호인에게 진범임을 고백한 경우

Radbruch "유죄자는 벌해야 한다는 법과 함께 죄가 입증된 자만이 유죄 선고를 받아야 한다는 다른 법이 동등한 가치로서 존재한다. 그러므로 유죄이긴 하지만 죄가 입증되지 아니한 자의 무죄선고를 주장하는 변호인은 옳은 변호인인 것이다." 유죄로 믿더라도 검사의 증거 모순이나 부족을 지적하여 무죄변론 할 수 있다.

– 사회적으로 부정의쪽(범죄인)에 서서 정의를 실현하는 역설적인 측면이 있다.

4. 변호인의 권한

1) 대리권

– 피고인(피의자)의 소송행위를 그 성질이 허용되는 한계에서 포괄적으로 대리할 권한(일신전속적 소송행위제외 예 피고인의 진술 등)

– 변호인은 법률의 특별한 규정이 없는 한 본인의 의사에 구속됨이 없이 독립하여 소송행위를 할 수 있다(법 제36조)

- 종속대리권 : 본인의 의사에 종속하여 행사; 예 관할이전의 신청(법 제15조), 관할위반의 신청(법 제320조), 증거동의(법 제318조), 상소취하(법 제349조), 정식재판의 청구(법 제453조)
- 독립대리권
  - □ 본인의 명시한 의사에 반해서도 할 수 있는 독립대리권, 구속취소청구(법 제93조), 보석청구(법 제94조) 증거보전신청(법 제184조), 증거조사에 대한 이의신청(법 제296조 제1항), 공판기일변경신청(법 제270조 제1항), 재판장의 처분에 대한 이의신청(법 제304조)
  - □ 본인의 명시한 의사에 반할 수 없으나 묵시의 의사에는 반할 수 있는 것, 기피신청권(법 제18조 제2항), 상소제기권(법 제341조).

2) 고유권

– 변호인의 지위 자체에서 유래하는 고유의 권한

• 협의의 고유권(변호인만 갖는 권한)

□ 피고인, 피의자와의 접견교통권(법 제34조), 피고인에 대한 신문권(법 제296조의2), 상고심에서의 변론권(법 제387조)

• 본인과 중복하여 갖는 권한

□ 압수·수색·검증 영장의 집행에의 참여(법 제121조, 법 제145조), 증인 신문방식과 참여권(법 제161조의2, 법 제163조 제1항), 증거제출 및 신청권(법 제294조), 최종진술권(법 제303조), 공판기일출석권(법 제275조), 소송서류 등 열람·등사권(법 제35조, 제55조).

* 대리권과 고유권을 구별하는 이유

– 본인이 권리를 상실한 경우 대리권도 상실되지만 고유권에는 영향이 없다.

예 상소제기권 = 대리권

– 7일내 상소하지 않으면 피고인과 변호인 모두 상소권 소멸

예 최후진술권 = 고유권

– 피고인이 포기하더라도 변호인 진술 가능

▸ 주요판례

– 변호인선임신고서를 제출하지 아니한 변호인이 변호인 명의로 정식재판청구서만 제출하고, 형사소송법 제453조 제1항이 정하는 정식재판청구기간 경과 후에 비로소 변호인선임신고서를 제출한 경우, 변호인 명의로 제출한 위 정식재판청구서는 적법·유효한 정식재판청구로서의 효력이 없다.(대결 2005.1.20, 2003모429). (대법원 1969.10.4, 69모68 결정, 2001.11.1, 2001조 4839 결정 참조)

– 형사소송법 제33조 제5호에 의한 국선변호인 선임청구를 기각한 결정은 판결전의 소송절차이므로 그 결정에 대하여 즉시항고를 할 수 있는 근거가 없는 이상 그 결정에 대하여는 항고도 할 수 없다(대결 1986.9.5, 86모40).

5. 변호인의 선임

1) 사선변호인

－피고인 또는 피의자 및 이와 일정한 관계에 있는 자에 의하여 선임된 변호인

① 선임권자 : 피고인, 피의자 또는 이들의 법정대리인, 배우자, 직계친족, 형제자매는(법 제30조 제2항) 독립하여(의사에 반해서도)선임할 수 있다(독립대리권).

② 변호인 : 원칙적으로 변호사(대법원 이외의 법원에서는 법원허가를 얻어 변호사 아닌 자를 변호인으로 선임할 수 있다)(법 제31조)

－법률심인 상고심에서는 변호사 아닌 자를 변호인으로 선임할 수 없다(법 제386조).

③ 선임방법 : 선임자와 변호인이 연명 날인한 서면을 검사(기소전) 또는 수소법원 (기소후)에 제출한다(법 제32조).

④ 선임의 효과 : 변호인 선임의 효력은 당해 심급에만 미친다. 다만, 공소제기전의 선임은 제1심에도 효력이 있다(법 제32조).

- 심급이 무엇인가? (선임의 효과는 어디까지인가 ?)
  - ㅁ종국재판시설 : 재판 선고 후 상소제기까지 공백이 있다.
  - ㅁ심급이탈시설(통설) : 상소에 의하여 離審의 효력이 발생할 때까지
- 동급법원으로 사건을 이송하는 경우에도 효력이 지속된다.
- 동일법원의 동일피고인에 대하여 추가로 공소가 제기되어 병합 심리된 다른 사건에도 효력이 있다(규칙 제13조)
- 사선변호인의 수는 아무런 제한이 없다.

2) 국선변호인

－법원이 선임한 변호인(사선변호인제도의 보충)

－변호인 : 변호사, 공익법무관 또는 수습중인 사법연수원생(규칙 제14조 제1항)

– 유형

① 피고인이 구속된 때

② 피고인이 정신적, 신체적 결함으로 방어력이 부족한(제33조) 경우(미성년자, 70세 이상 자, 농아자, 심신장애자)

③ 사건이 중대한 경우(사형, 무기, 단기 3년 이상 징역, 금고에 해당)

④ 피고인이 무자력자인 경우(피고인의 청구)

⑤ 구속적부심사를 청구한 피의자가 위 사유에 해당하고 사선변호인이 없을 때(제214조의2 제10항)

– 필요적 변호사건에 있어서 변호인 없이 공판심리 못함, 이에 위배된 경우는 상소이유

– 국선변호인은 피고인에게만 인정되고 피의자에게는 인정되지 않지만, 예외적으로 체포 또는 구속적부심사를 청구한 피의자가 형소법 제33조의 국선변호인 선임사유에 해당하고 변호인이 없는 때에는 국선변호인을 선정하여야 한다(법 제214조의2 제10항).

3) 대표변호인제도(법 제32조의2) : 소송지연을 방지할 목적으로 제도 도입

– 수인의 변호인이 있는 때에는 재판장은 피고인, 피의자 또는 변호인의 신청에 의하여 대표변호인을 지정할 수 있고 그 지정을 철회 또는 변경할 수 있다.

– 재판장은 신청이 없는 경우 직권으로 대표변호인을 지정할 수 있고 그 지정을 철회 또는 변경할 수 있다.

– 대표변호인은 3인을 초과할 수 없다.

– 대표변호인에 대한 통지 또는 서류의 송달은 변호인 전원에 대하여 효력이 있다.

– 피의자에게 수인의 변호인이 있는 때에는 검사가 대표변호인을 지정할 수 있다.

6. 보조인

- 피고인 또는 피의자의 방어력을 보충하는 자로서 변호인 이외의 자(법률적 측면의 보호는 변호인이 맡고 신분관계 기하여 보호하는 자)
- 피고인 또는 피의자의 법정대리인, 배우자, 직계친족, 형제자매는 보조인이 될 수 있다(법 제29조 제1항)
- 보조인은 독립하여 피고인 또는 피의자의 명시된 의사에 반하지 아니하는 소송행위를 할 수 있다 단 법률에 다른 규정이 있는 때에는 예외로 한다(법 제29조 제3항).
- 변호인 제도에 비하여 실효성은 적다

제 2 장

소송절차

제1절 소송절차의 의의와 본질

1. 소송절차의 의의

1) 형사소송절차는 과거에 실재하였던 범죄사실 및 범인을 발견, 확인하고 이에 형사 실체법을 적용하여 형을 양정함으로써 국가형벌권을 실현하는 일련의 절차

－광의 : 수사절차－재판의 집행절차

－협의 : 공소제기－재판의 확정(공판절차)

2) 여기서 논하는 것은 협의의 형사절차(공판절차)를 중심으로 기초이론, 기본문제들을 논하는 것이다.

3) 형사소송절차는 확정판결을 지향하여 법원 및 당사자의 각종 소송행위에 의하여 발전되어가는 질서 있는 연계로서 소송절차의 전 과정은 전체로서의 통일체를 이루고 있다.

2. 소송절차의 본질

– 각종 소송행위의 복합으로 형성된 「전체로서의 소송절차」를 법률학적으로 어떻게 통일적으로 파악할 것인가(소송의 본질론)가 소송절차의 본질이다.

– 소송절차에 관한 기본이론(소송행위, 소송조건, 기판력 설명이론 관련)

1) 소송법률관계설

– 19C.뷜로(Bülow)에 의하여 주창된 설

– 소송의 본질은 소송주체간에 존재하는 법률관계의 통일체이다

- 법원 : 심판의 권리, 의무
- 당사자 : 심판을 구하거나 받을 권리, 의무

┐ 소송은 발전하는 법률관계의 통일체

– 비판

- 법률관계는 정적, 고정적인 것이므로 소송절차의 동적, 발전적 성격과 일치할 수 없다.
- 형사절차의 진행과정에서 발생하는 다양한 사정변경을 이론적으로 설명할 수 없다(소송의 발전적 성격 간과).

2) 소송법률상태설

– 골드슈미트(Goldschmidt)

– 소송의 본질은 법률관계가 아니라 기판력을 종착점으로 하는 동적 법률상태

- 기판력이 있을 때까지의 소송상의 권리, 의무는 부동적인 것으로서 단순히 "유리한 재판을 획득할 가능성", "불리한 재판을 받을 부담"이 교착하는 부동적 법률상태이다.

– 비판 : 소송의 동적 발전적 성격을 설명한 점에서는 공적이 크지만, 소송의 실체면 (사실의 인정과 법률의 적용)에 대해서는 그대로 타당하나 소송의 절차면에 있어서는 법률상태의 부동성이 없고 법률관계적 성격을 부정한다는 비판을 받는다.

3) 삼분설

- 자우어(Sauer)
- 소송을 실체형성과정, 소송추행과정, 절차과정으로 삼분하였다.
  - 실체형성과정 : 실체법률관계의 실현과정
  - 소송추행과정 : 소송당사자가 권리를 추구하는 활동
  - 절차과정 : 그 이익추행을 현실적으로 진행하는 형식

4) 이분설(소송의 실체면과 절차면)

- (우리나라, 일본의 통설)
- 소송의 실체면은 부동적 성격을 갖는 법률상태이나(법률상태설), 소송의 절차면은 고정적 성격을 갖는 법률관계이다(법률관계설).
- 소송의 객체는 구체적 사건이다. 소송객체는 소송절차를 초월하여 객관적으로 존재하는 것은 아니고 소송절차의 발전에 따라 형성되어 간다. 즉 수사단계에서는 수사기관의 주관적 혐의에서 점차 객관적 혐의로 발전되고 이것이 검사에 의하여 유죄판결의 확신이 설 때 공소가 제기되어 소송객체가 특정된다. 이에 대한 당사자의 각종 소송활동(공격, 방어)으로 법관의 심판이 행해진다. 이것이 실체형성과정으로서 소송의 실체면에 해당한다. 이것은 항상 판결확정까지는 부동적인 법률상태이다. 따라서 소송의 실체면에 대해서는 소송법률상태설이 타당하다.
- 소송의 절차면이란 소송절차 전체에서 실체면을 제외한 나머지측면이다. 이것은 순절차적, 고정적인 것이므로 소송법률관계설이 타당하다.

- 소송의 실체면과 절차면은 어떤 관계에 있는가?
  - 절차면은 실체면에 대하여 내용에 대한 형식, 목적에 대한 수단의 관계에 있다. 절차면의 진전에 따라서 실체면이 발전하여 간다.

    예 증인신문절차 ┌ 실체면 : 증인의 증언
    └ 절차면 : 증인신청, 증인소환, 증인선서
  - 소송의 실체면, 절차면은 분리된 것이 아니라 하나의 소송절차가 갖는

양측면임을 잊어서는 안된다. 양자는 밀접한 관련 하에 상호 영향을 주고받는다.

– 실체면이 절차면에 영향을 주는 경우
  • 고소의 요부＝친고죄인가 아닌가가 절차면에서 소송조건이 되는가 안 되는가를 결정한다.
  • 사물관할의 표준＝경미한 사건이면 단독판사 관할이고 중한사건이면 합의부관할이 된다.
  • 공소시효의 완성＝공소시효가 완성되는지 여부가 소송조건이 된다.
  • 긴급체포의 요건
  • 필요적 변호의 요부
  • 피고인 출석의 요부 등
– 절차면이 실체면에 영향을 주는 경우
  • 증거법 규정 때문에 실체면은 중대한 영향 유일한 자백만으로는 유죄의 선고를 하지 못하므로(법 제310조) 유죄의 심증을 불허하니 실체형성에 중대한 영향을 준다.
  • 적법한 절차에 따르지 아니하고 수집한 증거는 증거로 할 수 없다.(법 제308조의2)

제2절 소송조건

1. 소송조건의 의의

– 실체적 심판을 하기 위한 전제조건
– 실체적 소송관계를 성립시키는 조건 ┌ 공소제기의 유효조건
  └ 소송의 존속을 위한 조건
– 구별하여야 할 개념들
  • 처벌조건 : 이미 성립한 범죄의 가벌성을 좌우하는 실체법상의 조건

(부존재=무죄 또는 형면제판결)

(소송조건의 부존재=공소기각, 관할위반, 면소)

- 절차정지조건 : 소송존속과는 무관하게 그 단계에서 소송절차를 일시적으로 정지하는 조건(예 형소법 제306조 소송능력결여)
- 소송행위의 유효조건 : 개개의 소송행위가 특정한 소송법적 효과를 발생시키는 유효조건, 전체로서의 소송행위에 공통되는 소송조건과 다르다.

2. 소송조건의 종류

1) 일반적 소송조건·특수적 소송조건

– 일반사건에 공통되는 소송조건 : 재판권, 관할권, 당사자능력

– 특수사건에 있어서만 필요한 소송조건 : 친고죄의 고소

2) 절대적 소송조건·상대적 소송조건

– 절대적 소송조건 : 법률이 공익을 위하여 인정한 조건으로서 법원의 직권조사 사항인 소송조건(대부분 이에 속힘)

– 상대적 소송조건 : 주로 당사자의 이익을 위하여 정해진 조건으로서 당사자의 신청을 기다려 비로소 조사하는 소송조건(토지관할 형소법 제320조)

3) 적극적 소송조건·소극적 소송조건

– 일정한 사실의 존재가 소송조건인 경우(재판권, 관할권의 존재)

– 일정한 사실의 부존재가 소송조건인 경우(소송장애)

(공소시효의 완성이 없을 것, 동일사건에 이미 확정판결이 없을 것)

4) 형식적 소송조건·실체적 소송조건

(1) 형식적 소송조건

– 소송의 절차면에 관한 사유가 소송조건으로 된 것

– 사건의 실체심리없이 형식적 사유만을 심리만으로써 그 존재를 판단한다.

(단 사물관할, 친고죄의 해당 여부처럼 실체심리가 필요한 경우도 있으나, 이 경우

에도 실체심리는 형식적 소송조건의 존부판단을 위한 수단에 불과하다)

– 결여시 절차적 형식재판(공소기각, 관할위반의 선고)

• 유형(법 제319조, 제327조, 제328조)

a. 재판권(공소기각판결), 관할권(법 제319조)(관할위반선고)

b. 당사자능력(법 제328조 제2항) (공소기각의 결정)

c. 동일사건에 관해 이미 소송계속이 없을 것

– 이미 공소제기된 사건에 대한 재공소(법 제327조 제3호)(공소기각판결)

– 동일사건이 수개의 법원에 계속(법 제328조 제1항 제3호)(공소기각결정)

d. 공소취소후 재차 공소제기에 있어서 중요한 새로운 증거의 발견(법 제327조 제4호)(공소기각판결)

e. 공소제기 절차가 유효할 것(법 제327조 제2호)(공소기각판결)

– 친고죄 고소, 반의사불벌죄 : 처벌불원의사표시 부존재, 공소장 기재의 적법, 공소사실에 범죄가 될 만한 것이 포함되지 않을 때

f. 적법한 공소제기가 후에 형식적 소송조건을 결여할 때

– 당사자 능력의 상실, 재판권의 결여, 친고죄의 고소취소 반의사불벌죄의 처벌불원의 의사표시, 공소취소(법 제328조 제1항 제1호)

▸ 주요판례

– 부정수표단속위반사건에 있어서 수표가 그 제시기일에 제시되지 아니한 사실이 공소사실 자체에 의하여 명백하다면 이 공소사실에는 범죄가 될 만한 사실이 포함되지 아니하는 때에 해당하므로 형소법 제328조 제1항 제4호에 의하여 공소기각의 결정을 하여야 한다(대판 1973.12.11, 73도2173).

– 형사소송법 제328조 제1항 제4호의 범죄가 될 만한 사실이 포함되지 아니한 때라고 함은 공소사실 자체가 일견하여 법률상 범죄를 구성하지 아니함이 명백한 경우를 말한다(대판 1977.9.28, 77도2603).

(2) 실체적 소송조건

- 소송의 실체면에 관한 사유가 소송조건으로 된 것
- 소송의 실체면에 관한 심리를 통하여 존부를 판단한다. 다만 실체면에 관한 심사라 할지라도 형벌권의 존부내지범위를 판단하는 것이 아니고 실체면에 관련된 조건의 존부만을 판단하는데 그친다.
- 결여시 면소의 판결(형소법 제326조)

- 면소의 판결은 실체관계적 형식재판으로서 사건의 실체 자체에 관한 실체재판이 아니면서도 기판력(일사부재리)이 발생하는 것은 실체면에 대한 심리가 불가피하게 요청되는 형식재판으로서 순절차적 형식재판인 공소기각, 관할위반재판 등과 구별되어야 한다는 이유에서이다.
  a. 확정판결이 있는 때(법 제326조 제1호) 실체판결, 실체관계적 형식판결(면소판결)
  b. 사면이 있는 때(법 제236조 제2호)
  c. 공소시효의 완성(법 제236조 제3호)
  d. 범죄 후 법령개폐로 형이 폐지된 때(법 제236조 제4호)(형법 제1조 제2항에 따라 무죄나 면소판결)

3. 소송조건 존부의 효과

1) 소송조건의 조사

- 소송조건은 대부분 법원의 직권조사 사항(절대적 소송조건) 상대적 소송조건인 경우에는 당사자의 신청을 기다려 비로소 법원의 직권조사 사항으로 된다(토지관할위반)(법 제320조 제1항)
- 소송조건은 공소제기 시에 존재할 뿐만 아니라 판결의 선고에 이르는 전과정을 통하여 존재하여야 한다. 따라서 법원은 소송계속중일지라도 소송조건의 존부를 조사하여야 한다.
- 형식적 소송조건을 조사함에는 실체심리를 불요하지만(예외, 사물관할, 친고죄 여부) 실체적 소송조건을 조사함에는 어느 정도 실체심리가 필요하다.

그러나 소송조건의 결여시 모두형식재판으로 소송을 종결한다.

2) 형식적 재판

- 형식적 소송조건결여=관할위반(법 제319조), 공소기각결정(법 제328조, 판결 법 제327조)
- 실체적 소송조건결여=면소판결(법 제326조)
- 소송조건 결여가 있는 경우 법원이 무죄의 확신이 있더라도 형식적 재판으로 소송을 종결하여야 한다(대판 64.6.16 64도 249)

3) 소송조건 흠결의 경합

- 수개의 소송조건흠결의 경합이 있을 때 법원은 어떤 소송조건의 결여를 이유로 형식 재판을 해야 하는가?

  (논리적 순서, 판단의 난이도에 의할 수밖에 없을 것이다)

  - 형식적 소송조건 및 실체적 소송조건의 흠결
    - □ 관할권 결여=형식재판
    - □ 공소시효완성=실체재판
    - -형식적 소송조건결여를 이유로 재판(논리적 순서)
  - 수개의 형식적 소송조건의 흠결
    - -하자의 정도가 중대한 것을 이유로 재판

      (공소기각사유>관할위반사유, 공소기각판결의 사유<공소기각결정)
  - 동종에 속하는 소송조건 흠결의 경합
    - -특별한 논리적 전후관계는 없으므로 어느 것을 이유로 해도 무방함

4. 소송조건의 추완

- 소송조건이 구비되지 않았는데도 공소가 제기되었을 경우 사건계속 중에 그 소송조건을 구비함으로써 공소제기의 하자가 치유되겠는가? (주로 친고죄에 있어서 고소가 논의됨)

• 부정설(판례)

□ 소송조건은 전체로서 소송이 성립·유지·존속되기 위한 공소제기의 유효요건이다. 따라서 소송조건은 반드시 공소제기 시에 구비하고 있어야 한다.

□ 형식적 확실성을 중시하는 공소제기에 관하여는 그 무효의 치유를 인정할 수 없다.

• 긍정설(다수설)

□ 소송조건은 단지 공소조건에 그치는 것이 아니라 실체재판을 하기 위한 조건이므로 공소제기 시에 구비하고 있지 아니하여도 후에 이것이 구비되면 실체재판이 가능하다.

□ 소송의 동적 발전적 성격

□ 소송경제의 원칙 : 일단 소송종결 후 재판 공소에 의하여 실체재판하는 것은 무용한 절차의 중복이다.

제 3 장

소송행위

제1절 소송행위의 의의 및 종류

1. 소송행위의 의의

– 소송절차를 조성하는 개개의 행위로서 소송법적 효과가 인정되는 것

- 소송절차를 조성하는 행위
  - □ 협의 : 공소제기~재판확정, 광의 : 수사~재판집행
  - □ 소송절차를 조성하는 행위란 서로 연속하면서 소송절차를 형성하여 나가는 행위이다(따라서 법관의 임면, 사법사무의분배 등은 소송행위가 아니다).
- 소송법적 효과가 인정되는 행위
  - □ 사실상 소송 진행에 필요한 행위일지라도 소송법적 효과가 인정되지 않는 것은 소송행위가 아니다(법정경위의 법정정리 또는 개정준비 행위).
  - □ 소송법적 효과가 발생한다는 것은 법원, 당사자, 제3자 사이에 존재하는 기초적 소송법률관계가 전개됨을 의미한다.

2. 소송행위의 종류

1) 주체에 따라

- 법원의 소송행위
  - 수소법원(심리, 재판, 강제처분)
  - 재판장, 수명법원, 수탁판사의 소송행위수임판사의 소송행위(검사청구의 영장발부, 증거보전)
  - 법원서기 등의 소송행위(조서작성, 서류송달)
- 당사자의 소송행위
  - 검사, 피고인(피의자), 변호인, 보조인등 행위
  - 신청(청구)=법원(법관)에 요구(공소제기, 기피신청 등)
  - 진술=의견개진(변론, 검사논고)
  - 입증=증명행위(증거제출, 증거조사 신청, 증인신문)
- 제3자의 소송행위
  - 법원, 당사자 이외의 소송행위

    예 고소, 고발, 증인의 증언, 감정인의 삼성, 피고인 아닌 자 가 행하는 압수품에 대한 환부·가환부 청구 등

2) 법률적 효과에 따라

- 법률행위적 소송행위=일정한 법률효과지향의 의사표시를 본질로 하는 소송행위(고소, 공소제기, 상소제기, 재판, 기피신청, 보석청구, 상소권회복청구)
  - 법률행위적 소송행위는 의사표시의 내용과 동일한 효과가 인정되지 않고 다만 형사소송법이 정한 일정한 법률효과가 발생할 뿐이다.
- 사실행위적 소송행위=일정한 사실(행위자체)에 소송법적 효과가 부여되는 소송행위(표현행위, 순수사실행위).
  - 증인진술, 검사논고, 피고인최후진술, 변호인변론-표현행위
  - 구속, 압수, 수색, 영장집행 : 순수사실행위(영장집행은 법률행위적 소송행위)

3) 실체면과 절차면의 구별에 따라

－실체형성행위＝실체면의 형성(법관의 실체면에 대한 심증형성)에 직접 역할을 하는 소송행위(증거조사, 변론, 증언, 검증, 검사논고, 변호인최후변론, 피고인최후진술)

－절차형성행위＝절차상의 소송행위(공소제기, 공판기일 지정, 소송관계인 소환, 증거조사신청, 기피신청, 상소제기, 유·무죄의 실체재판)

• 재판은 실체형성행위가 종료된 시점에서 행해지는 법원의 판단으로서 실체형성 행위 자체는 아니다.

4) 기능에 따라

① 여효적 소송행위(효과부여 소송행위)

－소송행위 그 자체가 소송절차를 형성하는 소송행위(상소포기, 상소취하, 고소취하, 약식명령에 대한 정식재판청구의 취하).

② 취효적 소송행위(효과요구 소송행위)

－다른 주체의 소송행위가 있을 때 법적효과가 나타나는 소송행위(기피신청, 관할위반의 신청, 증거신청, 증거조사에 대한 이의신청, 변론의 분리·병합신청, 변론재개신청)

제2절 소송행위의 요소

1. 소송행위의 주체

1) 소송행위적격

－누가 소송행위를 하여야 하는가 또는 할 수 있는가의 문제로 소송행위의 주체가 자신의 이름으로 소송행위를 할 수 있는 자격을 말한다.(당사자능력, 소송행위 능력과는 다르다).

• 일반소송행위적격 : 소송행위일반의 적격(소송주체, 대리권)

• 특별소송행위적격 : 개개 소송행위적격

- 행위적격이 소송행위의 개념요소인 경우
  (재판 = 법원, 공소제기 = 검사) - 결여시 불성립
- 소송행위를 할 수 있는 것이 일정한 자의 권한인 경우(고소 = 고소권자)

2) 소송행위의 대리

(1) 의의 : 본래 소송행위적격을 갖지 않는 자에게 대리에 의하여 소송행위적격을 인정할 수 있는가?

- 민법상의 대리와는 달리 의사표시를 요소로 하는 법률행위적 소송행위에 국한되지 않고 사실행위적 소송행위도 포함하는 넓은 개념이다.

(2) 범위

① 형소법에 명문으로 대리를 인정하는 경우

- 피고인에게 소송능력이 없는 경우의 대리, 대표(법 제26조, 제28조), 고소와 그 취소의 대리(법 제236조), 준기소절차에 있어서 재정신청의 대리(법 제264조 제1항), 피고인이 법인인 경우 대리인의 출석(법 제276조 단서), 경미사건에 있어서 대리인의 출석(법 제277조), 상소제기의 대리(법 제341조),번호인, 보조인의 대리권(법 제26조, 제29조 제3항)

② 소송행위의 대리를 허용하는 명문규정 없는 경우

a. 부정설

- 명문의 규정을 두어 대리를 허용한다는 것은 반대해석(판례)으로서는 명문규정 없는 경우에는 대리를 인정하지 않는다는 취지
- 대리의 허용은 절차의 형식적 확실성을 해한다.
- 대리의 허용은 소송행위의 일신전속적 성격에 비추어 부당하다.
- 대리의 허용은 실체적 진실발견을 방해할 우려

b. 긍정설

- 대리인의 권한을 명확히 하면 절차의 형식적 확실성을(다수설) 해할 염려가 없다
- 소송행위가 일신전속적 성격이 있는 것은 사실이나 모든 경우에 절

대적인 것은 아니다.

– 절차형성행위에만 일반적으로 대리를 허용하는 것은 실체적 진실발견을 저해할 염려가 없다.

– 대리를 인정하는 것이 본인에게 이익일 때가 많다.

• 절차형성행위에 한 하여는 명문규정이 없더라도 대리를 허용한다고 보아도 큰 문제가 없을 것이다(본인의 이익)

(3) **대리권의 행사** : 대리권 행사는 본인의 의사에 따라야 한다.

– 단 형사소송의 특성상 피고인의 후견적 지위에서 피고인의 명시 또는 묵시의 의사와는 독립하여 대리권이 행사될 수 있는 경우도 있다[변호인의 독립대리권(법 제36조)].

– 대리권 없는 자의 소송대리는 무효

– 대리권 행사가 본인의 의사에 종속되는 경우 이에 반하는 행위도 무효, 단 추인으로 하자의 치유가 생길 수 있다.

2. 소송행위의 내용

– 내용의 실현가능성 : 불능한 소송행위는 무효
(변호인 자격 없는 자의 변호인 선임, 사자의 소환)

– 내용의 명확성, 특정성 : 불명확, 불특정한 소송행위는 무효
(공소사실의 불특정(법 제254조 제4항), 불특정한 증거신청)

– 조건부, 택일적 내용

• 원칙적으로 형식적 확실성의 견지에서 허용될 수 없다.
예 조건부공소제기, 조건부상소제기, 조건부재판

• 단 형식적 확실성을 해할 염려가 없는 경우에는 허용된다.
예 택일적 증거신청, 공소사실의 택일적 기재(법 제254조 ⑤)

3. 소송행위의 방식

– 법적 안정성, 형식적 확실성의 견지에서 개개의 소송행위에는 일정한 방식을 규정한다. 그 내용으로서는,

- 구두방식 : 신속성, 내용의 선명성, 표시자의 태도관찰 등 장점이 있다.
  - ▫ 실체형성행위의 원칙적 방식(증언, 피고인 진술, 소송지휘, 판결선고)
- 서면방식 : 내용의 명확성, 절차적 확실성 등 장점이 있다
  - ▫ 절차형성행위의 원칙적 방식(공소제기, 상소제기, 변호인 선임, 정식재판청구, 재정신청 등).
- 법원용어 : 구두이든 서면이든 모두 국어사용.
  - ▫ 통역, 번역(법 제180조, 제182조)

4. 소송서류

1) 의의

– 특정한 소송에 관하여 작성된 서류일절(협의 : 소송서류 가운데 특히 법원이 작성한 서류만), 소송서류를 편철한 것이 소송기록

– 형식적 확실성의 요청＝서면방식(서면주의)

– 법원＝재판의 증거, 당사자＝변론자료, 상소심＝원심재판의 심사자료

2) 종류

의사표시적 문서, 보고적 문서

– 의사표시적 문서란 의사표시적 소송행위의 서면방식
(공소장, 상소장, 변호인선임서, 재판서 등)

– 보고적 문서란 일정한 사실을 기재한 문서
(공판조서, 검증조서, 신문조서)

▫ 보고적 문서는 일정한 조건하에 증거능력 인정됨

– 공무원의 서류(법 제57조, 제58조), 비공무원의 서류(법 제59조)

□ 서류의 작성주체가 공무원인가 아닌가에 의한 구분

(공소장, 공판조서, 검증조서), (피고인의 상소장, 변호인선임서, 피고인측의 상소이유서)

3) 공개제한

- 소송서류는 공판의 개정 전에는 공익상 필요 기타 상당한 이유가 없으면 공개하지 못한다(법 제47조)
  - 피고인 등 소송관련인의 명예보호, 재판에 대한 외부영향방지
  - "공판의 개정전" : 제1회 공판기일의 공판개정 전에 한하지 않고 제2회 이후의 공판기일의 공판개정전도 포함한다(통설) 즉 전회공판기일에 공개되지 아니한 서류 및 그 후의 공판기일 전에 작성된 서류도 공개 금지한다.
  - "공소서류" : 의사표시적 문서 및 보고적 문서 모두 포함. (법원이 보관하는 문서 및 검사, 사법경찰관리, 변호인 등이 보관하는 문서 모두 포함)

4) 송달

- 당사자, 기타 소송관계인에 대하여 소송서류의 내용을 알리는 법원 또는 법관의 소송행위
  - 송달방법 = 민사소송법 준용, 송달수령인제도(법 제60조)
    우편송달(법 제61조), 도달주의(법 제61조 제2항)
    검사에의 송달(법 제62조)
  - 공시송달 = 피고인의 주거, 사무소와 현재지를 알 수 없는 때(법 제63조)
    법원사무관 등이 송달할 서류보관, 법원게시장 공고(법 제64조)
    필요하면 관보, 신문지상에 공고(법 제64조 제3항)
- 2주일 경과로 효력 : 단 2회 이후의 공시송달은 5일을 경과하면 그 효력이 생김

5. 조서

1) **의의** : 일정한 절차 또는 사실을 인증하기 위하여 작성된 공권적 문서(공판조서, 공판기일외의 진술조서, 검증조서, 압수·수색조서)

2) 작성방법과 기재요건(법 제48조, 제49조, 제50조)

3) 공판조서

(1) 공판기일의 소송절차를 이에 참석한 법원사무관 등이 기재한 소송서류(공판기일외의 공판준비절차, 증거보전절차에서 법원사무관 등이 적성한 조서는 공판조서가 아니다). 소송서류 가운데 가장 중요하다(소송자료 확보, 소송절차명확화).

(2) 작성방법

- 공판에 참여한 법원사무관 등이 형소법 제51조 제2항의 기재[공판일 시, 법원, 출석법관, 검사, 법원사무관, 피고인 출석, 변호인 출석여부, 변호인 성명, 피고인의 진술요지, 증거의 내용, 소송절차(검사의 모두진술－판결선고)]의 주요한 내용을 작성.
- 재판장, 법원서기관이 서명, 날인(법 제53조)
- 공판조서에는 다음 사항 기타 모든 소송절차를 기재하여야 한다.
  (법 제51조 제2항)
  1. 공판을 행한 일시와 법원
  2. 법관, 검사, 법원사무관등의 관직, 성명
  3. 피고인, 대리인, 대표자, 변호인, 보조인과 통역인의 성명
  4. 피고인의 출석여부
  5. 공개의 여부와 공개를 금한 때에는 그 이유
  6. 공소사실의 진술 또는 그를 변경하는 서면의 낭독
  7. 피고인에게 그 권리를 보호함에 필요한 진술의 기회를 준 사실과 그 진술한 사실

8. 제48조 제2항에 기재한 사항
9. 증거조사를 한 때에는 증거될 서류, 증거물과 증거조사의 방법
10. 공판정에서 행한 검증 또는 압수
11. 변론의 요지
12. 재판장이 기재를 명한 사항 또는 소송관계인의 청구에 의하여 기재를 허가한 사항
13. 피고인 또는 변호인에게 최종 진술할 기회를 준 사실과 그 진술한 사실
14. 판결 기타의 재판을 선고 또는 고지한 사실

(3) 공판조서는 공판기일 후 신속히 정리(법 제54조 제1항)

－증거능력 : 무조건 인정된다(법 제311조)

－증명력 : 공판기일의 소송절차로서 공판조서에 기재된 것은 그 조서만으로써 증명한다(법 제56조). 반증허용안됨, 자유심증주의 예외.

－피고인의 공판조서열람권(법 제55조) : 피고인은 공판조서의 열람 또는 등사를 청구할 수 있으며, 피고인이 공판조서를 읽지 못하는 때에는 공판조서의 낭독을 청구할 수 있다. 이러한 청구에 응하지 아니한 때에 는 공판조서는 유죄의 증거로 할 수 없다.

－공판정에서의 속기·녹음 및 영상녹화(법 제56조의2) : 당사자의 신청이 있고 특별한 사유가 없으면 속기나 녹음장치 또는 영상녹화장치를 사용하여 녹음 또는 영상녹화하여야 한다. 법원은 직권으로 명할 수 있다. 신청에 의한 경우 비용을 부담하고 검사, 피고인 또는 변호인은 속기록 또는 녹음물, 영상녹화물의 사본을 청구할 수 있다.

6. 소송행위의 일시와 장소

1) 소송행위의 일시

(1) 소송행위의 기일

－법관, 당사자 및 소송관계인이 법원 기타 일정한 장소에 모여서 소송행위

를 하기 위하여 정해진 일정한 일시 [(공판기일(법 제267조 제1항), 증인신문기일(법 제163조 제2항)].

- 기일의 지정은 일 및 시로써 하고, 지정된 시각에 개시되나 종기에는 제한이 없다[단 압수, 수색, 검증의 시각 제한 (법 제125, 제143조)].

(2) 소송행위의 기간

- 일성한 소송행위를 할 때 소송관계인의 준수하여야 할 시간의 길이를 말하며 시기와 종기가 있다.
  - 행위기간 : 그 기간 내에만 소송행위를 적법하게 할 수 있는 기간[고소기간(법 제230조), 상소기간(법 제358조, 제374조)]
  - 불행위기간 : 일정한 소송행위를 할 수 없는 기간[제1회 공판기일의 유예기간(법 제269조)]
  - 제한기간 : 그 기간을 넘는 소송행위가 허용되지 아니하는 기간[구속기간(법 제92조), 공소시효기간(법 제249조)]
- 기간계산 : 초일불산입 단 시효, 구속기간은 초일 산입(법 제66조 제1항), 년, 월로써 정한 기간은 역서에 따라(법 제66조 제2항), 법정기간은 거리관계 고려 내법원규칙으로 기산을 연상할 수 있다(법 제67조)

2) 소송행위의 장소

- 원칙적으로 공판정(법 제275조 제1항) 예외적으로 법정 외의 증인신문(법 제165조), 법정 외의 공판(법원조직법 제56조 제2항), 법정 외의 감정(법 제172조 제1항).
- 일정한 장소에서는 소송행위제한

  예 군사상 비밀을 요하는 장소에서의 압수, 수색, 검증제한(법 제110조, 제145조)

▸ 주요판례

- 교도소 또는 구치소에 구속된 자에 대한 송달은 그 소장에게 송달되면 구

속된 자에게 전달된 여부에 관계없이 효력이 생기므로 재판서 등본을 모사 전송의 방법으로 구치소장에게 송부한 경우에도 그 재판이 고지된 것으로 본다(대결 2004.8.12, 2004모208).

- 원심법원 소재지인 광주시와 피고인의 주거지인 목포시와의 거리가 육로 58.8킬로미터가 됨은 당원에 현저한 바이니 항소이유서 제출기간은 형사소송법 제67조에 따라 2일을 가산하여 연장하게 된다(대법원결정 1983.2.8, 83모2).

제3절 소송행위에 대한 가치판단

- 소송행위에 대한 가치판단은 소송행위의 해석에 의하여 결정되고 이는 ① 그 성립·불성립 ② 유효·무효 ③ 적법·부적법을 판단하는 것을 말한다.
- 소송행위를 해석함에 있어서는 이론적 기준설정이 필요하며, 동시에 소송행위의 목적, 내용, 형식, 성질 등을 고려함과 아울러 절차유지의 원칙, 소송경제의 원칙, 절차의 형식적 확실성, 기술성 등이 종합적으로 작용되어야 한다.

1. 소송행위의 성립, 불성립

1) 소송행위가 소송행위로서의 외관을 갖추고 있는가 여부의 문제
- 소송행위가 본질적 개념요소를 구비하지 못함으로써 소송
- 행위의 정형을 충족하지 못한 경우는 불성립이다.

2) 소송행위의 유효, 무효의 판단은 일단 성립을 전제로 한다. (성립한 소송행위만이 유효, 무효의 문제를 일으킨다.)

3) 소송행위가 외관상 본질적 개념요소를 구비하지 못하면, 불성립이므로 검

찰청서기가 한 공소제기, 법원서기의 판결, 공소사실의 기재가 없는 공소제기 등은 불성립이다. 따라서 그대로 방치하더라도 소송법상 아무런 효과도 발생하지 않는다.

4) 성립, 불성립을 논하는 실익

- 불성립이면 방치하여도 무방하지만 일단 성립하면 설령 무효라고 하더라도 절차의 형식적 확실성을 고려하여 어떤 판단(재판)을 내려야 한다.
  [필요적 기재불비의 공소제기→공소기각판결 (법 제327조)]
- 무효의 치유도 성립을 전제로 한다. 불성립이면 무효의 치유도 생각할 수 없다.
- 성립이 된 경우 무효라 할지라도 일정한 법적 효과는 생길 수 있다.
  [무효인 공소제기에도 공소시효정지의 효력(법 제253조)이 있다].

2. 소송행위의 유효, 무효

1) 의의

- 소송행위가 성립한 것을 전제로 그 본래적 효력을 인정할 것인가에 대한 가치판다.
  - 성립을 전제로 한다는 점 *주의*
  - 무효인 소송행위라도 본래적 효력은 발생하지 않을 것이지만 일정한 효력은 발생할 수 있다(무효인 공소제기는 공소시효 정지력)
  - 무효인 소송행위라도 일정한 판단(재판)을 요한다.

2) 무효의 원인

(1) 주체에 관한 무효원인

- 당사자능력, 소송행위적격(성립요건인 경우는 제외), 소송행위능력의 결여, 의사의 결여(착오, 사기 강박으로 인한 소송행위)
  - 소송행위적격의 결여 ┌ 상소권자 이외의 상소
                                  └ 고소권자 이외의 고소

• 소송행위능력의 결여 : 소송능력없는(의사능력없는) 피고인의 소송행위(자백), 증언능력 없는 자의 증언

□ 절차형성행위에는 무효원인이지만, 실체형성행위는 무효가 아니라는 반대설

• 착오, 사기, 강박에 의한 소송행위

□ 형식적 확실성, 정형성의 요청에 따라 무효로 되지 않는 것이 원칙이다(예 착오로 인한 고소취소, 상소포기)

– 그러나 특히 피고인의 이익보호라는 견지에서 무효라 할 것.

– 착오가 중요부분으로서 본인의 귀책사유에 기인하지 않은 경우, 사기, 강박에 의한 소송행위의 효력을 인정하는 것이 현저하게 정의에 반하거나(강박에 의한 고소취소, 기만에 의한 증거동의), 적법절차의 이념에 반하는 경우에는 예외적으로 착오를 무효로 인정한다.

– 판례는 "착오로 인한 소송행위가 무효로 되기 위해서는 ① 통상인의 판단을 기준으로 하여 만일 착오가 없었다면 그러한 소송행위를 하지 않았으리라고 인정되는 중요한 점에 관하여 착오가 있고, ② 착오가 행위자 또는 대리인이 책임질 수 없는 사유로 인하여 발생하였으며, ③ 그 행위를 유효로 하는 것이 현저히 정의에 반한다고 인정되어야 한다."고 판시함.(대결 1992.3.13, 92모1)

(2) 형식에 관한 무효원인

– 소송행위의 방식이 유효요건인 때 그 법정방식 위배(구두의 공소제기, 재판서에 의하지 않은 판결선고), (필요적 기재사항 미비의 공소장, 구속영장, 조서)

(3) 절차상의 무효원인

– 소송행위의 유효요건인 사전절차의 결여, 절차의 위법, 기간경과

• 진술거부권의 고지 없는 피의자신문(법 제200조)

• 증인선서를 결한 증인신문

(4) 내용자체의 무효원인

–소송행위의 내용이 법률상 또는 사실상 실현불가능하거나 불명확, 불특정한 경우 원칙적으로 무효이다(불특정한 증거신청)

–무효원인 있는 소송행위에 대한 조치

- 신청, 청구 → 신청, 청구기각의 결정(기피신청, 재정신청, 증인신청)
- 공소제기 → 공소기각의 결정 또는 판결(법 제327조, 제328조)

→ 실체형성행위(증인신문무효)는 아무소치 필요 없고 증거능력 배제

3) 무효의 치유, 소송행위의 추완

–소송행위 당시에는 무효인 소송행위가 그 후의 사정변화로 유효로 되는 경우(소송의 발전적 성격, 절차유지의 원칙, 소송경제의 원칙)

(1) 소송의 발전에 의한 치유

–주로 절차상의 하자는 당사자의 이의 없이 소송절차가 일정한 단계로 진행되면 치유된다. 공소장부본송달의 하자, 제1회 공판기일 전의 유예기간(법 제269조)의 하자, 증인신문절차(순서)의 하자 등은 상대방의 이의 없이 절차가 진행되었을 경우 치유된다.

(2) 소송행위의 추완

① 단순추완 : 행위기간을 경과했을 경우에 추완행위에 의하여 법정기간 내에 행한 소송행위와 동일한 효력을 인정하는 것.(상소제기기간경과 후의 상소 제기가 상소권 회복결정에 의하여 유효로 되는 경우, 법 제345조, 제347조)

② 보정추완 : 소송행위의 무효원인이 제거 또는 보정됨으로써 무효인 소송행위가 유효로 되는 것

③ 소송조건의 추완 : 친고죄에 있어서 고소의 추완, 소송경제, 절차유지원칙(긍정설)

④ 변호인선임의 추완 : 변호인선임 신고전의 변호인으로서의 소송행위가 변호인선임서 제출(신고)에 의하여 유효로 된다(피고인의 이익보호)(통설)

⑤ 공소장의 변경 : 공소사실이 특정되지 아니한 공소제기는 무효이지만, 그 하자는 공소장의 변경에 의하여 공소사실이 특정되면 치유된다.

4) 소송행위의 취소와 철회

－소송행위의 취소

• 형사소송법에 있어서는 민법상 취소와 같은 일단 유효하지만 瑕疵를 주장한 경우에는 소급적으로 효력을 소멸시키는 경우는 없다(절차유지의 원칙). 소송행위의 성립이 인정되면 유효냐 무효냐의 문제가 있을 뿐이다.

－소송행위의 철회

• 장래에 향해서 그 소송행위의 효력을 상실케 하는 것[법문상 취소(법 제255 조; 공소취소, 법 제232조; 고소취소)라고 되어 있더라도 이것은 철회의 의미일 뿐 형소법상 취소란 있을 수 없다]

－실체형성행위에는 철회는 허용되지 않으나 절차형성행위에는 철회를 명문으로 인정한 경우(법 제232조; 고소취소, 법 제255조; 공소취소, 법 제349조; 상소의 취하, 법 제454조; 정식재판청구의 취하)뿐만 아니라 명문규정이 없더라도 절차의 안정을 해하지 않는 이상 소송행위의 철회를 허용해도 무방하다

예 증거조사신청의 철회, 증거로 함에 대한 동의의 철회, 기피신청의 철회, 보석청구의 철회

3. 소송행위의 적법, 부적법

－소송행위가 법률의 형식적·객관적 규정에 합치하는 가에 대한 가치판단.

• 소송행위가 적법요건(법에 규정하는 모든 조건)을 구비하지 못한 경우를 부적법이라 한다.

 ▫ 소송행위의 성립을 전제로 한다

 ▫ 적법요건은 효력규정이든 훈시규정이든 포함한다.

• 원칙적으로 적법인 소송행위만이 유효하다. 다만 부적법인 소송행위는 모두 무효인 것은 아니고 훈시규정에 위반하는 경우일 때는 유효하다(공

판기일 후 신속하지 못한 공판조서 정리)(형소법 제54조 제1항)

– 법이 부적법인 경우라도 유효로 인정하는 경우도 있다(관할권 없는 법원이 한 소송행위 형소법 제2조).

4. 소송행위의 이유유무

– 법률행위적 소송행위에 관하여 그 의사표시내용이 사실적, 법률적, 논리적 관점에서 정당한가 여부의 가치판단.

예 기피신청에 대하여 직근상급법원, 소속법원합의부의 결정

• 소송행위의 적법을 전제로 한다.

• 당사자의 신청, 청구, 법원의 재판이 이러한 판단의 대상

제 4 장
강제처분

제1절 총 설

1. 강제처분의 의의

－강제력 행사의 요소를 포함하는 일체의 처분

• 광의 : 모든 형사절차상의 강제처분

• 협의 : 강제처분 가운데 증거 조사적 성격을 갖는 처분을 제외한 나머지(증인신문, 감정, 통역, 번역, 법원의 검증)

• 강제처분의 필요성

□ 강제처분은 "필요성"으로서 피의자, 피고인의 신병확보, 도망방지, 증거소멸방지를 위하거나(체포·구속), 증거의 모집, 보전을 위하여(압수, 수색) 필요한 것으로 형사절차의 특성상 어느 정도의 강제력행사는 불가피한 것이다.

• 강제처분은 인권보장을 중심으로 하는 현대형사소송법에 있어서 지극히 중요한 문제로서 "현대형사소송의 역사는 강제처분권 축소의 역사이다"

2. 강제처분의 제한(인권보장)

1) 제한의 필요성

- 강제처분과 인권보장은 서로 상반된 개념으로 강제처분에 대한 일정한 제한 및 그 최소화의 요청은 인권 보호적 측면에서 보아 필수적이다.

2) 강제처분의 제한원리

- 필요한 최소한의 범위(필요성, 상당성 원리)
- 적정절차의 원리 : 영장주의, 체포·구속사유의 제한, 강제처분의 종류, 요건, 절차
- 무죄추정의 원칙(헌법 제26조 제4항, 형소법 제275조의2)

  구속의 최소화(영장실질심사, 체포·구속적부심사, 보석제도)

3) 강제처분의 제한규정들

(1) 사전적 구제방법

① 강제치분법정주의

- 체포·구속, 압수, 수색, 검증, 감정유치(법 제199조)등의 강제처분을 행할시 그 요건과 절차를 법률로 정하여 남용을 방지함

② 영장주의(헌법 제12조 제3항)

- 원칙적 사전영장, 발부기관＝법원, 영장야간집행제한(법 제125조, 법 제219조), 구속의 통지(법 제87조, 209조)

③ 영장주의의 예외

- 대인적 강제처분 : 긴급체포, 현행범인의 체포.
- 대물적 강제처분 : 법원에 의한 임의제출물의 압수(법 제108조), 법원의 제출명령(법 제106조 제2항), 공판정에서의 법원에 의한 압수·수색, 법원에 의한 검증, 피고인의 구속영장집행을 위한 수색(법 제137조), 수사기관에 의한 유류물 임의제출물의 압수(법 제218조), 현행범인의 체포목적 주거·건조물 등의 수색(법 제216조 제1항 제1호), 체포현장에서의 압

수 · 수색 · 검증(법 제216조 제1항) 등이 이에 해당한다.

- 영장실질심사제도, 필요적 피의자심문제도(법 제201조의2)
- 변호인의 조력을 받을 권리(헌법 제12조 제4항) 변호인선임의뢰권
- 재체포의 제한(법 제200조의4 제3항, 제214조의3), 구속 및 재구속의 제한(법 제70조, 제92조, 제208조, 제214조의3).
- 자백의 증거능력 및 증명력제한(헌법 제12조 제7항, 형소법 제309조, 제310조)

(2) 사후적 구제방법

- 접견교통권, 구속기간의 제한(법 제92조, 제202조, 제203조)
- 체포 · 구속적부심사(헌법 제12조 제6항, 형소법 제214조의2)
- 보석 및 구속의 집행정지절차(법 제94조 이하)
- 강제처분에 대한 항고(법 제403조)
- 검사의 체포 · 구속 장소 감찰(법 제198조의2)
- 신속한 재판을 받을 권리(헌법 제27조 제3항)
- 무죄추정(헌법 제27조 제4항, 법 제275조의2)
- 형사보상청구권(헌법 제28조)

3. 강제처분의 종류

1) 대인적 강제처분, 대물적 강제처분

- 처분의 대상이 사람인가 물건인가에 의한 구분
  - 대인적 강제처분 : 소환, 체포, 구속, 구인, 구금, 신체 수색 · 검증
  - 대물적 강제처분 : 제출명령, 압수, 수색, 검증(수사기관)
- 신체수색, 신체검증은 사람의 신병확보가 목적이 아니므로 대물적 강제처분으로 보는 견해도 있다(백형구).

2) 기소전 강제처분, 기소후 강제처분

– 처분이 행해지는 절차단계에 의한 구분

- 기소전 강제처분 : 수사기관의 강제처분, 수사기관의 청구에 의한 법관의 강제처분(예 증거보전 형소법 제184조, 감정유치 형소법 제221조의3)
- 기소후 강제처분 : 수소법원의 강제처분

3) 직접강제처분, 간접강제처분

– 처분이 갖는 강도 차에 의한 구분

- 직접강제처분 : 직접 물리력을 가하는 처분(체포·구속, 압수, 수색)
- 간접강제처분 : 심리적 강제, 불이행시 직접강제(소환, 제출명령)

제2절 대인적 강제처분

1. 소환

1) 소환의 의의

– 피고인에 대하여 일정한 일시에 법원 기타 지정한 장소에 출석할 것을 명하는 강제처분. 법원은 피고인을 소환할 수 있고(법 제68조) 단 급속을 요하는 경우에는 재판장, 수명법관이 소환할 수도 있다(법 제80조).

2) 소환절차

– 소환장발부(법 제73조), 소환장의 기재사항작성(법 제74조). 늦어도 출석일시 12시간 전에 송달(법 제76조 제1항, 규칙 제45조), 재정피고인에 대한 출석명령은 소환장과 동일효과(법 제76조 제2항), 구속된 피고인에게는 교도관리에게 통지하여 소환(법 제76조 제4항, 제5항)

3) 효과

– 유효한 소환을 받은 피고인은 출석의무가 있다(법 제74조). 정당한 이유 없이 출석하지 않으면 구속사유가 된다(법 제74조)

- 출석명령, 동행명령
  - □ 법원은 필요한 때에는 지정한 장소에 피고인의 출석 또는 동행을 명할 수 있다(법 제79조).
  - □ 소환장 송달이 없다는 점에서 소환과 다르다.
  - □ 법정 이외의 장소에의 출석명령이란 점에서 재정피고인에 대한 출석명령(법 제76조 제2항)과 다르다.
  - □ 절차가 강력한 점에서 압수·수색영장 집행에의 참여(법 제121조), 검증 참여 (법 제145조).

2. 체포

– 체포란 죄를 범하였다고 의심되는 자에 대하여 수사관서 등 일정한 장소에 단시간 인치하는 제도로 1995년 형소법 개정으로 도입되었다. 체포에는 체포영장에 의한 체포와 긴급체포, 현행범인 체포가 있다.

1) 체포영장에 의한 체포

(1) 체포의 요건

– ① 범죄혐의의 상당성, ② 수사기관의 출석요구의 불응 또는 그 우려, 단 다액 50만 원이하의 벌금, 구류, 과료에 해당하는 경미사건의 경우, 피해자가 일정한 주거가 없는 경우 또는 정당한 이유 없이 출석요구에 응하지 않는 경우에 한해서 체포할 수 있다. 다만, 명백히 체포의 필요가 인정되지 아니하는 경우에는 체포할 수 없다(법 제200조의2 제2항 단서). 따라서 ‘도망이나 증거인멸의 우려’는 소극적 요건으로서 그 사유의 부존재가 명백한 때에는 체포의 필요성이 부인되어 체포영장을 발부할 수 없다.

(2) 절차

－검사의 청구에 의해 법관이 발부한 체포영장에 의한다. 사법경찰관은 검사에게 신청하여 검사의 청구로 체포영장을 발부받아야 한다.

체포영장발부시 법관의 피의자심문은 인정되지 않는다.

(3) 집행

－체포영장의 집행에는 구속영상의 집행에 관한 규정이 준용된다.

－체포영장을 집행함에는 체포영장을 피의자에게 제시하여야 한다. 단 급속을 요하는 경우에는 피의자에 대하여 피의사실의 요지와 영장이 발부되었음을 고하고 집행할 수 있다. 이 경우 집행이 완료된 이후에는 신속히 체포영장을 제시해야 한다.(집행시 사법경찰관리는 피의자에 대하여 범죄사실의 요지와, 체포의 이유와 변호인을 선임할 수 있음을 말하고 변명할 기회를 준 후가 아니면 피의자를 체포할 수 없다).

－집행 후 변호인 또는 변호인선임권자에게 피의사건명, 체포일시와 장소, 체포의 이유와 변호인 선임권(변호인이 없는 경우)을 알려야 한다.

－체포 후 피의자를 구속하고자 할 때에는 검사는 체포한 때로부터 48시간 이내 에 구속영장을 청구해야 하고 그 기간 내에 구속영장을 청구하지 아니하는 때에는 피의자를 즉시 석방하여야 한다(법 제200조의2 제5항).

－체포된 피의자 : 체포적부심사청구권이 인정(법 제214조의2 제1항).

2) 긴급체포

－피의자가 사형, 무기 또는 장기 3년 이상의 징역이나 금고에 해당하는 죄를 범하였다고 의심할 만한 상당한 이유가 있고 도피 또는 증거인멸의 염려가 있을 경우에 긴급을 요하여 지방법원 판사의 체포영장을 받을 수 없을 때에는 그 사유를 알리고 피의자를 수사기관이 법관의 체포영장을 발부받지 않고 체포하는 것(영장주의의 예외).(법 제200조의3)

(1) 절차

– 검사 또는 사법경찰관은 피의자에게 긴급체포를 한다는 사유를 고하고 영장 없이 피의자를 체포할 수 있다. 사법경찰관이 긴급체포를 한 경우에는 즉시 검사의 승인을 받아야 한다(법 제200조의3 제1항, 제2항).

– 긴급체포한 피의자를 구속하고자 할 때에는 체포한 때로부터 48시간이내에 법원에 구속영장을 청구하여야 한다. 이 경우 긴급체포서를 첨부하여야 한다. (48시간까지 영장 없는 체포를 인정)

(2) 재체포의 제한

– 긴급체포되었으나 구속영장을 청구하지 아니하거나 구속영장을 발부받지 못하여 석방된 자는 영장 없이는 동일범죄사실에 관하여 다시 체포하지 못한다(법 제200조의4 제3항).

3) 현행범인체포

(1) 의의

– 고유의 의미의 현행범(범죄의 실행중이거나 실행직후인 자)과 준현행범의 체포는 영장 없이 할 수 있다. 여기서 준현행범이란 현행범은 아니지만 현행범인으로 간주되는 자로서, ① 범인으로 호칭되어 추적되고 있는 때, ② 장물이나 범죄에 사용되었다고 인정함에 충분한 흉기 기타의 물건을 소지하고 있는 때, ③ 신체 또는 의복류에 현저한 증적이 있는 때, ④ 누구임을 물음에 대하여 도망하려하는 때에는 현행범으로 간주한다.

(2) 현행범의 체포

– 현행범인은 누구든지 영장없이 체포할 수 있다. 검사 또는 사법경찰관리가 아닌 자가 현행범인을 체포한 때에는 즉시 검사 또는 사법경찰관리에게 인도하여야 한다.

(3) 체포의 요건

① 범죄사실의 명백성

– 범죄의 성립여부가 불확실한 경우는 현행범체포가 허용되지 않는다.

예 위법성조각사유 · 책임조각사유의 존재 등

② 체포의 필요성

– 현행범인의 경우 체포의 필요성(구속사유)에 대하여 명문의 규정이 없다.

– 학설

- 적극설 : 구속사유 즉 증거인멸이나 도망 또는 도망의 우려가 있는 경우에 한하여 현행범인체포가 가능하다.
- 소극설 : 현행범인 체포는 통상체포의 예외이며, 통상체포에서도 구속사유는 필요치 않았으므로 현행범인체포도 또한 체포의 필요성(구속사유)은 체포의 요건이 되지 않는다.

– 판례는 "현행범인은 누구든지 영장 없이 체포할 수 있는데, 현행범인으로 체포하기 위해서는 행위의 가벌성, 범죄의 현행성 · 시간적 접착성, 범인 · 범죄의 명백성 이외에 체포의 필요성 즉, 도망 또는 증거인멸의 염려가 있어야 하고, 이러한 요건을 갖추지 못한 현행범인체포는 법적 근거에 의하지 아니한 영장 없는 체포로서 위법한 체포에 해당한다."고 판시하여 적극설의 입장을 취하고 있다.

③ 비례성의 원칙

– 다액 50만 원이하의 벌금, 구류 또는 과료에 해당하는 죄의 현행범인은 주거가 분명하지 않은 경우에 한하여 체포할 수 있다.

(4) 검사 또는 사법경찰관리가 현행범을 체포한 경우 긴급체포규정에 의하여 구속 영장을 청구하여야 한다. 구속하고자 할 경우 48시간 이내에 구속영장을 청구하여야 한다.

3. 구속

1) 구속의 의의

- 피의자 또는 피고인의 신체적 자유를 박탈하는 강제처분으로서 구인과 구금을 포함한다(법 제69조, 제201조 이하).
  - 구인 : 피의자, 피고인 또는 증인을 법원 기타 일정한 장소에 인도하는 강제처분(구인장발부)
  - 구금 : 피의자 또는 피고인을 교도소 또는 구치소에 감금하는 강제처분(미결구금). 이는 형의일종인 구류와 다르다.
- 구인과 구금은 통상 일체로 결부되어 사용된다. 다만 구인한 피의자 또는 피고인에 대하여 구금할 필요가 없다고 인정하는 때에는 인도한 때로부터 24시간 내에 석방하여야 한다(법 제71조).
- 구속 기소된 피고인의 경우에는 다시 구속할 필요가 없으므로 법원이 하는 피고인의 구속은 불구속 기소된 경우에 한한다.
- 구속 전 피의자신문을 위한 구인을 명문화(법 제201조의2 제2항)

2) 구속의 요건

(1) 실체적 요건(법 제70조, 제201조)

- 피의자 또는 피고인이 죄를 범하였다고 의심할만한 상당한 이유(객관적, 합리적 견지에서의 고도의 범죄혐의를 의미함)가 존재 하여야 하고 범죄의 중대성, 재범의 위험성, 피해자 및 중요참고인에 대한 위해우려 등을 고려해야 한다.
- 피의자의 범죄혐의는 피고인의 정도보다는 낮다.
- 구속의 필요성
  - 피의자 또는 피고인이 일정한
  - 주거가 없는 때
  - 증거인멸의 위험이 있는 때
  - 도망 또는 도망할 염려가 있는 때

– 단 법정형이 다액 50만 원이하의 벌금, 구류, 과료에 해당하는 경미사건의 경우는 주거부정만이 그 사유로 된다(법 제70조 제3항).

(2) 형식적 요건

– 구속 전에 범죄사실의 요지와 변호인을 선임할 수 있음을 말하고 변명할 기회를 줄 것(법 제72조)

– 피고인 구속시 변호인이 있는 경우에는 변호인에게, 변호인이 없는 경우에는 피고인의 법정대리인, 배우자, 직계친족, 형제자매 중 피고인이 지정한 자에게 지체 없이 서면으로 피고사건명, 구속일시, 장소, 구속이유와 변호인선임권, 범죄사실의 요지를 알려야 한다(법 제87조).

– 피고인이 국회의원인 때는 회기 중 구속에 있어서는 현행범인인 경우를 제외하고 국회의 사전 동의가 필요하다(헌법 제44조 제1항).

3) 구속절차

(1) 구속영장의 발부

① 피의자 구속의 경우

검사는 관할지방법원판사에게 청구하여 구속영장을 받아 피의자를 구속할 수 있고 사법경찰관은 검사에게 신청하여 검사의 청구로 구속영장을 받아 피의자를 구속할 수 있다.

② 피고인구속의 경우

– 검사의 청구에 의하지 않는다는 점에서 피의자구속과 구별된다.

– 수소법원 또는 긴급시 재판장, 수명법관이 구속영장발부

– 구속영장의 기재사항(법 제75조 제1항)

– 구속영장은 집행의 편의를 위하여 수통을 작성하여 사법경찰관리 수인에게 교부할 수 있다(법 제82조).

③ 구속 전 피의자 심문제도(영장실질심사제도)

– 1995년 개정형소법은 구속의 신중을 도모하기 위해 판사가 피의자를 직접 심문할 수 있는 피의자 심문제도 소위 영장실질심사제도를 신설

하였다. 영장실질 심사제도는 구속영장의 청구를 받은 판사가 피의자를 직접 신문하여 구속사유를 판단하는 제도이다. 체포, 긴급체포 또는 현행범체포에 의하여 체포된 피의자에 대하여 구속영장을 청구 받은 지방법원의 판사는 지체 없이 피의자를 신문하여야 한다. 이 경우 특별한 사정이 없는 한 구속영장이 청구된 날의 다음날까지 심문하여야 한다(필요적 피의자신문제도)(법 제201조의2).

- 판사가 체포된 피의자를 심문하는 경우 피의자를 출석시켜야 하며 체포되지 않은 피의자는 구인한 후 심문하여야 한다(법 제201조의2).
- 구인기간은 인치한 때로부터 24시간 이내이고(법 제71조의2, 제201조의2 제10항), 구인기간은 구속기간에 산입되며(법 제203조의2), 다른 절차에 관한 규정은 구속에 관한 규정이 준용된다.

(2) 구속영장의 집행(피의자, 피고인)

① 검사의 지휘로 사법경찰관리가 집행한다(법 제81조 제1항).

- 단 급속을 요하는 경우는 재판장, 수명법관, 수탁판사가 지휘(법 제81조 제1항). 단 이 때는 법원사무관 등에게 집행을 명할 수 있고 필요하다면 사법경찰관리·교도관 또는 법원경위에게 보조를 요구할 수 있다(법 제81조 제2항).

② 검사는 관할구역 외에서 구속영장을 집행 지휘할 수 있고 당해 관할구역 검사에게 집행지휘를 촉탁할 수 있다(법 제83조 제1항, 209조). 피고인의 소재불명시 재판장은 고등검찰청검사장 또는 지방검찰청검사장에게 수사 및 구속영장집행을 촉탁할 수 있다(법 제84조).

③ 구속영장을 집행함에는 반드시 구속영장을 제시(법 제85조 제1항).

- 단 구속영장을 소지하지 않은 경우 긴급을 요하는 때에는 피고인에게 공소사실의 요지와 영장이 발부되었음을 고지하고 집행할 수 있다(법 제85조 제3항). 후에 신속히 영장제시(법 제85조 제4항) 구속영장을 집행한 경우는 신속히 법원 기타 장소에 인도하여야 한다(법 제85조 제1항, 제209조)

4) 구속후의 조치

– 지체 없이 서면으로 변호인이나 가족 등에게 구속의 통지(법 제87조) 피의자 또는 피고인에게 공소요지와 변호인선임권이 있음을 고지(법 제88조, 제209조)

5) 구속의 촉탁

– 법원은 피고인의 현재지 지방법원 판사에게 구속촉탁(법 제77조 제1항), 수탁판사의 구속영장 발부(법 제77조 제3항, 제4항)

6) 구속된 피의자 또는 피고인의 접견, 교통권

– 구속된 피의자 또는 피고인은 변호인 등 타인과 접견하고 서류 또는 물건을 수수하며 의사의 치료를 받을 수 있다(법 제89조, 제209조). (인권보장제도의 큰 역할, 방어준비, 심리적 안정감).

– 법원은 결정으로 변호인 이외의 자와의 접견을 금할 수 있다.

(이 경우 도망하거나 죄증인멸의 상당한 이유가 있어야 한다)(법 제91조)

– 변호인의 접견교통권은 제한할 수 없다.

- 미결수용자의 변호인과의 접견교통시에 교도관이 참여할 수 있도록 한 행형법 제18조 제3항은 위헌이라는 헌재결정이 있다(헌재 1992.1.28. 결정 91헌마111).
- 검사작성의 피의자 신문조서가 검사에 의하여 피의자에 대한 변호인의 접견이부당하게 제한되고 있는 동안에 작성된 경우에는 증거능력이 없다(대판 1990.8.24, 90도1285).

7) 구속기간의 제한

① 미결구금의 지나친 장기화에 의한 인권침해를 방지하기 위한 제도

② 사법경찰관이 피의자를 구속한 때에는 10일 이내에 검사에게 인치하지 않으면 석방하여야 한다.(법 제202조)

③ 검사의 구속기간도 10일이지만 지방법원판사의 허가를 얻어 10일을 초과하

지 않는 한도에서 구속기간을 연장할 수 있다.(법 제203조, 제205조 제1항)

④ 국가보안법 제3조 내지 10조의 죄에 대하여 지방법원판사는 사법경찰관에게 1회, 검사에게 2회에 한하여 구속기간의 연장을 허가할 수 있다. 단 국보법 제7조(찬양, 고무), 제10조(불고지)의 죄에 대하여 구속기간을 연장한 것은 신체의 자유, 무죄추정의 원칙 및 신속한 재판을 받을 권리를 침해한 것으로 위헌결정(헌재 1992.4.14. 결정 90헌마82).

⑤ 구속기간은 2월, 심급마다 2차에 한하여 결정으로 갱신할 수 있으며 갱신한 기간도 2월이다. 다만 상소심은 피고인 또는 변호인이 신청한 증거의 조사, 상소이유를 보충하는 서면의 제출 등으로 추가심리가 필요한 부득이한 경우에는 3차에 한하여 갱신할 수 있다.(법 제92조 제1항, 제2항).

⑥ 1심 구속기간의 기산점은 공소제기시이다. 즉, 공판절차가 정지된 기간 및 공소제기전의 체포·구인·구금기간은 피고인의 구속기간에 산입하지 아니한다.(법 제92조 제3항)

⑦ 불구속피고인을 수소법원이 구속하는 경우에는 구속영장을 집행하여 실제로 구속된 날이 그 기산일이다(법 제66조 제1항 단서, 제66조 제3항 단서 참조)

8) 이중구속

- 이중구속이란 이미 구속영장이 발부되어 구속되어 있는 피의자 또는 피고인에 대하여 다시 구속영장을 집행하는 것이다(허용과 불허용설이 대립).

9) 별건구속

- 별건구속이란 수사기관이 본래 수사하려고 하는 중대한 범죄에 대하여는 아직 구속의 요건이 구비되지 못하였기 때문에 피의자신문을 위하여 본건과 관계없는 경미한 범죄(별건)로 구속영장을 발부받아 피의자를 구속하는 것이다.
- 별건구속의 적법성에 대하여 견해가 대립되나 이는 영장주의에 대한 탈법행위이므로 위법하다고 본다. 그러나 구속 중인 피의자에 대한 餘罪搜査

(여죄수사)는 허용된다.

10) 검사의 체포, 구속장소 감찰(법 제198조의2 제1항)

제3절 대인적 강제처분과 인권보장

1. 접견교통권

1) 접견교통권의 의의

– 접견교통권이란 구속된 피고인 또는 피의자가 변호인이나 가족, 친지 등의 타인과 접견하고 서류 또는 물건을 수수하며 의사의 진료를 받는 권리를 말한다. 변호인과의 접견교통권은 절대적으로 보장하고(법 제34조) 비변호인과의 접견교통권은 법률이 정한 범위에서 인정하며 이에 대한 법적 제한을 규정하고 있다(법 제91조).

2) 접견교통권보장의 근거

– 접견교통권보장의 이론적 근거는 피고인 또는 피의자의 기본적 인권의 보장과 방어권의 보장에 있다.

3) 접견교통권의 내용

– 접견교통권에는 피고인 또는 피의자와의 접견뿐만 아니라 서류 또는 물건의 수수 및 수진이 포함되어 있다. 특히 변호인과의 접견교통권은 법원의 결정 또는 수사기관의 지시로 제한할 수 없다는 것이 통설이다.

4) 접견교통권의 침해에 대한 구제

– 수사기관이 변호인과의 접견교통권을 제한하거나 의류, 식량, 의료품의 授受를 금지한 때 또는 적법한 절차에 의하지 않고 접견교통을 제한 한 경우와 같이 접견교통권이 침해당한 경우 구제수단으로 항고와 준항고 및 증거

능력의 배제가 있다.

① 접견교통권을 제한하는 법원의 결정이 부당한 경우에는 보통항고를 할 수 있으며 수사기관이 위법하게 접견교통을 제한하는 경우에는 준항고가 허용된다(법 제403조, 제417조).

② 접견교통권을 침해하여 얻은 증거의 증거능력은 원칙적으로 부정하여야 한다(통설, 판례)(대판 1990.8.24, 90도1285; 대판 1990.9.25, 90도1586).

2. 체포 · 구속적부심사제도

1) 체포 · 구속적부심사제도의 의의

– 체포 · 구속된 피의자에 대하여 법원이 체포 또는 구속의 적법여부와 체포 또는 구속계속의 필요성을 심사하여 그 체포 · 구속이 부적법 또는 부당한 경우에는 석방시키는 제도를 말한다. 체포 · 구속적부심사제도는 피의자를 석방하기 위한 제도라는 점에서 피고인의 석방을 결정하는 보석과 구별되며, 법원의 결정에 의한다는 점에서 지방법원판사 또는 검사가 행하는 체포 · 구속취소와 구별된다.

2) 연혁

– 체포 · 구속적부심사제도는 영국의 인신보호영장(The Writ of Habeas Corpus) 제도에서 유래하고 있다. 우리나라는 유신헌법에 따른 제3차형소법 개정시 폐지되었다가 제5공화국 헌법에 따른 제5차 개정(1980.12.18)때 부활되었으며 1995년 형소법 개정으로 적부심사의 대상을 구속뿐만 아니라 체포에 대하여도 확대하고, 보증금 납입조건부 피의자석방을 체포 · 구속적부심사와 결합하여 피의자에 대한 보석을 인정하였다(법 제214조의2).

3) 체포 · 구속적부심사 청구권자

– 체포 또는 구속된 피의자, 그 피의자의 변호인, 변호인, 법정대리인, 배우자, 직계친족, 형제자매, 가족 및 동거인 또는 고용주이다.

– 피고인은 체포·구속적부심사를 청구할 수 없으며, 불법 구속된 피의자, 영장 없이 체포된 긴급체포, 현행범체포에 의해 체포된 피의자에게도 체포·구속적부심사청구권이 있다. 다만 사인에 의해 불법 구속된 자는 여기에 포함되지 않는다.

4) 체포·구속적부심사의 청구사유

– 대상은 체포 또는 구속의 적부이며 이 때 체포 또는 구속의 적부란 체포·구속의 불법 여부뿐만 아니라 구속계속의 필요에 대한 판단도 포함한다.

5) 청구방법

– 체포·구속적부심사의 청구는 서면에 의함을 원칙으로 하며 체포·구속적부심사청구서에는 피의자의 성명, 주민등록번호 등, 주거, 체포 또는 구속된 일자, 청구의 취지 및 청구의 이유, 청구인의 성명과 체포·구속된 피의자와의 관계를 기재하여야 한다(형소법규칙 제102조).

6) 법원의 심사

(1) **심사법원** : 체포·구속적부심사청구사건은 지방법원 합의부 또는 단독판사가 심사한다. 체포·구속영장을 발부한 법관은 관여하지 못하나 다만 체포영장 또는 구속영장을 발부한 법관 외에는 심문, 조사, 결정을 할 판사가 없는 경우에는 그러하지 아니하다(법 제214조의2 제12항).

(2) **심문기일** : 청구를 받은 법원은 청구서가 접수된 때부터 48시간 이내에 체포 또는 구속된 피의자를 심문하여야 한다.(법 제214조의2 제4항)

(3) **심사** : 법원은 심문기일에 피의자를 심문하고 수사관계서류와 증거물을 조사한다. 피의자의 출정은 절차개시의 요건이다.(규칙 제104조 제2항)

(4) 체포·구속적부심사를 청구한 피의자가 형소법 제33조에 해당하는 경우

에는 법원은 국선변호인을 선임하여야 한다. 이 경우 국선변호인의 출석도 절차개시요건이 된다.

7) 법원의 결정

- 법원은 체포·구속된 피의자에 대한 심문이 종료된 때로 부터 24시간이내에 체포·구속적부심사청구에 대한 결정을 하여야 한다(규칙 제106조). 이 경우 법원이 수사관계서류와 증거물을 접수한 날로부터 결정 후 검찰청에 반환된 때까지의 기간은 체포·구속기간에 산입되지 않는다(법 제214조의2 제13항).

(1) 기각결정 : 법원은 심사의 결과 청구가 이유 없다고 인정한 때에는 결정으로 그 청구를 기각하여야 한다. 심문 없이 기각결정이 허용되는 경우도 있다(법 제214조의2 제3항, 제4항).

(2) 석방결정 : 법원은 적부심사의 청구가 이유 있다고 인정한 때에는 결정으로 피의자의 석방을 명하여야 한다.(법 제214조의2 제4항) 석방결정은 그 결정서의 등본이 검찰청에 송달된 때에 효력이 발생한다(법 제42조). 결정서가 검찰청에 송달되기 전에 공소가 제기가 된 경우(예 검사의 전격기소) 석방결정의 효력에 대해 종래 긍정설, 부정설의 대립이 있었다. 개정된 형사소송법은 이를 명문화하여 해결하였다.(법 제214조의2 제4항 후문) 석방결정에 의하여 석방된 피의자가 도주나 죄증을 인멸할 염려가 있는 경우에는 재구속이 허용된다.(법 제214조의3 제1항)

(3) 체포·구속적부심사에 대한 법원의 결정에 대해서는 항고가 허용되지 않는다(법 제214조의2 제8항). 이는 항고로 인한 수사의 지연과 심사의 장기화를 피하기 위한 것이다.

(4) 보증금납입조건부 피의자석방제도

① 피의자(심사청구 후 공소제기된 자를 포함)에 대하여 보증금 납입을 조건으로 구속의 집행을 정지하는 제도로서, 이는 보석제도를 피해자에게까지 확대한 것이라 할 수 있다. 본 제도는 체포·구속적부심사의 청구가 있을 때에만 허용되는 직권보석과 재량보석이며, 피의자에게 보석권이 인정되지 않는다.

② 절차 : 피의자의 보석청구는 인정되지 않고 피의자가 체포·구속적부심사를 청구한 경우에만 법원은 보증금의 납입을 조건으로 피의자의 석방을 명할 뿐이다(법 제214조의2 제5항)

3. 보석제도

1) 보석의 의의

– 보증금의 납부를 조건으로 하여 구속의 집행을 정지하고 피고인을 석방하는 제도.
  • 구속의 집행정지와는 보증금의 납부 등을 조건으로 하는 점에서 구별
  • 구속적부심과는 피고인에게만 보석이 인정된다는 점에 구별되나 1995년 형소법 개정으로 보증금납입조건부 피의자석방제도를 신설함으로써 피의자에 대하여 까지 보석을 확대하였다.

– 보석제도는 영미법의 전통으로서 영미법에서는 피고인은 물론 피의자에게도 보석청구권이 인정되고 있다.

– 보석제도의 존재이유 : 피고인을 일정한 보증을 조건으로 하여 석방함으로써 방어준비에 효율적으로 대처토록 하고, 국가 측으로서는 미결구금을 위한 시설비용을 절감할 수 있다.

2) 보석의 종류

(1) 필요적 보석(권리보석)

– 필요적 보석이란 우리나라 보석제도의 원칙으로 구속되어 있는 피고인, 변

호인과 일정한 신분관계 있는 자는 보석청구권이 있다(형소법 제94조).

－보석청구가 있으면 다음 경우를 제외하고는 법원은 보석을 허가하여야 한다(법 제95조).

a. 피고인이 사형, 무기 또는 장기 10년 이상의 징역, 금고에 해당하는 죄를 범한 경우

b. 피고인이 누범이거나 상습범인 죄를 범한 때

c. 피고인이 죄증을 인멸하거나 인멸할 염려가 있다고 믿을 만한 충분한 이유가 있는 때

d. 피고인이 도망하거나 도망할 염려가 있다고 믿을 만한 충분한 이유가 있을 때

e. 피고인의 주거가 분명하지 않은 때

f. 피고인이 피해자, 당해 사건의 재판에 필요한 사실을 알고 있다고 인정되는 자 또는 그 친족의 생명, 신체나 재산에 해를 가하거나 가할 염려가 있다고 믿을 만한 충분한 이유가 있을 때(증인보호의 목적)

• 이러한 예외를 제외하고는 청구가 있으면 반드시 보석을 허가해야 한다. (필요적 보석, 권리보석)

• 그러나 c, d의 경우는 법관의 판단에 일임되어 있으므로 실제운용상 재량보석으로 운용될 위험이 있으므로 입법논상 재고가 요청된다.

(2) 임의적 보석(재량보석)

－보석청구가 없거나, 필요적 보석의 예외에 해당하는 경우에도 상당한 이유가있는 때에는 법원은 직권 또는 보석청구권자의 청구에 의하여 결정으로 보석을 허가할 수 있다(법 제96조).

• 형소법 제96조가 직권보석(청구가 없는 경우)과 임의적 보석(필요적 보석의 예외에 해당하고 청구가 있는 경우)을 포함하고 있다는 견해가 있으나(백형구) 양자를 묶어서 임의적 보석(재량보석)으로 인정하는 것이 타당하다.

3) 보석허가절차

(1) **보석청구** : 청구권자는 피고인, 변호인, 법정대리인, 배우자, 직계친족, 형제자매와 가족·동거인 또는 고용주이다(법 제94조). 단 직권보석인 경우는 청구가 필요 없다.

(2) **보석결정** : 법원이 보석에 관한 결정을 함에는 검사의 의견을 물어야 한다(법 제97조). 그러나 검사의 의견은 법원에 대하여 구속력이 없다. 법원이 검사의 의견을 듣지 아니한 채 보석결정을 하였더라도 그 결정이 적정한 이상 절차상의 하자만으로 그 결정을 취소할 수 없다(대결 1997.11.27, 97모88).

(3) 보석의 조건(법 제98조)

- 법원은 보석을 허가하는 경우에는 필요하고 상당한 범위 안에서 다음 각 호의 조건 중 하나 이상의 조건을 정하여야 한다.
  - a. 법원이 지정하는 일시·장소에 출석하고 증거를 인멸하지 아니하겠다는 서약서를 제출할 것
  - b. 법원이 정하는 보증금 상당의 금액을 납입할 것을 약속하는 약정서를 제출할 것
  - c. 법원이 지정하는 장소로 주거를 제한하고 이를 변경할 필요가 있는 경우에는 법원의 허가를 받는 등 도주를 방지하기 위하여 행하는 조치를 수인할 것
  - d. 피해자, 당해 사건의 재판에 필요한 사실을 알고 있다고 인정되는 자 또는 그 친족의 생명·신체·재산에 해를 가하는 행위를 하지 아니하고 주거·직장 등 그 주변에 접근하지 아니할 것
  - e. 피고인 외의 자가 작성한 출석보증서를 제출할 것
  - f. 법원의 허가 없이 외국으로 출국하지 아니할 것을 서약할 것
  - g. 법원이 지정하는 방법으로 피해자의 권리회복에 필요한 금원을 공탁하거나 그에 상당한 담보를 제공할 것
  - h. 피고인 또는 법원이 지정하는 자가 보증금을 납입하거나 담보를 제공

할 것

i. 그 밖에 피고인의 출석을 보증하기 위하여 법원이 정하는 적당한 조건을 이행할 것

(4) 보석의 조건을 정함에 있어서는 a. 범죄의 성질 및 죄상, b. 증거의 증명력, c. 피고인의 전과·성격·환경 및 자산, d. 피해자에 대한 배상 등 범행후의 정황에 관련된 사항을 고려해야 한다(법 제99조 제1항).

(5) 법원은 피고인의 자력 또는 자산정도로는 이행할 수 없는 조건을 정할 수 없다 (법 제99조 제2항). 검사는 보석을 허가하는 결정에 대하여는 즉시항고 할 수 없다(법 제97조 제4항). 그러나 보석허가결정에 대하여 보통항고는 허용된다.(법 제403조 제2항)

(6) 법원은 직권 또는 보석청구권자의 신청에 따라 결정으로 보석조건을 변경하거나 일정기간동안 당해조건의 이행을 유예할 수 있다.(법 제102조 제1항)

(7) **보석허가결정의 집행** : 보석허가결정은 형사소송법 제98조 제1호, 제2호, 제5호, 제7호 및 제8호의 보석의 조건을 이행한 후가 아니면 집행할 수 없다. 또한 법원은 필요하다고 인정하는 때에는 다른 조건에 관하여도 그 이행 이후 보석허가 결정을 할 수 있다(법 제100조 제1항). 보석청구자 이외의 자도 보증금을 납입할 수 있고 유가증권이나 보증서로써 보증금에 갈음함을 허가할 수 있다(법 제100조 제2항, 제3항).

4) 보석의 취소

– 법원은 다음의 경우 직권 또는 검사의 청구에 의하여 결정으로 보석의 취소를 할 수 있다(법 제102조 제2항).

a. 도망한 때,

b. 도망 또는 죄증을 인멸할 염려가 있다고 믿을 만한 충분한 이유가 있

는 때,

c. 소환을 받고 정당한 이유없이 출석하지 아니한 때,

d. 보석조건에 위반한 때

e. 피해자, 당해 사건의 재판에 필요한 사실을 알고 있다고 인정되는 자 또는 그 친족의 생명, 신체나 재산에 해를 가하거나 가할 염려가 있다고 믿을 만한 충분한 이유가 있는 때.

– 보석취소결정이 있으면 검사는 그 등본에 의하여 피고인을 재구금하여야 한다(규칙 제56조).

5) 보증금의 몰수와 환부

– 보석을 취소한 때에는 직권 또는 검사의 청구에 따라 결정으로 보증금의 전부 또는 담보의 전부 또는 일부를 몰취할 수 있다(법 제103조 제1항). 임의적 몰취.

– 법원은 보증금의 납입 또는 담보제공을 조건으로 석방된 피고인이 동일한 범죄사실에 관하여 형의 선고를 받고 그 판결이 확정된 후 집행하기 위한 소환을 받고 정당한 사유 없이 출석하지 아니하거나 도망한 때에는 직권 또는 검사의 청구에 따라 결정으로 보증금 또는 담보의 전부 또는 일부를 몰취하여야 한다.(법 제103조 제2항). 필요적 몰취.

– 보증금 몰취 결정의 확정에 의하여 보증금은 국고에 귀속된다.

– 구속 또는 보석을 취소하거나 구속영장의 효력이 소멸된 때에는 몰취하지 아니한 보증금 또는 담보를 청구한 날로부터 7일 이내에 환부하여야 한다(법 제104조).

4. 구속의 집행정지

– 법원은 상당한 이유가 있는 때에는 결정으로 피고인을 친족, 보호단체 기타 적당한 자에게 부탁하거나 피고인의 주거를 제한하여 구속의 집행을 정지할 수 있다(법 제101 제1항).(주로 중병으로 인하여 구속생활을 견디기 힘든

경우 사용됨) 이 결정을 함에는 급속을 요하는 경우를 제외하고는 검사의 의견을 물어야 한다(법 제101조 제2항). 이 결정에 대하여 검사는 즉시항고를 할 수 있다(법 제101조 제3항). 그러나 헌법재판소는 형사소송법 제103조 제3항은 헌법상 영장주의 및 적법절차원칙에 위배되어 위헌이라고 판시함(헌재결 2012.6.27, 2011헌가36)

– 구속된 국회의원에 대하여 국회의 석방요구가 있을 경우 당연히 구속의 집행이 정지된다(헌법 제44조, 형소법 제101조 제4항).

– 구속집행정지의 취소(법 제102조 제2항)
  - 구속집행정지의 취소결정이 있으면 검사는 그 등본에 의하여 피고인을 재구금하 여야 한다(규칙 제56조). 다만 헌법 제44조에 의하여 석방된 국회의원에 대하여는 회기 중 구속집행정지의 취소를 하지 못한다(법 제102조 제2항 단서).

5. 구속의 실효

1) 구속취소결정

– 구속의 사유가 없거나 소멸된 때 법원은 직권 또는 검사, 피고인, 변호인 또는 변호인 선임권자의 청구에 의하여 결정으로 구속을 취소하여야 한다(법 제93조).

– 이 결정을 함에는 검사의 의견을 물어야 한다(법 제97조).

– 구속취소결정에 의하여 구속영장은 효력을 잃게 된다.

2) 구속의 당연실효

– 구속기간의 만료(법 제93조) – 판례는 "구 군법회의법 제132조의 제한을 넘어 구속기간을 갱신한 경우에 있어서도 불법구속한 자에 대하여 형법상·민법상의 책임을 물을 수는 있어도 구속명령의 효력이 당연히 실효되는 것은 아니다"라고 판시함(대판 1964.11.17, 64도428)

– 재판의 선고(법 제331조) : 무죄, 면소, 형면제, 선고유예, 집행유예, 공소기

각, 벌금이나 과료를 과하는 판결이 선고된 때에는 구속영장은 효력을 잃는다.

– 사형, 자유형의 판결 확정
  • 자유형 판결의 확정과 동시에 집행개시(형법 제84조 제1항)
  • 사형집행까지 교도소 등에 구치되는 것도 확정판결 자체의 효력이다.

6. 상소와 구속에 관한 결정

– 피의자 구속에 관한 결정은 관할지방법원 판사가 결정하고, 피고인의 구속에 관한 결정은 원칙적으로 수소법원이 하여야 한다.
– 그러나 상소기간 중 또는 상소중의 사건에 관하여 구속기간의 갱신, 구속의 취소, 보석, 구속의 집행정지와 그 정지의 취소에 대한 결정은 소송기록이 원심법원에 있는 때에는 원심법원이 하여야 한다(법 제105조)
– 이송, 파기환송 또는 파기이송 중의 사건에 관한 위 결정은 소송기록이 이송 또는 환송법원에 도달하기까지는 이송 또는 환송한 법원이 이를 하여야 한다(규칙 제57조 제2항).

7. 미결구금일수의 본형통산

– 미결구금(구속)은 형은 아니지만 실질적으로 자유형의 집행과 다를 바 없으므로 미결구금일수는 본형에 통산되어진다.
– 체포·구속적부심사가 청구된 경우에 법원에서 수사관계서류와 증거물을 접수한 날로부터 결정 후 검찰청에 반환될 때까지의 기간을 체포 또는 구속기간에 산입하지 않는다.
– 판결선고전의 미결구금일수는 전부 본형에 통산되어 유기징역, 유기금고, 벌금, 과료에 관한 유치 또는 구류에 산입된다(형법 제57조 제1항).(필요적 통산)
  * 형법 제57조 1항 규정중「또는 일부」부분은 헌법상의 무죄추정의 원칙

및 적법 절차의 원칙 등을 위배하여 합리성과 정당성 없이 신체의 자유를 침해한다고 하여 헌법재판소는 위헌결정을 하였다.(헌재결 2009.6.25, 2007 전바25)

- 감정유치기간도 미결구금일수에 산입된다(법 제172조 제8항).
- 상소제기 후의 판결선고전 구금일수는 다음의 경우에는 전부를 본형에 산입한다(법 제482조 제1항).(헌재결 2009헌가5 참조)
  ① 검사가 상소를 제기한 때
  ② 검사가 아닌 자가 상소를 제기한 경우에 원심판결이 파기된 때

제4절 대물적 강제처분(압수, 수색, 수사상의 검증)

1. 압수

1) 압수의 의의

- 물건의 점유를 취득하는 강제처분(압류, 영치, 제출명령)
  - 압류 : 점유취득의 과정 자체에 강제력을 가하는 것.
  - 영치 : 소유자 등이 임의로 제출한 물건 또는 유류한 물건의 점유를 취득하는 것(법 제108조, 제218조)
  - 제출명령 : 법원이 압수할 물건을 지정하여 소유자, 소지자 등에게 제출을 명하는 것(법 제106조 제2항)

  * 법원이 행하는 압수 또는 수색은 공판정에서 행할 때에는 영장이 필요치 않으나 공판정 외에서 행할 때에는 압수·수색 영장을 발부하여야 한다.(법 제113조)

2) 압수의 목적물

- 증거물 또는 몰수할 것으로 사료되는 물건(법 제106조 제1항)
  - 사람의 신체 및 장소는 검증 대상이지 압수대상은 아니다.

• 몰수란 필요적 몰수 및 임의적 몰수를 포함한다.

– 압수의 제한 : 군사상, 공무상, 업무상의 비밀보호라는 초소송법적 이익에 의하여 제한을 받는다.

(1) 우체물의 압수(법 제107조)

– 법원은 필요한 때에는 피고사건과 관계가 있다고 인정할 수 있는 것에 한정하여 우체물 또는 「통신비밀보호법」 제2조, 제3호에 따른 전기통신(이하 "전기통신"이라 한다)에 관한 것으로서 체신관서, 그 밖의 관련 기관 등이 소지 또는 보관하는 물건의 제출을 명하거나 압수를 할 수 있다.(법 제107조 제1항)

– 심리에 방해될 염려가 있는 경우를 제외하고서는 위 처분 시에 발신인이나 수신인에게 그 취지를 통지해야 한다.(법 제107조 제3항)

(2) 군사상 비밀(법 제110조)

– 군사상 비밀을 요하는 장소에서는 그 책임자의 승낙 없이는 압수(수색)할 수 없다(법 제110조 제1항)

– 책임자는 국가의 중대한 이익을 해하는 경우를 제외하고는 승낙을 거부하지 못한다(법 제110조 제2항).

(3) 공무상 비밀(법 제111조)

– 공무원 또는 공무원이었던 자가 소지 또는 보관하는 물건에 관하여는, 본인 또는 그 당해 공무소가 직무상의 비밀에 관한 것임을 신고한 때에는 그 소속공무소 또는 당해 감독관공서의 승낙 없이는 압수하지 못한다.(법 제111조 제1항)

– 소속공무원 또는 감독관공서는 국가의 중대한 이익을 해하는 경우를 제외하고는 승낙을 거부하지 못한다(법 제111조 제2항).

– 압수에 대한 승낙은 압수(수색)영장의 발부요건이 아니라 영장집행요건이

다. 압수거절권을 위배하여 압수한 물건은 위법수집증거로 증거능력이 없다.

(4) 업무상 비밀(법 제112조)

– 변호사, 변리사, 공증인, 공인회계사, 세무사, 대서업자, 의사, 한의사, 치과의사, 약사, 약종상, 조산사, 간호사, 종교직에 있는 자 또는 이러한 직에 있던 자가 그 업무상 위탁을 받아 소지 또는 보관하는 물건으로서 타인의 비밀에 관한 것은 압수를 거부할 수 있다. 단 그 타인의 승낙이 있거나 중대한 공익상 필요가 있는 때에는 예외로 한다(법 제112조)

- "주체"는 제한적 열거적이다.
- "비밀"이란 객관적 비밀 및 위탁취지 의뢰상 비밀인 것도 포함
- "타인"이란 비밀주체, 반드시 위탁자에 한하는 것은 아님

(5) 정보저장매체의 압수

– 법원은 압수의 목적물이 컴퓨터용디스크, 그 밖에 이와 비슷한 정보저장매체(이하 이 항에서 "정보저장매체 등"이라 한다)인 경우에는 기억된 정보의 범위를 정하여 출력하거나 복제하여 제출받아야 한다. 다만, 범위를 정하여 출력 또는 복제하는 방법이 불가능하거나 압수의 목적을 달성하기에 현저히 곤란하다고 인정되는 때에는 정보저장매체 등을 압수할 수 있다.(법 제106조 제3항)

[대법원은 "전자정보에 대한 압수·수색 영장을 집행할 … 예외적으로 허용될 수 있을 뿐이다"라고 판시함.(대결 2011.5.26, 2009모 1190)]

3) 압수의 절차

(1) 영장이 필요 없는 압수

① 공판정의 압수

– 공판정에서 압수 또는 제출명령을 함에는 영장을 요하지 아니한다(법 제113조). (공판정에서 법원이 행하므로 인권침해 염려가 없다)

② 임의제출물의 압수

- 소유자 또는 소지자, 보관자가 임의로 제출한 물건 또는 유류한 물건은 영장없이 압수할 수 있다(법 제108조)

③ 공판정 외의 제출명령

- 제출명령은 법원의 재판(결정)이므로 재판서(제출명령서)의 송달로 고지하면 족하고 영장이 필요 없다.

④ 구속영장 집행시의 압수

- 구속영장의 집행시에는 압수영장 없이 압수할 수 있다(법 제216조).

(2) 영장에 의한 압수

① 압수영장

- 통상의 경우 압수, 수색이 동시·동소에서 행해지므로 압수, 수색영장 형식으로 발부된다.
- 영장에는 피고인의 성명, 죄명, 압수할 물건, 수색할 장소, 신체, 물건, 발부년월일, 유효기간과 법조문 참조 기재(법 제114조).

② 집행기관

- 검사의 지휘로 사법경찰관리가 집행, 단 필요한 경우에 재판장은 법원 사무관 등에게 그 집행을 명할 수 있다(법 제115조 제1항).
- 다른 법원 사무관 등 또는 사법경찰관리 등의 참여(규칙 제60조 제2항).
- 관할구역 외에서의 집행은 형소법 제83조의 구속영장의 집행 및 그 촉탁을 준용한다(법 제115조 제2항).
- 필요한 경우 법원사무관 등은 사법경찰관리의 보조요청가능(법 제117조)

③ 집행시각의 제한

- 일출 전, 일몰 후에는 압수, 수색영장에 야간집행을 할 수 있다는 기재가 없으면 그 영장을 집행하기 위하여 타인의 주거, 간수자가 있는 가옥, 건조물, 항공기, 선거 내에 들어가지 못한다(법 제125조).
- 단 a. 도박 기타 풍속을 해하는 행위에 상용된다고 인정하는 장소, b.

여관 음식점 기타 야간에 공중이 출입할 수 있는 장소에서는 야간집행이 가능하다.(법 제126조)

- 일출, 일몰은 曆(역)을 표준으로 하는 것이 타당하다.
- 일몰 전에 집행착수면 일몰 후에도 계속할 수 있다고 본다.

④ 집행의 방식

－압수, 수색영장을 그 처분을 받은 자에게 제시(법 제118조)(사전제시)

－압수, 수색영장을 집행함에는 타인의 비밀을 보장하여야 하며 처분을 받은 자의 명예를 해하지 아니하도록 주의하여야 한다.(법 제116조)

－검사, 피고인, 변호인은 영장의 집행에 참여 할 수 있다(법 제121조). 따라서 미리 집행일시와 장소를 참여권자에게 통보하여야 한다.(법 제122조)

－공무소, 군사용의 항공기 또는 선거 내에서 영장을 집행함에는 그 책임자에게 참여할 것을 통지하여야 한다.(법 제123조 제1항)

－타인의 주거, 간수자가 있는 가옥, 건조물, 항공기 또는 선거 내에서 영장을 집행함에도 그 주거주, 간수자, 또는 이에 준하는 자를 참여하게 하여야 한다(법 제123조 제2항). [이상의 자가 참여하지 못하면 인거인, 지방공공단체직원참여(법 제123조 제3항)]

⑤ 집행에 필요한 처분

－영장의 집행에 있어서는 건정을 열거나 개봉 기타 필요한 처분을 할 수 있다(법 제120조)

－영장의 집행 중에는 타인출입을 금지할 수 있고(법 제119조 제1항), 이에 위반한 자는 퇴거시키거나 집행종료시까지 간수자를 붙일 수 있다(법 제119조 제2항)

⑥ 압수목록 등의 교부

－수색한 경우 압수할 물건이 없는 경우 그 취지를 기재한 증명서를 수색을 당한 자에게 교부하여야 한다(법 제128조).

－압수한 경우 그 목록을 작성하여 소유자, 소지자, 보관자 등에게 교부하여야 한다(법 제129조).

⑦ 압수조서 작성(법 제49조 제1항, 제2항, 제3항) : 증거능력 있다.

① 검증, 압수 또는 수색에 관하여는 조서를 작성하여야 한다.

② 검증조서에는 검증목적물의 현상을 명확하게 하기 위하여 도화나 사진을 첨부할 수 있다.

③ 압수조서에는 품종, 외형상의 특징과 수량을 기재하여야 한다.

4) 압수물의 처리

(1) 압수물의 제출

- 압수한 물건은 영장을 발부한 법원에 제출하여야 한다. 단 검사의 지휘로 집행 한 경우는 검사를 경유하여야 한다(규칙 제63조).

(2) 압수물의 보관, 폐기, 환가

- 압수물의 상실, 파손 등 방지를 위한 상당한 조치(법 제131조)(압수물의 상실, 침몰, 부패, 변질되는 경우 국가배상책임)
- 압수물은 법원의 자체보관이 원칙(압수물에 대하여는 압수한 법원, 수사기관의 청사로 운반하여 직접 보관하는 것이 원칙). 그러나 운반 또는 보관에 불편한 압수물에는 간수자를 두거나 소유자 또는 적당한 자의 승낙을 얻어 보관시킬 수 있다(법 제130조 제1항).
- 위험발생의 염려 있는 압수물은 폐기할 수 있다(법 제130조 제2할).
- 법령상 생산 · 제조 · 소지 · 소유 또는 위층이 금지된 압수물로서 부패의 염려가 있거나 보관하기 어려운 압수물은 소유자등 권한 있는 자의 동의를 받아 폐기할 수 있다(법 제130조 제3항).
- 몰수하여야 할 압수물로서 멸실, 파손 또는 부패 또는 현저한 가치 감소의 염려가 있거나 보관하기 어려운 압수물은 매각하여 그 대가를 보관할 수 있다(법 제132조 제1항).

  a. 대상은 몰수하여야 할 압수물에 한정된다.

  b. 필요적 몰수는 물론 임의적 몰수(형법 제48조)포함

  c. 환가한 대가는 압수물과 동일하므로 이를 몰수할 수 있다.

- 환부하여야 할 압수물 중 환부를 받을 자가 누구인지 알 수 없거나 그 소재가 불명한 경우로서 그 압수물의 멸실·파손·부패 또는 현저한 가치 감소의 염려가 있거나 보관하기 어려운 압수물은 매각하여 대가를 보관할 수 있다(법 제132조 제2항).

(3) 압수물의 환부, 가환부

- 압수를 계속할 필요가 없다고 인정되는 압수물은 피고사건의 종결전이라도 결정으로 환부하여야 한다(법 제133조)
- "압수를 계속할 필요가 없다"는 것은 증거물로서의 가치가 전혀 없는 경우 및 몰수가 불가능 또는 불필요한 경우이다.
- "피고사건종결"이란 종국재판이 확정된 경우이다. 따라서 종국판결에 앞서 이를 가환부하는 것도 가능하다.(대결 1998.4.16, 97모25)
- 증거에 공할 압수물은 소유자, 소지자, 보관자 또는 제출인의 청구에 의하여 가환부할 수 있다.(법 제133조 제1항)
- 가환부한 경우에는 압수가 해제된 것이 아니므로 가환부를 받은 자는 이를 임의로 처분할 수 없다. 증거에만 공할 목적으로 압수된 물건으로서 소유자등이 계속 사용해야 할 물건은 사진촬영 등 원형보존을 취하고 신속히 가환부하여야 한다(법 제133조 제2항).

* 이상의 환부, 가환부, 압수장물의 피해자 환부의 결정을 함에는 검사, 피해자, 피고인, 변호인에게 미리 그 통지를 하여야 한다.(법 제135조)
  - 환부 : 압수물을 종국적으로 소유자 또는 제출인에게 반환하는 법원 또는 수사기관의 처분
  - 가환부 : 압수의 효력을 존속시키면서 압수물을 소유자, 소지자 또는 보관자에게 잠정적으로 환부하는 제도

2. 수색

1) 수색의 의의

– 수색할 물건 또는 체포할 사람을 발견하기 위하여 일정한 장소 또는 사람의 신체에 대하여 행해지는 강제처분(압수, 수색은 불가분적 관련성, 대체로 압수와 동일하다).

2) 수색의 대상

– 법원은 필요한 때에는 피고사건과 관계가 있다고 인정할 수 있는 것에 한정하여 피고인의 신체, 물건 또는 주거, 그 밖의 장소를 수색할 수 있다(법 제109조 제1항).

– 피고인 아닌 자의 신체, 물건, 주거 기타 장소에 대해서는 압수할 물건이 있음을 인정할 수 있는 경우에 한하여 할 수 있다(법 제109조 제2항).

3) 수색의 절차

– 압수절차와 동일(영장, 집행기관, 집행방법, 제한 등)

– 여자의 신체에 대하여 수색할 때에는 성년의 여자를 참여하게 하여야 한다(법 제124조).

4) 구속영장의 집행과 수색

– 검사, 사법경찰관리 또는 제81조 제2항의 규정에 의한 법원사무관등이 구속영장을 집행할 경우에 필요한 때에는 타인의 주거, 간수자 있는 가옥, 건조물, 항공기, 선차 내에 들어가 피고인을 수색할 수 있다(법 제137조).

3. 수사상의 검증

– 수사상의 검증이란 수사기관이 사람의 신체 장소 또는 물건의 성질·형상을 오관에 의하여 인식하는 강제처분을 말한다.

- 법원의 검증은 증거조사의 일종으로 영장을 요하지 않으나(형소법 제139

조), 수사기관의 검증은 증거를 수집 보전하기 위한 강제처분에 속한다. 따라서 압수·수색의 경우와 동일하게 영장에 의해야 한다(형소법 제215조).

- 검증영장의 청구권자, 청구의 방식, 영장의 기재내용, 영장의 집행방법 등 검증의 절차는 압수·수색의 경우와 동일하다.

제 5 장
증 거

제1절 총 설

1. 증거의 의의

1) 재판의 대상이 되는 사실인정의 근거가 되는 자료

– 형사소송의 대상이 되는 피고사건에 실체형법을 적용하기 위해서는 우선 피고사건의 사실관계가 확인될 것이 필요하다.

- 사실관계 : 범죄의 성부, 양형대상인 외부적, 내부적 사실의 존부(진실로 죄를 행했는가, 피고인과 피해자의 관계, 뉘우치고 있는가, 피해보상을 했는가, 당시의 정황이 어떠했는가)

– 증거재판주의 : 형소법 제307조 "사실의 인정은 증거에 의하여야 한다."

2) "증거"라는 용어의 다의성

– 재판의 대상인 사실인정의 자료

- 증거방법 (사실인정의 수단·증인, 감정인, 증거물, 증거서류 등)
  → 사실인정의 자료가 되는 유형물 자체
- 증거자료 (증거원인·증언, 감정, 피고인진술, 서증의 내용 등)
  → 증거방법을 조사함에 의해 알게 된 내용

－증거능력 (법률상 엄격한 증명의 자료가 될 수 있는 자격)

－증명력 (증거가 가진 요증사실을 증명하는 힘)

＊우리의 정의는 통상 증거방법(형식)과 증거자료(내용)를 포함하는 의미로 획정된 것이고 이렇게 쓰는 용례가 통상적이다.

2. 증거의 종류

1) 직접증거, 간접증거

－요증사실과의 관련성을 기준으로 구분

① 직접증거 : 요증사실을 직접증명하는 증거

(살인현장을 직접 목격한 증인의 증언, 범인의 자백)

② 간접증거 : 요증사실을 간접적으로 추인케 하는 증거

(정황증거)(범행현장에서 발견된 범인의 지문살인현장에서 배회하는 범인을 보았다는 증언, 범인에게 범행에 사용된 권총을 구입해 주었다는 증언)

－증거법정주의 에서는 직접증거에 높은 증명력을 인정하였으나 형사소송법이 취하고 있는 자유심증주의 하에서는 직접·간접 증거의 증명력 우열을 법관이 판단하게 되므로 구분이 의미 있는 것은 아니다.

－요증사실을 기준으로 하는 분류이므로 동일한 증거라도 달리 평가될 수 있다.

• 범행에 사용된 권총을 소지했던 범인을 보았다는 증언

→ 불법무기소지사건(직접증거)

→ 살인사건(간접증거)

－진술거부권, 자백의 제한, 범죄의 지능화에 따라 직접증거는 거의 발견할 수 없는 경우가 많아지므로, 간접증거의 과학적, 논리적 발견, 조합이 점점 중요성을 더해가고 있다.

2) 인적증거(인증), 물적증거(물증), 증거서류

－증거방법(형식)의 성질에 따른 구분

• 인적증거 : 사람의 진술내용이 증거로 되는 경우

(증인의 증언, 감정인의 감정, 피고인의 진술 등)

• 물적증거 : 사람 또는 물건의 존재 또는 상태가 증거로 되는 경우

살인흉기, 범행현장에 남긴 지문, 사람의 신체검사결과 명예훼손서 등의 서류도 물적증거(증거서류가 아니다)

→ 증거물인 서면이다.

• 증거서류 : 당해소송절차에서 기소전후를 불문하고 법원 또는 법관의 면전에서 법령에 의하여 작성된 소송서류로서 증거로 되는 경우(작성자기준설)

(공판정에서 작성된 공판조서, 증인신문조서, 검증조서는 물론이고, 공판준비절차 또는 증거보전절차에서 작성된 증인신문조서, 검증조서도 모두 증거서류이다).

– 증거서류와 증거물인 서류(물적증거)의 구분

가. 직성자기준설 : 기소전후를 불문하고, 당해 사건에 관하여 법원 또는 법관의 면전에서 법령에 의하여 작성된 서류는 모두 증거서류이고, 나머지는 증거물인 서면이다(증거보전절차 또는 참고인에 대한 증인신문절차에서 작성된 증인신문조서 또는 검증조서는 증거서류이다. 그러나 수사기관 작성한 조서는 증거물인 서면이다).

나. 내용기준설 : 서면의 내용만을 증거로 하는 서류(보고적 문서)는 증거서류이고, 그 존재나 상태로 증거로 되는 각종 처분문서는 증거물인 서면이다.(따라서 의사 작성의 진단서, 수사기관의 조서도 증거서류로 보는 입장)

다. 절차기준설 : 당해 사건에 관한 소송절차에서 작성된 서류는 증거서류로 보는 입장.

– 증거조사방법

• 인적증거(인증) : 신문

• 물적증거(증거물) : 제시

• 증거서류 : 낭독 또는 내용의 고지

– 물적증거서류(증거물인 서면)는 일반원칙에 따라 제시 및 낭독 또는 내용의 고지가 필요하다. (존재자체도 중요하므로)

– 따라서 (작성자기준설에 의하면) 공판조서와 같은 증거서류의 조사는 그 낭

독 또는 내용의 고지로 족하지만, 수사기관 작성의 조서 또는 명예훼손서와 같은 증거물인 서면은 제시까지 필요한 것이다.

3) 본증, 반증, 보강증거

–증거의 사용방법에 의한 구분

- 본증 : 거증책임을 지는 당사자가 그 책임으로 제출하는 증거
  (대부분 검사가 범죄사실을 입증하기 위해 제출하는 증거)
- 반증 : 본증의 증명사실을 부정하기 위해 제출하는 증거
  (대부분 피고인이 범죄사실을 부정하기 위해 제출하는 증거; alibi)
  * 탄핵증거와는 다르다. 탄핵증거는 본증이든 반증이든 제출된 증거의 증명력을 감소시키기 위하여 제출되는 증거이다.
- 보강증거 : 주된 증거의 증명력을 보강하기 위해 제출되는 증거
  (자백의 보강증거 형소법 제310조)

제2절 증 명

1. 증명의 의의

–재판의 대상인 사실인정에 관하여 법관에게 심증을 형성하게 하는 것(광의의 뜻)

- 협의의 증명 : 법관으로 하여금 어떤 사실의 존부에 대하여 확신(확실한 심증)을 갖게 하는 것
- 소명 : 법관으로 하여금 어떤 사실의 존부에 관하여 납득할 정도(진실할 것이라는 추측)의 심증을 갖게 하는 것

–증명(협의의 뜻)이 모든 실체법상, 소송법상 사실에 대하여 요구되는 것이 원칙이고, 소명은 명문으로 인정된 특수사실에 한해서만 인정된다.(법 제19조 제2항, 기피사유의 소명 : 법 제221조의2 제3항, 증인신문청구사유의

소명 : 법 제346조 제2항 상고권회복의 원인사실의 소명)

- “사실의 인정은 증거에 의하여야 한다.”(법 제307조)라는 증거재판주의가 우리형사 증거법의 대원리이다.

2. 증거재판주의

1) 증거재판주의의 의의

- 우리 형사소송법 제307조는 “사실의 인정은 증거에 의하여야 한다.”라고 함으로써 증거재판주의의 원칙을 선명하고 있다.
- 이는 과거 비합리적 종교적 증거법을 비판하고 합리적인 증거에 의하여 사실을 인정함으로써 법원의 전단을 이성적, 과학적 증거법의 통제 하에 두는 것을 의미한다.
- 여기서 법 제307조는 문명국가에서는 자명한 원칙인 증거재판주의를 주의적으로 규정하였다는 소극적인 의미만 갖는 것은 아니다. 즉, “아무렇든지 증거에 의한다면 모든 사실의 인정이 가능하다.”라는 소극적 의미에서 그치는 것이 아니라, “일정한 주요사실의 인정은 반드시 증거능력이 있고 및 적법하게 조사된 증거에 의하여야 한다.”라는 적극적인 증거법칙(엄격한 증명법칙)을 규정하고 있다고 본다.(통설)
- 문제는 어떤 사실에 엄격한 증명을 요하고, 어떤 사실에는 자유로운 증명으로 족할 것인가에 집중된다.

2) 증거재판주의의 내용

- “사실의 인정은 증거에 의하여야 한다.”(법 제307조)
  - “사실” → 요증사실 가운데 법률상 증거능력이 인정되고 적법한 증거조서를 거친 증거에 의해서만 증명할 수 있는 “엄격한 증명을 필요로 하는 사실”을 의미한다(예 공소사실)
  - “인정” → 법관의 심증형성을 의미하며 심증의 정도는 협의의 증명인『확신』내지『통상인의 견지에서 보아 합리적인 의심의 여지가 없을 정도』

를 의미한다.

• "증거" → 『증거능력이 있고 적법한 증거조사를 거친 증거』

3) 엄격한 증명과 자유로운 증명

(1) 엄격한 증명

– 법률상 증거능력이 인정되고, 공판정에서 적법한 증거조사를 거친 증거로써 행하는 증명으로 그 대상은 『주요사실』이다. 『주요사실』로 인정되는 사항은 다음과 같다.

① 공소범죄사실

– 공소상에 기재된 범죄사실 일절을 말한다.

• 결과범에서의 결과 (사람의 사망)

• 행위와 결과 사이의 인과관계 (어떻게 사망했는가)

• 행위자의 고의 또는 과실 (살인고의인가 과실치사인가)

• 상습범에서는 그 상습성

• 공모공동정범에서의 그 공모사실 (언제 어디서 어떤 회동을 했나)

– 위법성조각사유, 책임조각사유가 없다는 사실

(이것은 사실상 당사자의 다툼이 있는 경우에만 문제로 될 것이다.)

② 처벌조건인 사실

– 파산범죄에 있어서 파산선고의 확정이 있다는 사실

③ 형의 가감사유에 관한 사실

– 누범(형법 제35조)의 전과사실, 심신미약, 중지범으로 될 사실. 자수, 자복(형법 제52조)사실 등

• 판례(대판 1961.10.26, 4294형상590)는 부정

└→ "엄격한 증명을 요하지 않는다고 함"

④ 간접사실

– 위와 같은 엄격한 증명의 대상인 사실을 추측케 할 만한 간접사실도 당연히 엄격한 증명을 요한다(통설). 고의가 있었다는 추측을 가능케 하는

사유. 여기서 "추측한다."는 것은 당연히 어떤 경험법칙에 의하여야 하는데 그 경험법칙은 항을 바꾸어서 본다.

⑤ 경험법칙

– 이는 대부분 공지의 것이 많으므로 증명의 필요가 없겠으나 특수한과학적법칙 등과 같은 비공지의 것인 때에는 역시 엄격한 증명의 대상이다.

⑥ 외국의 법규

– 이것이 범죄의 성부 및 형의 가감에 관계되면 역시 대상

⑦ 이상에 대한 반증

– 피고인이 위 부존재를 증명하기 위한 경우도 당연히 엄격한 증명을 요한다고 보아야 한다. 물론 이에 의하여 그 부존재가 증명되지 않아도 『합리적인 의심』이 있으면 피고인은 무죄가 될 것이다.

(2) 자유로운 증명

– 엄격한 증명 이외의 사실은 모두 자유로운 증명으로 족하다.

자유로운 증명이란 『증거능력이 없는 증거로서 하는 증명』을 말한다(증거능력에서 해방된 증명). 그러나 적법한 증거조사는 필요하다는 견해가 주목된다.

(이렇게 함으로써 상대방에게 비판의 기회를 부여하자는 것)

- 소송법적 사실 : 순수한 소송법적 사실은 자유로운 증명으로 족하다(고소의 유무, 피고인의 구속기간, 공소제기 등). 다만, 자백의 임의성에 기초되는 사실은 엄격한 증명을 요한다는 견해 도 있다. 판례는 자백의 임의성에 관한 사실로 자유로운 증명으로 족하다고 판단(대판 2003.5.30, 2003도705).
- 양형의 기초인 정상에 관한 사실(형법 제51조; 범인의 연령, 환경, 지능,피해자와의 관계, 뉘우침, 범행동기)
- 보조사실 : 보조사실이란 증거의 증명력에 영향을 미치는 사실을 말하고 증거의 증명력을 탄핵하는 사실과 보강하는 사실이 포함된다. 탄핵증거는 자유로운 증명으로 족하나 보강증거는 보강하는 자료가 되는 주요사실이 엄격한 증명의 대상이 되는 때에는 엄격한 증명이 필요하다.

3. 증명의 필요

– 재판의 기초가 되는 사실은 (소명으로 족하다는 명문규정이 없는 이상) 증거에 의한 증명이 필요하다. 재판의 기초가 되는 사실은 항상 증명을 요하는 것이 원칙이다. 이것이 요증사실이다. 그러나 일정한 경우의 사실은 증명을 필요로 하지 않는 『불요증사실』인 경우가 있다.

〈"불요증사실"〉

(1) 공지의 사실

– 통상의 지식, 경험을 가진 사람이라면 의심하지 않는 사실을 말한다. 이것은 증명이 없어도 사실인정을 해하지 않기 때문이다(소송경제). 그러나 무엇이 공지의 사실인가는 상대적으로 결정된다. 즉, 반드시 모든 사람에게 알려져 있는 사실임을 요하지 않고 일정한 범위의 사람에게 알려져 있으면 족하다.

(2) 법원에 현저한 사실

– 법관이 직무상 알게 된 사실로서 진실성이 확신되는 사실을 말한다. 법원의 현저한 사실은 당해 법원에게는 명백한 사실이지만, 형사소송에 있어서 법원에 대한 국민의 신뢰를 확보하고 공정한 재판을 담보하기 위하여 증명을 요한다고 해야 한다. 다만, 증명의 방법은 자유로운 증명으로 족하다.

(3) 법률상 추정된 사실

– 법률상 추정되는 사실이란 전제사실이 증명되면 다른 사실을 인정하도록 법률에 규정되어 있는 것을 말한다(갑의 사실의 증명이 있으면 을의 사실을 인정하도록 법률에 규정되어 있는 경우).

[이러한 법률상의 추정은 실체적 진실발견을 저해하고 법관의 자유심증주의에 어긋나므로 형사소송법에서는 인정할 수 없다. 단, 특별법에서 입법목적을 달성하기 위해 예외적으로 허용하는 경우도 있다. 민법상 부부공유

추정(민법 제830조 제2항) 부부의 누구에게 속한 것인지 분명하지 아니한 재산은 부부의 공유로 추정한다. 이것은 불요증사실이 된다. 단, 반대당사자는 반증을 들어 추정을 깰 수 있다.]

(4) 사실상 추정된 사실

– 일정한 전제사실이 증명되면 어떤 사실이 확실한 것으로 추측되는 경우를 말한다. (구성요건해당성은 위법성을 추정한다, 도품소지에 의한 절도의 추정 등) [이러한 사실상 추정된 사실은 일일이 증명할 필요가 없다. 그러나 반대당사자(예컨대 피고인)가 반증을 들어 이러한 추정을 깨뜨릴 수 있다.(정당방위 등 위법성조 각사유의 주장을 제시하는 경우)]

(5) 거증금지사실

– 증명을 요하지 않는다. 이는 증명으로 인하여 얻는 소송법적 이익보다 큰 초소송법적 이익 때문에 증명이 금지된 사실(예 공무원이나 공무원이었던 자의 직무상의 비밀)

4. 거증책임

1) 의의

– 실체진실을 규명하기 위해서는 증거재판주의와 자유심증주의에 의하는 것이 형사소송의 이념이지만, 이것에 의해 법관의 심증을 얻을 수 없는 경우에는 거증책임에 의하여 보완되어야 한다.

(1) 증거조사를 거쳤음에도 불구하고 요증사실의 존부가 증명되지 않았을 경우 일방이 받게 되는 불이익한 당사자의 지위(=실질적 거증책임, 객관적 거증책임)

(2) 어떤 사실이 증명되지 않을 경우 불이익을 받을 염려가 있는 당사자가 불이익을 면하기 위하여 당해사실을 증명할 만한 증거를 제시하여야 할 부담(=형

식적 거증책임, 주관적 거증책임)

- 누가 거증책임을 지는가 하는 문제는 우선 실질적 거증책임이 분배되고 나서야 비로소 그 반영으로서 형식적 거증책임이 정하여진다.
  * 거증책임(검사) → 입증 → (피고인)입증(반증) → (불명확) → (검사) → 형식적 입증책임 → 실질적 입증책임

2) 실질적 거증책임

(1) 증거조사를 거쳤음에도 불구하고 요증사실의 존부가 증명되지 않았을 경우 일방이 받게 되는 불이익한 당사자의 지위(객관적 거증책임)

(2) 실질적 거증책임의 소재

- 형사소송에서는 직권주의적 소송구조하에서 보다 당사자주의적 소송구조하에서 거증책임은 보다 중시되고 있으나 현대의 형사소송의 기본원칙인 "in dubio pro reo 원칙" "무죄추정원칙"이라는 원리가 지배하므로 검사가 실질적 거증책임을 진다.

  (법 제325조 : 범죄사실의 증명이 없는 때에는 판결로서 무죄를 선고하여야 한다.)

(3) 거증책임의 전환

- 형법 제263조 : 상해죄의 동시범 특례
  - "독립된 행위가 경합하여 상해의 결과가 발생한 경우 원인된 행위가 판명되지 아니한 때에는 공동정범의 예에 의한다."

    (→ 피고인이 인과관계 없음을 입증할 실질적 거증책임을 부담 : 통설)
- 형법 제310조 : 명예훼손죄의 위법성조각
  - "명예훼손이 진실한 사실로서 오로지 공공의 이익에 관한 때에는 처벌하지 아니한다."

- 日형법 제230조의2, 독일형법 제186조는 진실이라는 증명의 거증책임이 피고인에게 있음을 명문으로 규정하고 있지만 우리 형법은 이와 같은 규정

이 없다.

– 형법 제310조는 피고인에게 실질적 거증책임이 전환된다고 보는 견해가 있으나 일반원칙("in dubio pro redo"등)에 따라 검사에게 거증책임이 있다고 보는 것이 타당하다.

3) 형식적 거증책임(입증의 부담)

(1) 어떤 사실이 증명되지 않을 경우 불이익을 받을 염려가 있는 당사자가 그 불이익을 면하기 위하여 당해사실을 증명할 만한 증거를 제시할 부담(주관적 거증책임, 입증의 부담)

(2) 형식적 거증책임의 소재

– 실질적 거증책임은 한정한 것이지만 형식적 거증책임은 소송의 발전에 따라 유동적으로 바뀐다.(그래서 거증책임이라는 말은 적당하지 않으므로 입증책임 등 새로운 용어를 써서 실질적 거증책임과 구분하고자 한다.)

(증명) (증명)
* 검사의 입증 → 피고인(입증부담) → 검사(입증부담)
(구성요건해당성) (위법성조각사유의 존재) (위법성조각사유의 부존재)

* 직권주의하에서는 의미가 없으나 당사자주의가 강화된 현행법으로는 입증의 부담이 중요한 의미를 갖는다.

제3절 증거능력

1. 총설

1) 증거능력의 의의

– 어떤 증거가 엄격한 증명의 자료로 사용될 수 있는 법률상의 자격(지위)
  • 증거능력이 없는 증거는 엄격한 증명을 요하는 주요사실에 관하여 법관의 심증형성자료가 될 수 없다.

• 물론 자유로운 증명이나 소명은 얼마든지 증거로 될 수 있다.

• 증거능력 없는 증거에 대하여는 공판정에 증거로 제출하여 증거조사를 할 수도 없다.

• ┌ 증명력 : 증거의 실질적 가치(법관의 자유심증)
  └ 증거능력 : 형식적으로 결정(yes, no의 문제)

  – 임의성 없는 자백은 증거능력이 없다(법 제309조).

2) 증거능력의 제한

(1) 소송구조상 차이

• 대륙법계는 직권주의, 실체적 진실주의의 강조에 입각하므로, 증거능력에 제한을 두지 않고 모든 판단을 법원에 맡긴다.

• 영미법계는 당사자주의, 인권보장적 적정절차를 강조하므로, 증거능력을 법정하는 증거법을 발전시켰다.

– 현행 소송법은 영미법상 증거법칙을 대폭 도입하였다.

(2) 현행 형사소송법상 증거능력제한

• 임의성 없는 자백(법 제309조)

• 전문증거(법 제310조의2 이하)

• 수사절차에서 작성된 서류 등

– 절대적 제한 : 임의성 없는 자백(당사자의 동의로도 증거로 할 수 없다.)

– 상대적 제한 : 전문증거(당사자가 증거로 함에 동의하면 증거로 될 수 있다)(법 제318조 제1항)

(3) 이론상 증거능력의 배제

① 의사표시적 문서 : 공소장, 고소장, 고발장 등 일방적 의사표시를 기재한 문서는 당연히 증거능력이 없다.

• 감정서의 경우는 예외이다.

② 실체형식행위가 무효인 경우 : 예컨대, 증인신문절차가 무효일 때 그 증언

은 절차위법의 하자가 클 때에는 증거능력이 없다(증인 선서를 결한 증인의 증언). 그러나 절차상 위법이 사소할 경우는 증거능력에 영향이 없다.

③ 위법하게 수집된 증거 : 위법하게 수집된 증거(주로 영장 없이 압수한 증거)의 증거능력을 부정할 것인가? (후술함)

2. 자백의 증거능력

1) 자백의 의의

-자기의 범죄 사실의 전부 또는 일부를 인정하는 진술(통설)

- 범죄사실 전부 뿐만 아니라 일부를 인정하는 것도 자백(일부자백)
- 범죄사실은 긍정하면서도 위법성조각사유를 주장하는 것도 자백이다. (이것은 승인으로 보아 자백과 구별하는 견해는 무의미하다)
- 피의자, 피고인으로서 한 자백뿐만 아니라 증인, 참고인으로서 한 자백도 자백이 될 수 있다.
- 구두진술 뿐만 아니라 서면으로 기재한 것도 자백이 될 수 있다.
- 상대방이 누구이든 혹은 상대방이 없는 자백도 가능하다. (법원, 수사기관, 피해자 등 상대방이 누구인지를 불문하며, 일기장에 기재하는 경우처럼 상대방이 없는 자백도 있을 수 있다.)
- 자백은 스스로 실험한 사실은 물론이고 반드시 객관적, 구체적 사실이 아니더라도 자기의 체험으로부터 추측한 사실의 진술이라도 가능하다.

2) 자백법칙의 발전

(1) 자백에 임의성이 없었다고 인정되는 경우 그 자백은 유죄의 증거로 하지 못한다는 법칙을 『자백의 배제법칙』이라고 한다.

(2) 이러한 『자백의 배제법칙』은 멀리 영국의 Common Law의 원칙("부당한 유인에 의하거나 임의성 없는 자백은 증거에서 배제된다.")(confessional rule)에 그 기원을 두고 영미법을 중심으로 발전되어왔다.

(3) 자백법칙은 영국에서 미국에 계수되어 다음과 같은 주목할 많은 선례를 남기게 되었다.

- Brown v. Mississippi, 297 U.S. 278(1936)
  - 비자발적 자백으로 인정된 사례

  : 종전의 허위배제의 관점에서 이해된 자백의 배제법칙이 적정절차(due process of law)의 관점에서 점차 자백법칙의 적용범위를 확대하기 시작함
- McNabb v. U.S., 381 U.S. 322(1943)

  : 불법구속 중에 채취한 자백은 증거에서 배제된다. 종래의 허위배제 내지 신뢰성보장의 관점을 완전히 탈피하고 절차위법배제에로의 전환이 이루어짐
- Mallory v. U.S., 354 U.S. 449(1957)

  : 자백의 임의성은 묻지 않고 위법배제이론의 확립이 이루어짐
- Miranda v. Arizona, 384 U.S. 436(1966)

  : 피의자에게 진술거부권과 변호인 의뢰권이 있음을 고지하지 아니하고 피의자 신문을 함으로써 얻어낸 자백을 due process관점에서 배제하였다(Miranda Rule이라고 불리울 정도로 중요한 판결이다.)

(4) 대법원에서도 고문 등 인권침해를 통한 자백의 획득을 지양하려는 노력을 기울였으나 여전히 "자백은 증거의 왕"이라는 사고는 지속되었다. 자백법칙은 영미법의 영향을 받아 독일이 1950년에 이를 채용하기에 이르렀다.

3) 자백의 증거능력의 제한 〈자백의 임의성〉

(1) 의의

- 우리 형사소송법 제309조 "피고인의 자백이 고문, 폭행, 협박, 신체구속의 부당한 장기화 또는 기망 기타 방법에 의하여 임의로 진술한 것이 아니라고 의심할만한 이유가 있을 때에는 이를 유죄의 증거로 하지 못한다."라고 규정하여 임의성 없는 자백은 증거능력이 배제됨을 명시하고 있다.
  - 임의성 없는 자백의 증거능력을 배제하는 이유가 무엇인가?

(2) 자백의 증거능력에 임의성을 요하는 근거

① 허위배제설

– 고문, 폭행 등에 의한 임의성 없는 자백에는 허위가 개입할 위험이 많으므로 증거능력이 배제된다는 것(그러므로 "임의성 없는" 이란 주관적 정황이든 객관적 정황이든 『허위배제의 염려가 있는』 정황에서 행해진 자백을 말한다.)

– 비판

- 허위가 개입할 가능성이 있다는 것은 사실이지만, 임의성 없는 자백에 관하여 그 진실성이 증명될 경우에도 증거능력이 배제된다는 점을 설명할 수 없다.
- 자백의 진실성담보가 요체라고 본다면 이것은 자백의 증명력을 원용하여 증거능력을 결정하려는 혼동을 피할 수 없다.
- 임의성 없는 자백을 계기로 다른 증거가 발견된 경우 그것들을 배제할 근거가 없다.

② 인권옹호설

– 고문, 폭행 등에 의한 임의성 없는 자백은 인권을 부당하게 침해하는 것을 방지하기 위하여 증거능력이 배제되는 것. 왜냐하면 고문, 폭행 등에 의한 자백의 증거능력을 배제하면 수사기관 등에서는 자백을 얻기 위하여 이런 행위를 하지 않고 따라서 인권보장 가능. 그러므로 "임의성 없는" 자백이란 『진술의 자유를 침해하는 위법, 부당한 압박이 있는 정황』하의 자백을 의미하게 된다.

– 비판

- 인권보장을 강조한 점에서 정당하다고 하겠으나 기망, 유도 등 인권침해가 아닌 방법으로 자백을 얻었을 때에도 자백의 증거능력이 배제되는 이유를 설명할 수 없다.
- 자백의 배제법칙을 진술거부권보장과 동일한 근거에서 설명하는 것은 부당하다. 진술거부권은 진실한 진술 까지도 거부할 수 있는데 이를 침해하여 강제로 자백을 얻어내는 것은 우선 자백법칙을 적용하

지 않아도 먼저 묵비권침해로서 배제되기 때문이다.

③ 절충설

– 허위배제 및 인권침해방지가 함께 자백의 임의성을 요구하는 근거라는 것. 그러므로 "임의성 없는" 자백이란 『허위진술의 염려가 있거나 또는 진술자유를 침해하는 위법 부당한 압박이 있는 정황에서 행해진』 자백을 의미한다고 본다.

– 비판 : 주로 위법배제설의 입장에서 제기되며, 그 비판점은 허위배제설 및 인권옹호설 양자에 대한 비판과 관련된다.

④ 위법배제설

– 자백의 증거능력이 배제되는 것은 『임의성』에 그 요체가 있는 것이 아니라, 자백을 획득하는 『수단, 절차상의 위법부당』에 그 요체가 있다는 것.

- 영미법상 due process 정신을 우리 형사소송법에 도입하여 자백법칙의 합리적 적용을 꾀하려고 하고 있으나, 우리 형소법 제 309조는 분명히 "임의성"을 전면에 내세우고 있으므로 완전히 영미식의 적정절차라고 볼 수는 없다.
- 자백의 배제법칙을 due process 관점에서 파악한다면 예컨대, 변호인과의 접견교통권을 침해하여 이루어진 신문으로 얻은 자백, 위법한 구속 중의 자백, 별건구속 중의 자백, 수갑을 채운 채로 한 신문 중의 자백, 묵비권 고지 없는 자백, 부당하게 받아낸 자백을 계기로 다른 증거를 발견한 경우 등을 모두 일관성 있게 설명할 수 있게 된다.
- 이 견해는 형소법 제309조의 내용을 대부분 적정절차에 반하는 위법부당한 행위들의 예시로 보고 적당한 범위에서 자백의 배제법칙을 적용하고 있다.[조문(법 제309조)해석상의 난점이 있지만 "임의로 진술한 것이 아니라고 의심할 만한 이유"를 포괄하여 『자백을 얻어내는 적정절차에 어긋났다고 의심되는 경우』로 해석된다].

(3) 임의성 없는 자백

– 고문, 폭행, 협박에 의한 자백

① 종래의 견해에 의하면 고문, 폭행, 협박은 임의성 없는 자백을 받아내는 행위의 예시라고 보면서도, 일단 고문 등이 행해진 이상 임의성이 있다는 증명을 허용하거나 임의성이 있음이 증명되었다는 이유로 증거능력을 인정할 수는 없다고 한다. (그러나 이것은 역시 "임의성"에 중점을 두지 않고 "그러한 행위" 자체에 중점을 두게 되는 결과로 된다. 은연 중 due process 사상이 고려됐다.)

② 고문, 폭행, 협박은 그 자체가 위법, 부당한 수단, 절차로서 자백의 임의성을 불문하고 당연히 자백배제법칙이 적용되어 이 자백에는 증거능력이 부정된다.

– 고문 : 폭력행위와 같이 사람의 신체에 대한 위해를 가하는 방법

– 폭행 : 사람에 대한 불법한 유형력 행사

– 협박 : 사람에게 외포심을 일으킬만한 해악의 고지

(실제로 어느 정도까지의 고문, 폭행, 협박이 금지될 것인지는 미묘한 문제이다. 통상 "일반적인 신문방법으로는 허용될 수 없는 정도"의 방법임을 의미한다고 본다. 예 잠을 재우지 않는 것, 수치심을 야기 시키는 것, 제3자에게 가할 위해를 가지고 협박하는 것, 옷을 입히지 않는 것 등)

③ 신체구속의 부당한 장기화에 의한 자백

– "임의성"과는 관계없이, 절차수단적으로 부당한 신체구속의 장기화와 process 적으로 결합한 자백은 증거능력이 배제된다. (종래처럼 "부당한 장기구속으로 인하여 자백의 임의성이 의심될 것"과 같은 의미가 아니다.)

– 신체구속의 "부당한 장기화"인지 여부는 피고인, 사건심리중, 심판의 난이 등 총체적 정황을 고려하여 판단해야 할 것.

– 부당한 장기간의 구속 중 받아 낸 자백은 물론이고, 비록 석방된 상태에서 받아 낸 자백이라도 아직 구속의 영향에서 벗어나지 못한 정황하의 자백이 라면 여기에 포함된다.

④ 기망에 의한 자백

- 위계, 조작, 감언, 술책 등 기망수단을 사용하여 얻어 낸 자백은 역시 적정절차의 위법부당을 근거로 그 증거능력이 배제되어야 한다.
- 무엇이 기망수단인가는 구체적인 경우 판단되어야 한다.

  "공범자가 자백했으니 버텨 봤자 소용없다.", "권총에서 당신의 지문이 발견되었다.", "증인인 목격자가 있다.", "경미사건으로 처리해 주겠다. 기소유예로 나오게 하겠다."
- 위장 접근 수사에 의한 자백은 어떤가?

  (예컨대, 동반자, 우인으로 행세하면서 얻어 낸 자백)
  - 종래의 허위배제설 또는 인권옹호설에서는 이 문제를 결국 절차적 문제, 즉 위법하게 수집한 자백의 증거능력 문제로 환원하지 않으면 안된다. 여기서도 위법배제설의 효용이 두드러진다.(즉 사회적 또는 소송법정신에 비추어 그런 정도의 기망수단이 상당용인 되겠는가에 의하게 된다. 구체적인 경우에 따라 판단될 미묘한 문제이다. 대부분의 경우는 허용될 것이다.)

⑤ 기타 방법에 의한 자백

- 위에 열거된 이외의 수단, 방법이라도 그것이 적정절차정신에 비추어 위법부당하다고 생각되는 수단일 경우에는 이를 통하여 얻은 자백은 배제되어야 한다.
- 변호인의뢰권의 침해 하에 얻어 낸 자백
  - 자백의 대가로 일정한 이익(주로 경제적인)을 주기로 하는 경우 수갑을 채운 채로 이루어진 신문에 의한 자백. 자백채취방법의 부당함(도청, 마약분석, 거짓말 탐지기 등)

⑥ 임의로 진술한 것이 아니라고 의심할 만한 이유

- 법관이 자백의 임의성(내지 절차적 위법부당성)에 의심을 가지는 한 그런 자백은 증거로 하지 못한다.(피고인은 임의성 없음을 입증할 필요 없다.)

(4) 임의성 없는 자백의 배제

– 임의성 없는 자백은 "유죄의 증거로 하지 못한다."(법 제309조) 즉 증거능력이 부정된다. 이 배제는 절대적인 것이므로 증거로 함에 대한 당사자의 동의(법 제318조)가 있어도 증거능력이 인정되지 않는다.

(5) 관련된 문제

① "임의성"의 거증책임

– "임의성"이 있는지 없는지 불명할 경우 거증책임은 검사에게 있다.(자백을 증거로 제시하는 쪽도 검사일 것이니 당연한 이치이다.) 단 "임의성"이란 자백채집 절차상 적정보장을 의미하므로 검사는 이런 절차적 적정성에 대해 거증할 책임을 진다.(실제로는 피고인이 자백의 임의성 없음을 다투거나 임의성을 의심할 만한 일련성의 증거가 나타났을 때 비로소 임의성 입증이 문제로 된다).

② 위법하게 수집된 자백에 의하여 수집된 증거

– 절대적으로 증거능력이 배제되는 위법하게 채집된 자백에 의해서, 수집된 다른 증거의 증거능력은 어떤가?

a. 원칙적으로 증거능력이 없으나, 기망, 유도 등의 방법에 의한 자백에 의하여 수집한 증거일 경우에는 증거능력을 인정하자는 견해(정영석)

b. 자백배제법칙을 유명무실하게 하지 않도록 그런 증거의 증거능력을 부정하자는 견해(백형구)

c. 이것은 『독나무의 과실』(fruit of the poisonous tree)로서 위법하게 수집된 증거에 의하여 수집된 2차적 증거(과실)를 허용한다면 1차 증거 배제는 아무 의미도 없다.(독나무는 더 커지고 더 독한 열매를 맺는다)

▸ 주요판례

– 피고인의 자백이 임의로 진술한 것이 아니라고 의심할 만한 여지가 충분히 있음에도 불구하고 다른 정확한 증거 없이 범죄사실을 인정하는 증거로 채

택함은 위법하다(대판 1967.2.21, 66도1664).

- 피고인이 비록 검사 앞에서 조사받을 당시는 자백을 강요당한 바 없다고 하여도 검사 이외의 수사기관에서 조사받을 당시에 고문에 의하여 임의성이 없는 허위자백을 하고 그 임의성 없는 심리상태가 검사의 조사단계에까지 계속된 경우에는 검사 앞에서 자백은 임의성이 없다(대판 1984.5.15, 84도472).
- 피고인의 자백이 신문에 참여한 검찰주사가 피의사실을 자백하면 피의사실부분은 가볍게 처리하고 보호감호의 청구를 하지 않겠다는 각서를 작성하여 주면서 자백을 유도한 것에 기인한 것이라면 위 자백은 기망에 의하여 임의로 진술한 것이 아니라고 의심할 만한 이유가 있는 때에 해당하여 형사소송법 제309조 및 제312조 제1항의 규정에 따라 증거로 할 수 없다(대판 1985.12.10, 85도2182).
- 피고인이 검사가 공소장을 변경하여 벌금형이 선고될 수 있게 해 주겠다는 제의와 검사가 신청한 증인들의 증언 등에 의하여 무거운 처벌을 받게 될지도 모른다는 두려움 때문에 공판기일에서 허위자백을 한 것이라고 변소하고 있고 그 자백내용 자체가 객관적 합리성이 없으며 자백에 이르게 된 경위가 타증거에 비추어 모순되어 신빙성이 없으므로 이를 유죄의 증거로 할 수 없다(대판 1987.4.14, 87도317).

3. 전문증거의 증거능력

1) 전문증거, 전문법칙

(1) 전문증거의 의의

- 공판기일 또는 공판준비기일에서의 진술을 갈음하는 서면(전문서류) 또는 타인의 진술(원진술)을 내용으로 하는 진술(전문진술)(법 제310조의2)

  예 "나는 A가 B를 살해하는 것을 보았다."는 내용의 진술서면이 공판준비 또는 공판기일에 증거로 제출된 경우.

  예 "나는 갑으로부터 A가 B를 살해하는 것을 보았다는 말을 들었다."는 내용의 공판준비 또는 공판기일에서의 증언.

- 무엇이 전문증거인가는 요증사실과의 관련 속에서 구분된다.
  "나는 갑으로부터 A가 B를 살해하는 것을 보았다는 말을 들었다."는 진술도 요증사실이 A의 살인사실이면 전문증거이지만 갑의 A에 대한 명예훼손 사실이 요증사실이면 원시증거이다.
- 일반적으로 말하면 전문증거란 (진술이든 진술에 갈음하는 서면이든)실험자가 법원(법관)에 직접 보고하지 아니하고 간접적으로 보고하는 경우 원진술의 내용이 요증사실인 경우이다.

(2) 전문법칙

- 전문증거의 증거능력을 배척하는 증거법칙이다(전문증거배제법칙). 전문법칙은 자백법칙과 더불어 영미법에서 형성 발전된 것으로 우리 형사소송법도 제310조의2 이하에서 영미법상의 전문법칙과 대륙법상의 직접심리주의를 함께 규정하고 있다.

(3) 전문법칙의 근거

① 영미법상의 근거(반대신문권의 보장)

- 반대신문권의 보장이 이루어지지 않는 전문증거에는 증거능력을 부여할 수 없다는 것(우리 형소법은 제161조의2 제1항에서 당사자의 반대신문권을 보장하고 있다).
- 왜냐하면 원진술자는 늘 법정에서 직접 진술케 하는 것이 아니므로 그 진술의 진실성에 관하여 반대당사자의 반대신문권을 통한 음미가 이루어질 수 없기 때문이다.

② 대륙법상의 근거(직접심리주의, 구두주의)

- 요증사실에 근접한 증거로서 법원(법관)의 면전에서 조사된 증거가 아니라면 사실인정의 자료로 쓸 수 없다는 것(증거능력이 배제된다는 것)
- 왜냐하면 법관의 심증형식은 태도증거에 의존하는 바가 적지 아니하기 때문이다(우리 형소법 제310조의2 규정태도도 이러한 취지에 입각하고 있는

것으로 보여 진다.)

▶ 주요판례

– 피고인이 신청한 증인의 증언이 피고인 아닌 타인의 진술을 그 내용으로 하는 전문진술이라고 하더라도 피고인이 그 증언에 대하여 별의견이 없다고 진술하였다면 그 증언을 증거로 함에 동의한 것으로 볼 수 있으므로 이는 증거능력이 있다(대판 1983.9.27, 83도516)

– 사건조사를 담당한 사법경찰관의 진술(증언)이 피해자로부터 피고인을 인계받아 체포하게 된 경위와 피고인이 조사과정에서 범행을 자인하게 된 경우에 관한 것이므로 피고인이 자신의 경찰에서의 진술내용을 부인하고 있는 이상 증거로 삼을 수 없다(대판 1983.12.27, 83도2820).

2) 전문법칙의 적용범위

(1) 진술증거로서의 전문증거가 원진술의 진실성을 증명하기 위하여 제출된 경우에 한한다.(즉 서류이든 구두진술이든 이것이 진술증거 형태로서 법원에 제시된 경우, 원진술 내용의 진실성을 증명하기 위하여 제출되었을 때 전문법칙의 적용이 있다는 것이다)

(2) 이것은 물론 요증사실과 전문내용과의 관련성에 따라 결정된다.

"갑으로부터 을의 절도 현장을 보았다는 말을 들었다."는 증언은

- • 요증사실이 "을의 절도"이면 전문증거
- • 요증사실이 "갑의 명예훼손사실"이면 원시증거

– 전문법칙의 적용이 부정되는 경우

가. 원진술이 요증사실의 일부인 경우

"나는 을로부터 갑의 절도 현장을 봤다는 말을 들었다."

을의 갑에 대한 명예훼손사건

나. 원진술이 요증사실의 부수적 정황인 경우

갑이 을을 때린 경우 반가움인지 폭행인지?

"이 자식아" 격노한 말을 들었다는 병의 증언

다. 탄핵증거로 사용되는 경우

라. 진술자의 의견을 내용으로 하는 진술(비진술증거)

감정서 등과 같이 반대신문을 거칠 실익이 없는 것

(3) 전문법칙의 배제

– 전문법칙이 본래 반대신문권의 보장에 그 취지를 둔 것이라면 반대신문권이 이미 포기되었거나 반대신문권이 무의미한 경우에는 당연히 전문법칙의 적용이 없다(예외와는 다르다.)

- 증거로 함에 대한 당사자의 동의(법 제318조)
- 간이공판절차(법 제318조의3) : 당사자의 동의가 있는 것으로 간주
- 탄핵증거(법 제318조의2)

3) 전문법칙의 예외

(1) 예외의 이론

① 전문법칙을 인정하는 것은 반대신문권의 보장 및 직접심리주의의 요청에 그 취지가 있다. 그러나 이 법칙을 예외 없이 고수하는 것은 소송경제의 원칙에 반하고, 경우에 따라서는 진실한 전문증거까지도 무조건 배척함으로써 실체적 진실발견에 오히려 형식적 장애근거로 작용할 위험도 크다. 따라서 영미법상으로도 많은 예외가 인정되고 있으나, 문제는 어떤 요건하에 어떤 범위에서 그 예외를 허용할 것인가에 있다.

② 예외 인정의 기준

– 영미법상 이론(신용성의 정황적 보장, 필요성)

– 신용성의 정황적 보장

: 원진술에 대하여 반대신문을 거치지 않아도 이에 갈음할 정도의 고도의 신용성이 정황에 비추어 인정될 수 있는 경우(특신정황)

a. 사건의 와중 또는 직후에 이루어진 충동적, 자연적 진술(Res gestac)

b. 성실성을 의심할 수 없는 임종의 진술(진술의 양심성)

c. 자기의 불이익을 초래하는 진술(진술의 불이익성)

d. 공문서, 업무상 문서처럼 작성의무, 반복성, 공시성에의해 진실의 담보가 이루어지는 경우의 진술(진술의공시성)

－필요성

: 전문증거를 부득이 사용할 수밖에 없는 사정이 있는 경우

a. 원진술자가 사망, 병환, 행방불명, 국외체재 등으로 그를 공판정에 출석시켜 다시 진술케 하는 것이 불가능 또는 현저하게 곤란한 경우

b. 자기모순의 진술일 경우

c. 공판정에서의 진술이 공판정 외에서의 진술 보다 신용성이 더 높을 것을 기대할 수 없는 경우

③ 우리 형사소송법의 태도

a. 우리 형사소송법은 신용상의 정황적 보장을 "진술" 또는 서류의 작성이 특히 신용할 수 있는 상태에서 행하여 진때(법 제314조, 제316조)라고 하고

b. 필요성을 "사망, 질병 기타 사유로 인하여 진술할 수 없는 때"(법 제314조, 제316조)라고 하고 있다[행방불명, 기억상실, 피강간부녀의 증언불능(울음으로) 재소환 가능]

④ 양요건은 상호보완적, 반비례 관계

－어느 한 쪽이 강하면 반대쪽은 약하더라도 무방하고, 경우에 따라서는 (특히 필요성이) 한 쪽이 완전히 무시 되어도 무방할 때가 있다(법 제316조 제1항).

▸ 주요판례

－이른바 신용성의 정황적 보장이란 자기에게 불이익한 사실의 승인이나 자백은 재현을 기대하기 어렵고 진실성이 강하다는데 근거를 둔 것으로서, 반드시 그 같은 진술이 공소제기 후 법관의 면전에서 행하여 졌을 때에는 가장 믿을 수 있고 수사기관에서의 진술은 상대적으로 신빙성, 진실성이 약한 것이라고 일률적으로 단정할 수 없을 뿐만 아니라 범행 후 시간의 경

과에 따라 외부와의 접촉 및 장래에 대한 걱정 등이 늘어감에 따라 그 진술이 진실로부터 멀어져 가는 사례가 흔히 있는 것이므로 이른바 신용성의 정황적 보장의 존재 및 그 강약에 관하여서는 구체적 사안에 따라 이를 가릴 수밖에 없는 것이다(대판, 1983.3.8, 82도3248).

－증인신문을 위한 수차의 소환장이 주소불명으로 송달되지 아니하고 소재탐지촉탁에 의하여도 그 소재를 알 수 없다면 그 증인에 대한 사법경찰리 작성의 진술조서는 증거능력이 있다(대판 1984.6.12, 84도790).

(2) 예외의 범위

① 서류인 전문증거(전문서류)

a. 형소법 제311조(법관 또는 법원의 조서)

－『공판준비 또는 공판기일에 피고인이나 피고인 아닌 자의진술을 기재한 조서와 법원 또는 법관의 검증의 결과를 기재한 조서는 증거로 할 수 있다. 형소법 제184조(증거보전절차) 및 동법 제221조의2(증인신문청구)의 규정에 의하여 작성한 조서도 같다.』

－법원 또는 법관(수명법관, 수탁판사)의 면전에서 작성된 조서는 신용성의 정황적 보장이 높으므로 무조건 증거능력을 인정하여도 무방할 것이다. 반대신문권도 보장되어 있고 검증에의 참여권도 보장된다.

－형소법 제311조의 전문법칙의 예외가 되는 서류는 '당해'사건의 공판조서 또는 공판준비조서를 의미한다. 다른 피고사건에 관한 공판조서 또는 공판준비조서는 형소법 제315조 제3호에 해당하여 증거능력이 있다고 본다.

－공동피고인도 피고인 아닌 자에 속한다. 따라서 공동피고인의 진술을 기재한 조서는 증거능력이 인정되지만, 병합심리 됨에 불과한 공동피고인은 피고인에 대한 관계에서 증인의 지위에 불과하므로 선서없이 행한 진술은 증거능력이 없다.

b. 형소법 제312조(검사 또는 사법경찰관의 조서)

- 검사가 작성한 피의자신문조서는 적법한 절차와 방식에 따라 작성된 것으로서 공판준비, 공판기일에 그 피의자였던 피고인 또는 변호인이 그 내용을 인정할 때에 한정하여 증거로 할 수 있다. 〈개정 2020.2.4.〉 단 시행일은 미지정.

〈개정 전 규정은 다음과 같다.〉

- 검사가 피고인이 된 피의자의 진술을 기재한 조서는 적법한 절차와 방식에 따라 작성된 것으로서 피고인이 진술한 내용과 동일하게 기재되어 있음이 공판준비 또는 공판기일에서의 피고인의 진술에 의하여 인정되고, 그 조서에 기재된 진술이 특히 신빙할 수 있는 상태 하에서 행하여졌음이 증명된 때에 한하여 증거로 할 수 있다(동조 제1항).
- 제1항에도 불구하고 피고인이 그 조서의 성립의 진정을 부인하는 경우에는 그 조서에 기재된 진술이 피고인이 진술한 내용과 동일하게 기재되어 있음이 영상녹화물이나 그 밖의 객관적인 방법에 의하여 증명되고, 그 조서에 기재된 진술이 특히 신빙할 수 있는 상태 하에서 행하여졌음이 증명된 때에 한하여 증거로 할 수 있다(동조 제2항).
  - 동 규정은 삭제되어 동법 제3항의 적용을 받는다.
- 검사 이외의 수사기관이 작성한 피의자신문조서는 적법한 절차와 방식에 따라 작성된 것으로서 공판준비 또는 공판기일에 그 피의자였던 피고인 또는 변호인이 그 내용을 인정할 때에 한하여 증거로 할 수 있다(동조 제3항). 미시행된 개정된 규정이 이후 시행될 경우 검사와 사법경찰관의 피의자신문조서의 효력은 동일하게 된다.
- 검사 또는 사법경찰관이 피고인이 아닌 자의 진술을 기재한 조서는 적법한 절차와 방식에 따라 작성된 것으로서 그 조서가 검사 또는 사법경찰관 앞에서 진술한 내용과 동일하게 기재되어 있음이 원진

술자의 공판준비 또는 공판기일에서의 진술이나 영상녹화물 또는 그 밖의 객관적인 방법에 의하여 증명되고, 피고인 또는 변호인이 공판준비 또는 공판기일에 그 기재 내용에 관하여 원진술자를 신문할 수 있었던 때에는 증거로 할 수 있다. 다만, 그 조서에 기재된 진술이 특히 신빙할 수 있는 상태하에서 행하여졌음이 증명된 때에 한한다(동조 제4항).

– 제1항부터 제4항까지의 규정은 피고인 또는 피고인이 아닌 자가 수사과정에서 작성한 진술서에 관하여 준용한다(동조 제5항).

– 검사 또는 사법경찰관이 검증의 결과를 기재한 조서는 적법한 절차와 방식에 따라 작성된 것으로서 공판준비 또는 공판기일에서의 작성자의 진술에 따라 그 성립의 진정함이 증명된 때에는 증거로 할 수 있다(동조 제6항).

▸ 주요판례

– 피고인이 공판기일에서 그 진정성립을 인정한 피고인의 검찰에서의 진술은 특히 그 진술이 임의로 되지 아니하여 신빙할 수 없는 상태 하에서 된 것이라고 의심할 만한 사유가 없으면 증거능력이 있으므로 그 진술이 특히 신빙할 수 있는 상태 하에서 된 것이라고 믿을 만한 자료가 없다하여 배척할 수 없다(대판 1977.6.28., 74도2523).

 • 개정 규정이 시행될 경우 판례 변경 예상됨.

– 검사 및 사법경찰관 작성의 피고인 아닌 자에 대한 진술조서는 공판준비나 공판기일에 원진술자의 진술에 의하여 그 성립의 진정함이 증명된 때에 증거로 할 수 있는 바, 원진술자가 법정에서 검사신문에 대하여 단지 검찰, 경찰에서 사실대로 진술하고 그 진술조서에 서명 무인한 사실이 있다고 진술한 것만 가지고는 그 진술조서의 진정성립이 증명되었다고 보기 어렵고 진술조서에 기재된 진술내용이 사실과 틀림없다는 것까지 진술되어야 할 것이다(대판 1982.10.12, 82도1865)

– 피의자 아닌 자의 진술을 기재한 조서는 공판정에서 원진술자의 진술에 의

하여 그 성립의 진정함이 인정된 것이 아니면 설사 공판정에서 피고인이 그 성립을 인정하여도 이를 증거로 할 수 없음에 동의한 것이 아닌 이상 증거로 할 수 없다(대판 1983.8.23, 83도196).

- 형소법 제312조 제2항의 "그 내용을 인정할 때"라 함은 검사 이외의 수사기관성의 피의자신문조서의 기재내용이 진술내용대로 기재되어 있다는 의미가 아니고 문서의 진정성립에 속하는 사항임, 그와 같이 진술한 내용이 실제 사실 과 부합한다는 것을 의미한다(대판 1995.5.23., 94도1735).
  - 개정 규정이 시행될 경우 판례 변경 예상됨.
- 검사작성의 피고인에 대한 피의자신문조서의 성립의 진정의 의미는 간인, 서명, 날인 등 조서의 형식적인 진정성립과 그 조서가 진술자의 진술내용대로 기재된 것이라는 실질적인 진정성립을 포함하는 의미이다(대판 1994.8.9., 94도1318).
  - 개정 규정이 시행될 경우 판례 변경 예상됨.

c. 형소법 제313조(전2조에 해당하지 않는 피고인 또는 피고인 아닌 자가 작성한 서류, 그 진술을 기재한 서면 및 전자 진술서의 증거능력)

- 2016년 5월 개정전 형소법 제313조에 의하면 진술자의 인정 진술에 의존하면서 만일 작성자 또는 진술자가 성립의 진정을 부정하게 되면 디지털자료의 증거 사용이 어려웠다. 이러한 문제에 따라 2016년 5월에 '진술서' 및 그에 준하는 '디지털 증거'의 진정성립은 '과학적 분석결과에 기초한 디지털포렌식 자료, 감정 등 객관적 방법'으로도 대체 인정할 수 있도록 형소법이 개정되었다.
- 법 개정에도 불구하고 디지털자료에 대한 진정성립 인정기준의 미비, '객관적 방법' 개념의 모호성 등 개정 조항의 불명확성으로 인해 실제 법적용상의 어려움이 아직 있다.
- 개정된 주요 내용은 문자 등 정보가 서면이 아닌 정보저장매체에 저장되어 있는 경우에도 진술서 또는 진술기재 서류의 법리를 그대로 적용하는 것으로 확장하였으며, 일부의 경우 피고인에게 반대신

문의 기회를 부여하였다.

－제313조 제1항에서 별도의 자필/서명·날인은 개정 후에도 그 필요성이 요구되며, 개정법에서도 전통적 전문법칙 이론은 여전히 적용되어야 한다. 따라서 제313조 제2항에 피고인 또는 피고인의 변호인에 대한 반대 신문권의 보장은 당연 규정으로 보아야 한다.

－개정 제313조 제2항에 진술의 신용성과 정황적 보장의 법문이 없지만 이를 가정하고 해석을 전개하는 것이 바람직하다. 객관적 방법 중에서 물적범위로 포섭하기 위한 선결요건으로는 신뢰할 수 있는 디지털 포렌식 도구에 대한 평가, 디지털 포렌식 수사관의 자질에 대한 객관적 검증과 확보가 필요하다. 그리고 과학적 분석결과에 기초한 디지털 포렌식 자료의 범주로는 정보저장매체의 IP주소, 패스워드와 비밀번호, 전자파일의 특정암호, 전자서명, 정보저장매체의 유통경로 확인, 지문감정, 음성분석, 영상분석, 필적감정, 인영감정, 문서감정, 로그기록, 메타데이터의 검증 등을 대표적으로 들 수 있다.

－객관적 방법의 인적범위로는 작성자·진술자·목격자 증언, 디지털 포렌식 수사관이나 디지털 포렌식 전문가의 증언, 디지털 포렌식 수사관이 작성한 전자정보에 대한 분석결과보고서를 예로 들 수 있다.

－적용범위에 대해서는 제313조 제1항은 제311조와 제312조의 규정에 의하여 증거능력이 인정되는 서류를 그 적용대상에서 제외하고 있으므로 결국 제313조 제1항에 의하여 증거능력이 인정되는 진술서는 피고인 또는 피고인 아닌 자가 수사과정 이외에서 작성한 진술서로 한정될 수밖에 없는데, 구체적으로는 ① 수사 이전에 작성한 진술서, ② 수사 중이라도 수사기관의 관여없이 작성한 진술서, ③ 공판 중에 작성한 진술서가 이에 해당된다.

d. 형소법 제314조(전2조의 경우의 예외)

『제2조의 경우에 공판준비 또는 공판기일에 진술을 요할 자가 사망, 질병, 외국거주, 소재불명 그밖에 이에 준하는 사유로 인하여 진술할 수 없는 때에는 그 조서 기타 서류를 증거로 할 수 있다. 단 그 조서 또는 서류는 그 진술 또는 작성이 특히 신빙할 수 있는 상황 하에서 행하여진 때에 한한다.』

- (필요성) + (특신상황)을 요건으로 반대신문의 기회를 주지 않고 증거능력을 인정하자는 것이다.
- "기타 사유로 인하여 진술할 수 없는 때"란 예컨대 행방불명, 해외이주 등으로 말미암아 출석이 불능하거나 현저하게 곤란할 경우를 의미한다.
- 2016.5.29.에 공포·시행된 개정 형사소송법 제314조에 '(피고인 또는 피고인 아닌 자가 작성하였거나 진술한 내용이 포함된 문자·사진·영상 등의 정보로서 컴퓨터용디스크, 그 밖에 이와 비슷한 정보저장매체에 저장된 것을 포함한다)'는 부분이 추가되었다.

e. 형소법 제315조(공문서 기타 업무문서)

『다음 서류는 증거로 할 수 있다.

ⓐ 가족관계기록사항에 관한 증명서, 공정증서등본 기타 공무원 또는 외국공무원의 직무상 증명할 수 있는 사항에 관하여 작성한 문서

ⓑ 상업장부, 항해일지 기타 업무상 필요로 작성한 통상문서

ⓒ 기타 신용할 만한 정황에 의하여 작성된 문서』

- 이런 서류들은 신용성의 객관적 보장이 높기 때문에 작성자의 출석불능여부와 관계없이 또 작성자가 누구인가를 묻지 않고 무조건 증거능력을 인정하고 있다.
- 1호는 이른 바 공권적 기명서류로서 신용성 보장이 담보되고 공무원 등을 증인으로 출석시킨다고 하더라도 서면보다 높은 가치의 증언을 기대할 수 없는 경우이다.
  - 이에 해당하기 위해서는

    ⓐ 공무원이 공무수행 과정에서 작성할 것

    ⓑ 그 내용이 직무상 증명할 수 있는 직무범위 내의 것

    ⓒ 그것이 공권적으로 증명하기 위하여 작성된 것일 것

예 등기부등초본, 인감증명, 치안본부전과조회서, 신원증명서(시, 군)

– 2호는 이른 바 업무상 기계적 작성 서류로서 일반경험상 오류나 작위적인 허위개입의 염려가 없으므로 특신상황의 담보가 인정되는 경우이다.

예 속에 감춘 비밀 장부(의사의 진단서는 포함 안 됨)

– 3호에 해당하는 것으로는 타피고사건의 공판조서 등 각종 통계연감, 정기간행물, 달력, 스포츠기사, 학술서.

② 전문진술

a. 형소법 제316조 제1항

『피고인 아닌 자의 공판준비 또는 공판기일에서의 진술이 피고인의 진술을 그 내용으로 하는 것인 때에는 그 진술이 특히 신빙할 수 있는 상태 하에서 행하여진 때에 한하여 이를 증거로 할 수 있다.』

– 원진술자가 피고인 자신이므로 자기에 대한 반대신문이란 있을 수 없다(물론 그것이 자기이익인 경우는 검사가 반대신문). 그러므로 『특신상황』을 요건으로 증거능력을 인정한다.

– 여기서 피고인 아닌 자에는 그 피고 사건의 제3자는 물론 공동피고인이 포함된다.

– 사건조사를 담당한 사법경찰관의 진술(증언)이 피해자로부터 피고인을 인계받아 체포하게 된 경위와 피고인이 조사과정에서 범행을 자인하게 된 경위에 관한 것이므로 피고인이 자신의 경찰에서의 진술내용을 부인하고 있는 이상 증거로 삼을 수 없다(대판 1983.12.27, 83도2820).

b. 형소법 제316조 제2항

『피고인 아닌 자의 공판준비 또는 공판기일에서의 진술이 피고인 아닌 타인의 진술을 그 내용으로 하는 것인 때에는 원진술자가 사망, 질병, 외국거주 기타 사유로 인하여 진술할 수 없고, 그 진술이 특히 신빙할 수 있는 상태 하에서 행하여진 때에 한하여 이를 증거로 할 수 있다(1995년 형소법개정에서 국제화시대에 발맞추어 외국거주를 예외사유로 추가하였다).』

– 여기서는 (필요성) + (신용성 보장) 엄격요건 필요함

– 피고인의 공판준비 또는 공판기일에서의 진술이 피고인 아닌 자의 진술을 내용으로 하는 것인 때는?

: 명문 규정이 없으나 형소법 제316조 제2항을 유추하는 것이 타당할 것이다.

4) 전문법칙의 관련문제

(1) 사진의 증거능력

– 사진의 증거능력에 관해서는 우리 형사소송법상 아무런 규정도 없기 때문에, 막연히 증거물로만 취급 한다면 무조건 증거능력이 있다고 하지 않으면 안 된다. 그러나 사진은 사진기라는 메카니즘을 통하여 일회적 현장을 재현, 보존하므로 신용성이 높은 것이 사실이지만, 원본증거가 아니고 촬영자의 주관 및 조작이 개입할 수도 있다. 그러므로 전문법칙과의 관련성을 고찰할 필요가 제기된다.

– 사진의 증거능력을 다음의 경우로 구분하여 보자.

① 원물 또는 서면의 복사로서의 사진

- 이 경우는 원본이 제출될 수 없다는 확인(필요성) 및 사진의 원본과의 동일성의 담보(신용성 담보)가 이루어져야 비로소 증거능력을 인정해야 한다.

② 진술증거로서의 사진

- 예컨대 검증조서, 감정서의 일부로 사진이 첨부된 경우, 이는 문자에 갈음하는 표현수단이므로 검증조서, 감정서와 동일한 조건하에 증거능력이 인정되어야 한다.

(예 사법경찰관 작성의 검증조서 첨부사진일 경우는(형소법 제312조 제1항에 따라) 원진술자(작성자)의 진술에 의하여 그 성립의 진정함이 인정된 때(반대신문을 거친 때)에만 증거능력이 있다.

③ 독립증거로서의 사진

- 예컨대 범행현장 사진인 경우라도 촬영자의 트릭, 주관개입이 있을 수 있으므로 『검증을 기재한 조서』에 준하여(법 제312조 제1항에 따라) 작성자(촬영자)의 진술에 의하여 그 성립의 진정함이 인정된 때에만 증거능력이 있다고 보아야 한다. 다만 촬영자를 출석시킬 수 없는 사정이 현저한 경우(예컨대 자동카메라, VTR 현장녹화)에는 그것이 언제, 이떻게, 어떤 정황을 촬영한 것인가가 증명되면 증거능력을 인정할 것이다.

(2) 녹음테이프의 증거능력

– 녹음테이프는 진술내용 등의 정확성이 담보되고 육성 등을 통하여 진술자의 심리변화를 알 수 있다는 점에서 진술조서 등 보다 훨씬 우수한 증거방법이라고 할 수 있다.

– 일반적으로 녹음은 진술녹음(진술자의 진술내용 녹음)과 현장녹음(범행현장에서의 범행에 수반된 발성, 음향의 녹음)으로 분류된다.

① 진술녹음

- 이것은 사람의 공판정 외에서의 진술을 증거로 제출하는 것이므로 전문법칙을 적용하여야 한다.(더욱이 편집, 트릭 등이 개입하게 되면 문제성은 심각하다.)
- 이 경우 형소법 제313조를 적용하여 그 성립의 진정함이 (예컨대 녹음자, 녹음입회인, 테이프보존자) 그 작성자 등에 의하여 기명된 때에 한하여 증거능력이 있다. 단 동법 제313조는 요건인 자필, 서명, 날인은 육성 등을 통하여 진술자의 본인임을 확인하면 족할 것이다.
- 비밀녹음 등은 위법하게 수집한 증거로서 증거능력이 부정됨.

② 현장녹음

- 녹음내용의 편집, 왜곡, 조작의 개입이 가능하기 때문에 검증조서와 동일하게 취급하여(법 제312조 제1항에 따라) 작성자 내지 채취자를 출석시켜 그 진술에 의하여 성립의 진정함이 인정된 때에만 증거능

력을 인정해야 한다.

– 녹음테이프의 증거조사방법은 그 내용의 고지, 낭독 등이 불가능하므로 녹음기에 걸어서 재생하는 방법을 채택하는 것이 바람직 할 것이다.

(3) 거짓말 탐지기 시험 결과 보고서의 증거능력

– 거짓말 탐지기는 사람이 거짓말을 할 때, 자율신경의 작용으로 일정한 생리적 변화(호흡, 맥박, 혈압, 땀)가 생긴다는 점에 착안하여 질문과 피질문자의 답변 및 이런 생리적 변화 기록을 종합하여 거짓말을 가려내는 원리에 입각한다.

– 거짓말 탐지기의 시험결과 및 그 보고서는 피검자의 동의가 있고, 기계의 성능, 피검자의 정신상태, 질문방법, 검사자 및 판정자의 지식, 경험, 검사장소의 상황 등 제반사정에 비추어 검사결과의 정확성이 보증되는 경우에 한하여 증거능력이 인정된다.

(4) 재전문증거

– "나(재전문 진술자)는 갑(전문 진술자)으로부터 을(목격자)이 병(피고인)의 절도현장을 보았다는 말을 했다는 말을 들었다."

– 전문법칙의 예외요건을 2회 충족시키면 증거능력을 인정하자는 견해도 있으나(日最判 1957.1.22) 특신성보장박약, 증명력의 박약 등으로 전적으로 부정하는 것이 바람직할 것이다.

(5) 지문조회회답서의 증거능력

– 피고인의 전과사실을 인정하는 증거로서 지문조회회답서가 제출된 경우 이것은 (법 제313조 제2항에 따라) 작성자의 진술에 의하여 그 성립의 진정함이 증명되어야만 증거능력이 있다. 기타 몽타주, 국립과학수사연구소의 감정결과 등도 마찬가지이다.

4. 임의성의 조사

1) 형소법 제317조

– 피고인 또는 피고인 아닌 자의 진술이 임의로 된 것이 아닌 것은 증거로 할 수 없다(동조 제1항).

– 전항의 서류는 그 작성 또는 내용인 진술이 임의로 되었다는 것이 증명된 것이 아니면 증거로 할 수 없다(동조 제2항).

– 검증조서의 일부가 피고인 또는 피고인이 아닌 자의 진술을 기재한 것인 때에는 그 부분에 한하여 전2항의 예에 의한다(동조 제3항).

– 법원의 임의성 조사 의무를 규정한 것

2) 임의성조사가 필요한 이유

– 학설대립

- 증거능력의 요건이다(법317조는 증거능력의 제한요건이다. 즉 임의성 조사는 증거조사 전에 해야 한다. 임의성 없다고 판단되면, 증거조사신청을 기각해야 한다)
- 증명력 평가에 앞서 고려해야 될 사항이다.(타당) 따라서 제317조는 증명력에 관한 규정이다. 즉 임의성조사는 증거조사 전후를 불문한다. 임의성 없다고 판단되면 증명력이 삭감된다.

– 법 제317조의 규정태도로 보면 "임의성"을 바로 증명력이 아닌 증거능력 요건으로 연결시키는 것은 무리가 있다고 본다(따라서 임의성의 조사 시기는 증거조사 후에라도 무방하다고 할 것이며, 이것은 증명력 평가에 앞서서 고려되어야 할 사항에 관한 규정으로 이해된다).

3) 임의성이란 무엇인가?

– "자백의 임의성"과 같은 의미인가?

: 형소법이 제309조에서 "임의성"을 자백의 증거능력요건으로 규정하고 있는 것은 증명력과 관련된 "임의성"을 증거능력요건으로 하고 있기 때문이 아니며, 이는 위법배제설의 입장에서 이해하여야 할 것이다(따라서

법 제317는 증명력 관련조건으로 본다)

- 형소법 제317조의 "임의성"이란 "자백의 임의성"과는 달리 증명력과 관련하여 위법배제적 근거에 입각하고 있다고 본다(그러므로 임의성이 없더라도 그 진술이 진정한 것으로 증명되면 증명력이 있다고 보아야 한다. 따라서 임의성 조사는 반드시 증거조사 전에 할 필요가 없다고 본다).
- 임의성은 자유로운 증명으로 족한 소송법적 사실이다.

5. 당사자의 동의와 증거능력

1) 서설

- 형소법 제318조 제1항 "검사와 피고인이 증거로 할 수 있음을 동의한 서류 또는 물건은 진정한 것으로 인정한 때에는 증거로 할 수 있다."
  - 이것은 증거능력이 없는 증거라도 당사자가 증거로 함에 동의하고 법원이 진정한 것으로 인정하면, 증거능력을 인정한다는 것.
  - 소송의 신속성, 경제성의 고려
  - 직권주의와 당사자주의의 타협
  - 전문법칙의 배제(예외라고 볼 수 없다.)

2) 동의의 의의

- 증거능력 없는 증거에(법원의 진정성 인정과 결합하여) 증거능력을 부여하기 위한 당사자의 법률행위적 소송행위.
- 동의의 본질=반대신문권의 포기(통설, 판례).

(따라서 반대신문권과는 무관한 『임의성 없는 자백』은 당사자의 증거동의 대상이 될 수 없다. "위법수집증거도 대상이 안 된다.")

3) 동의의 주체·상대방·대상

(1) 주체 : 검사와 피고인

다만 상식적으로 보면 법원이 직권으로 증거조사를 하는 경우는 쌍방의 동의가 필요하겠지만, 일방당사자의 신청에 의한 경우는 상대방만의 동의로 족하다.

– 변호인은 포괄대리권이 있으므로, 피고인의 명시한 의사에 반하지 않는 한 동의할 수 있다(피고인의 이의제기, 취소한 경우는 피고인의 의견에 따름).

(2) **상대방** : **법원**(반대심문권의 포기이므로)
반대당사자에 대한 동의만으로는 유효하지 않다.(예 검사에 대한 동의)

(3) **대상** : **전문증거로서 증거능력 없는 경우**
– 반대심문권의 포기와 무관한 『임의성 없는 자백』『위법수집증거』 등은 동의의 대상이 되지 못한다.
– 서류는 물론이고 진술도 배척할 이유 없다.
– "물건"에는 물적증거도 동의의 대상인가에 관하여 문제가 있으나 물증은 전문법칙이 적용되지 않으므로 대상이 아니다.

4) 동의의 시기·방법·철회

(1) **시기** : 증거조사 전.(증거능력 없는 증거는 증거조사 할 수 없으므로)
(단 증거조사 후에 비로소 전문증거임이 밝혀지는 경우(전문진술)에는 증거조사 후에도 동의할 수 있을 것이다.)

(2) **방법** : 명시적 의사표시, 구두, 서면 모두 가능하다

(3) **철회** : 동의는 절차형식행위이므로 절차의 안정성을 해치지 않는 범위에서는 철회가 가능하다.
– 언제까지 철회할 수 있는가(증거조사 완료시 설과 변론종결시설이 있으나 안정성을 중시하는 입장에서 전자가 타당하다).
– 취소는 허용되지 않지만 중대한 사유(착오, 사기, 강박)가 있으면 예외적으로 인정할 것으로 본다.

5) 동의의 효력

－법원의 진정성을 인정함과 결합하여 증거능력을 취득한다.

－반대신문권의 포기이므로 반대신문권을 행사할 수 없다.

(원진술자에 대한 증인신청 등)

－일부동의인 경우 ┌ • 가분일 때＝동의부분만 유효하다.
(동의의 물적효력) └ • 불가분일 때＝일부동의는 아무런 의미가 없다(통설).

－공동피고인은 각자 반대심문권이 있으므로, 1인의 동의는 그 동의한 피고인에 대해서만 발생한다. 마찬가지로 1인의 피고인의 증거조사신청에 검사가 동의하여도 그 효력은 타공동피고인에게 미칠 수 없다(동의의 인적효력).

－법원의 진정성 조사의 성격은?

• 증거능력 요건인가(통설) : "허위조작이 아닐 것" 정도의 의미.

• 증명력 요건인가

6) 동의의 의제

(1) 피고인불출정(법 제318조 제2항)

－"피고인의 출정 없이 증거조사를 할 수 있는 경우(동법 제277조)에 피고인(변호인 또는 대리인)이 출정하지 아니한 때에는 동의가 있는 것으로 간주한다. 단, 대리인 또는 변호인이 출정한 때에는 예외로 한다."

－소송촉진의 법리

－재판장의 허가 없이 퇴정하거나 퇴정명령(형소법 제330조)을 받은 경우에도 동의로 의제되는가? 부정설(통설)

(2) 간이공판절차(법 제318조의3)

－동의할 것으로 간주(자백이 있으므로) 단 이의가 있는 경우는 예외

－간이공판절차는 공판정의 자백과 비합의부 관할사건(사형, 무기, 장기 1년 이상의 징역, 금고사건이 아닐 것)

▸ 주요판례

－형사소송법 제318조에 의하여 증거로 할 수 있음을 동의한 경우에 그 동

의의 의사표시는 증거조사가 완료된 뒤에는 취소 또는 철회할 수 없으므로 1심에서 한 증거동의를 2심에서 취소할 수 없다(대판 1983.4.26, 83도267).

– 피고인이 증거로 함에 동의한 경우에는 비록 그것이 서류의 사본이라 할지라도 진정한 것으로 규정된 때에는 증거로 할 수 있다(대판 1986.5.27, 86도593).

6. 탄핵증거–증명력을 다투기 위한 증거

1) 탄핵증거의 의의

– 전문법칙에 의하여 증거능력이 없는 전문증거가 공판준비 또는 공판기일에서의 진술증거의 증명력을 탄핵하기 위하여 사용되는 경우.

["형소법 제312 내지 316조의 규정에 의하여 증거로 할 수 없는 서류나 진술이라도 공판준비 또는 공판기일에서의 피고인 또는 피고인 아닌 자의 진술의증명력을 다투기 위하여 이를 증거로 할 수 있다."(법 제318조의2)]

(1) 탄핵증거(증명력을 다투기 위한 증거)에는 전문법칙이 적용되지 않는다는 원칙을 선언한 형소법 제318조의2가 전문법칙의 예외인가? 배제인가?

: 탄핵증거는 소극적으로 진술증거의 증명력을 감쇄하기 위하여 사용되는 증거이므로, 적극적으로 요증사실을 증명하기 위하여 사용되는 실질증거(본증, 반증)에만 적용되는 전문법칙이 처음부터 적용이 없는 경우로 본다(전문법칙이 배제)(통설)

(2) 증거의 증명력을 다투는 방법에는 "반증"을 제출하는 방법과 "탄핵증거"를 제출하는 방법이 있다.

– 반증 → 증거능력 유. 증거조사절차 엄격(제출 및 내용의 낭독. 고지)

– 탄핵증거 → 증거능력 무. 증거조사절차는 적당하다고 인정하는 방법

(3) 탄핵증거제도는 영미법의 산물

– 증거의 신빙성을 탄핵함을 목적으로 하는 것으로 우리 형소법은 제318조

의2에서 이를 명문으로 인정하였다(1961년 신설)

2) 탄핵증거의 적용범위

–탄핵증거로서 제출되는 증거의 범위에 관하여는 학설대립

(1) 제1설(한정설)

–공판정에서의 진술과 그 진술자의 공판정 외에서의 종전의 진술이 모순되는 "자기모순의 진술"에 한하여 탄핵증거로 사용될 수 있다. (영미법상의 통설) 이는 배심제도 때문이다.

–자기모순의 진술 때문에 공판정에서의 진술이 신빙성이 없다고 탄핵하는 것.

예 갑이 참고인으로 검사의 면전에서 "나는 A의 절도현장을 목격했다."라고 진술하였으나 후일 공판정에서 "나는 A의 절도현장을 보지 못했다."라고 증언한 경우, 검사 작성의 참고인 진술조사는 비록 형소법 제312조 제1항에 해당하지 않아 전문증거로서 증거능력이 없더라도 탄핵증거로는 사용할 수 있다.

–증거능력 있는 증거는 탄핵증거로 쓰지 못하는가?

: 증거능력 있는 증거를 엄격한 조사를 거쳐 본증, 반증으로 사용되어야 하고 탄핵증거로는 사용되지 않는다.(요증사실과의 관련성하에서 증거능력이 인정되므로)

(2) 제2설(비한정설)

–탄핵증거로서 제출할 수 있는 것은 자기모순의 진술뿐만 아니라 주요사실 및 간접사실에 관한 증거도 무제한하게 허용된다.

(우리 형소법 제318조의2가 탄핵증거의 범위를 제한하고 있지 않다는 점. 우리의 경우는 영미법과는 달리 증거의 증명력을 배심원 아닌 법관이 판단하므로 범위에 제한을 가할 필요 없다.)

예 갑이 공판정에서 증인으로 "나는 A의 절도현장을 보았다"는 증언을 하였는데 이 증언의 증명력을 탄핵하기 위하여 피고인 A가 을을 증인으

로 내세워 "갑은 평소 거짓말이 심하고 신용 없는 사람이라는 말을 들었다"라고 증언케 하는 탄핵증거를 제출하는 경우.

– 비판
  - 증거의 증명력을 다툰다는 명목 하에 거의 모든 증거가 무제한하게 법정에 현출되어 전문법칙의 취지를 몰각시키고 법관의 그릇된 심증형성의 우려가 있다.
  - 직업법관의 능력을 과신하는 것도 부당하다.
  - 법조문의 문리해석만이 지상의 것은 아니다.

(3) 제3설(절충설)

– 자기모순의 진술에 한정할 것은 아니나(주요사실 및 간접사실을 입증하는 증거는 안되고), 증인의 신빙성에 관한 보조사실을 입증하는 탄핵증거는 허용된다.

예 갑의 증언을 탄핵하기 위하여 을을 증인으로 내세워 진술
"갑은 피고인에게 원한이 있다는 말을 들었다."

  - 증인의 신빙성에 대한 보조사실 : 교양정도, 성격, 당사자에 대한 편견, 당사자와의 이해관계
  - 이런 보조사실은 전문법칙의 적용을 받지 않으나, 이외의 주요사실 및 간접사실을 입증하는 증거일 때에는 전문법칙의 적용을 받는다는 것이다.

– 비판 : 보조사실을 입증하는 것에는 왜 전문법칙이 적용되지 않는가에 대한 타당한 근거를 제시할 수 없다

(4) 제4설(절충설)

– 검사에 대해서는 자기모순의 진술에 한정시키고(한정설 : 1설), 피고인을 위해서는 제한 없이 탄핵증거가 허용된다.(비한정설 : 2설)

– 비판 : 이 설은 피고인의 이익을 위한다는 측면에서 보면 타당하겠고 입법론으로 고려할만 하겠으나 현행 형소법 제318조의2 해석론으로서는 너무 벗어난 느낌이 있다.

– 결국 제1설(한정설)이 타당하다고 본다. 전문법칙의 취지를 몰각시키지 않으면서도 형소법 제318조의2의 해석론으로서는 가장 무난하다고 보여 진다. 즉 "진술의 증명력을 다투기 위하여"란 어떤 진술자가 종전의 공판정 외에서는 이런 진술을 하고, 공판정에서는 이와 다른 모순의 진술을 함으로써 공판정의 진술이 반드시 신용할 만한 것이 아니라는 인상을 법관에게 주기 위한 것이다. 이는 반드시 공판정 외의 진술이 공판정의 진술 보다 우월한 가치 있음을 인정하는 것이 아니다.

3) 탄핵의 범위와 대상

(1) 탄핵의 범위

– "진술의 증명력을 다투기 위하여"란 진술의 증명력을 감쇄하기 위해서란 의미만으로 이해하여야 한다.

(2) 탄핵의 대상

– 탄핵의 대상은 "진술증거"이다.

- 법조문에는 "진술"만으로 되어 있으나 진술이 기재된 서면의 증명력을 감쇄하기 위한 경우도 제외할 이유 없다.
- 형소법 제318조의2는 "피고인의 진술"도 탄핵의 대상이 된다고 명시하고 있으나 증인적격이 없는 피고인의 진술 까지도 증인과 마찬가지로 탄핵할 수 있다는 것은 입증론상 문제가 있다.
- 진술의 "증명력"을 감쇄하기 위해서만 허용되는 것이므로 주요사실 및 간접사실을 입증하기 위해서는 허용될 수 없다.

(3) 임의성 없는 자백

– 형소법 제318조의2가 "동법 제312조 내지 제316조의 규정에 의하여 증거로 할 수 없는 서류나 진술이라도"라고 함으로써 동법 제312조 및 제313조를 포함하는 까닭에 임의성 없는 자백조서, 진술서 등도 탄핵증거로 사용할 수 있는가라는 의문이 있다.

– 임의성 없는 자백은 동법 제309조에 의하여 "유죄의 증거로 하지 못한다." 고 하므로 탄핵증거로도 사용할 수 없다고 본다.

▸ 주요판례

– 유죄의 자료가 되는 것으로 제출된 증거의 반대증거서류에 대하여 그것이 유죄사실을 인정하는 증거가 되는 것이 아닌 이상 반드시 그 진정성립이 증명되지 아니하거나 이를 증거로 함에 있어 상대방의 동의가 없다고 하더라도 증거판단의 자료로 할 수 있다.(대판 1974.8.30, 74도1687)

7. 위법수집증거의 증거능력

1) 위법수집증거 배제법칙

– 법률에 규정된 방식과 절차에 위반하여 수집한 증거

주로 수사기관에 의하여 수집되는 이러한 증거에 증거능력을 부정할 것인가? (위법수집증거 배제법칙)

예 임의성 없는 자백을 단서로 발견한 증거

: 이 문제가 본격적으로 논의되기 시작한 것은 20C에 들어와서이며 아주 중요한 현실문제로 제기되므로 따로 논하려는 것이다. (이 법칙은 주로 미국 판례법을 통하여 형성, 발전되었다)

2) 미국법상 배제법칙의 발전

– 위법수집증거 배제법칙은 미국법에서 유래한 법칙이며, 실체적 진실발견을 소송목표로 하고 있는 대륙법계에서는 이러한 발상이나 이론을 찾을 수가 없다.

(1) Weeks v. U.S., 232 U.S. 383 (1914)

– 위법수집증거를 증거로 삼는 것은 미국수정헌법 제4조(비합리적 압수·수색 및 강제적 자백에 의하여 얻어진 증거는 증거능력이 배제된다는 원칙)에 위반하는 것 – 연방관할사건에 최초적용

(2) Mapp v. Ohio, 367 U.S., 643(1961) – 주 관할사건에 최초적용

① 위법행위억제기능 ② 사법의 청렴성을 들었다.

(3) Silverthorne Lumber Co. v. U.S., 251 U.S. 385 (1920)

– 독과수의 과실이론(Fruit of poisonous tree doctrine)확립

– 이후의 판결에 영향을 줌. "위법하게 수집된 증거는 공판정에서 사용할 수 없음은 물론 어느 경우에도 절대로 사용될 수 없다."

(4) Elkins v. U.S., 364 U.S. 206 (1960)

– 그 때까지 인정되는 은화분의 원칙(silver platter doctrine)이 부정되고, 주정부가 수집, 제출한 연방정부 인구증거라도 위법하게 수집된 것이면 연방법원에서 증거로 사용될 수 없다.

(5) 연방형사소송규칙(1968)에 법제화

3) 종래의 학설 및 판례

– 2007년 형사소송법(308조의2)이 개정 되기 이전까지 형사소송법 제309조에서 임의성 없는 자백의 배제법칙을 규정하고 있었으나 그 이외의 '비진술증거'에 관하여는 규정이 없었다. 이에 대하여 위법하게 수집된 증거의 증거능력을 인정할 것인가에 대하여 학설의 대립이 있었다.

- 긍정설 : 절차위법이 있더라도 증거의 가치에는 영향이 없다. 명문규정이 없는 한 이런 증거의 증거능력을 부정할 근거는 없다.
- 부정설 : 인권보장, 적정절차의 중시·수사활동의 위법억제를 위하여 부정하여야 한다.
- 판례 : 『각 증거물은 사법경찰관이 압수영장 없이 압수하였음은 소론과 같으나, 압수물은 압수절차가 위법이라 하더라도 물건자체의 성질, 형상에 변질을 가져오는 것이 아니므로 그 형상 등에 관한 증거가치에는 변함이 없다 할 것이므로 증거능력이 있다』(대판 1968. 9. 17, 68도 932)

– 그러나 2007년 형사소송법은 이러한 판례와 학설의 대립을 입법에 의해 해결하였으며, 대법원도 그 후 전원합의체 판결을 통하여 '헌법과 형사소송법이 정한 절차에 따르지 아니하고 수집한 증거는 기본적 인권 보장을 위해 마련된 적법한 절차에 따르지 않은 것으로서 원칙적으로 유죄 인정의 증거로 삼을 수 없다.'고 판시함으로써 위법수집증거 배제법칙을 인정하였다.

4) 위법수집증거 배제법칙의 근거

– 형사소송법은 '적법한 절차에 따르지 아니하고 수집한 증거는 증거로 할 수 없다'는 규정을 신설하여(형사소송법 제308조의2), 위법수집증거 배제법칙을 명문화하였다.

(1) 증거절차의 보장

– 형사소송의 절차적 목적 = 적정절차 + 인권보장

: 형사재판은 실체적 진실발견에 만족하는 것은 아니다. 실체적 진실발견은 적정한 절차에 의하여 추구되어야 한다는 가치도 중요하다.(인권보장) (위법수집증거를 법원이 증거로서 받아들인다면 법원 스스로 위법을 승인, 조장하는 결과가 된다. 이런 측면에서는 실체적 진실발견이 다소 희생될 수 있다.)

(2) 위법수사활동의 억제

– 수사기관의 위법한 증거수집활동을 제한하기 위한 여러 제도적 장치(국가배상, 형법)가 있지만, 불충분한 면이 있다. 검사는 수사기관의 위법을 비호할 것이고, 국가배상의 재정신청도 유효성이 적을 경우가 있고 이런 제도적 장치는 항상 사후적이다. 이런 점에서 법원이 처음부터 위법수집증거 배제법칙을 견지하는 것은 위법수집활동을 견제, 방지하는 가장 근원적이고 유효한 방법이라고 할 수 있다.

5) 위법수집증거 배제법칙의 적용범위

- 어떤 증거가 위법수집증거로서 증거능력이 부정되는가를 일률적 기준으로 말하기는 어렵다. 이 법칙의 양목적을 지향하여 구체적, 개별적으로 결정되어야 할 것이다.(대체로 말하면 그러한 위법수집증거활동이 ①형벌규범 또는 헌법에 저촉되거나, ②형사소송법규정위반이 효력규정이나 그로 인하여 헌법상 권리를 박탈하는 경우에는 그 증거는 증거능력이 없을 것이다. 단순한 훈시규정인 형소법규정위반의 경우에는 이 정도까지는 미치지 않을 것이다.)

(1) 영장주의에 위반하여 수집된 증거

- 압수·수색영장 없이 수집한 증거, 상대방의 동의 없는 알코올 농도 측정을 위한 채혈의 결과보고서, 영장 없는 검증, 압수·수색의 거절권(법 제110조 내지 제112조)침해의 압수·수색
- 형식적으로는 영장주의에 반하지 않지만 실질적으로 그것에 위반되는 경우(예컨대 압수대상물이 특정되지 아니한 영장에 의한 압수물)

(2) 기본권을 침해하여 수집된 증거

- 위법한 신체구속 중의 자백은 증거능력이 없다.
- 별건구속 중의 자백 → 본건구속
  : 보통 중대사건에 관한 구속영장을 청구할 정도의 증거가 없는 경우 또는 법정기간 내에 증거수집이 곤란한 경우, 우선 이미 수집된 타사건으로 구속영장을 발부받아 구속하고, 자백 등을 얻어내기 위한 수사에 이용하는 경우 역시 증거능력이 없다.
- 범죄사실의 고지(법 제209조), 구속의 통지(법 제209조) 등이 본건에 관해서는 보장되어 있지 아니하다는 점에서 위법이 있다.
- 진술거부권의 고지(법 제244조의3)없는 피의자신문조서
  : 위법수집증거로서 증거능력이 없다고 본다.
- 변호인 의뢰권 등을 침해하여 얻은 자백
  : 피의자로부터 특정변호인의 의뢰가 있었음에도 이를 무시하였거나 변호

인과의 접견교통권을 제한하면서 얻어낸 자백 등은 증거능력이 없다(방어권의 침해).

– 마약분석에 의한 자백

(3) 증거조사절차상의 위법

– 증인신문절차가 위법한 증언 등은 증거능력이 없다.

예 증인적격 없는 증인의 증언, 선서시키지 않고 얻은 증언, 당사자의 참여권(법 제163조), 증인신문권(법 제161조의2)을 침해한 경우

– 그러나 단순히 위증의 죄를 경고하지 않은 경우(법 제158조), 증인소환 절차의 위법이 있는 경우 등 그 하자가 중대하지 않은 것은 예외(이의 없이 절차개시 → 무효의 치유)

– 감정, 통역, 번역의 경우도 같다.

예 선서 없이 한 감정인의 감정(법 제170조, 제183조), 당사자의 참여권을 침해한 경우

– 검증에의 당사자 참여권을 주지 않은 경우의 검증조서, 야간검증제한규정(법 제143조, 제126조, 제219조)을 침해한 경우의 검증조서

(4) 위법수집증거에 기하여 모집된 증거

– 독나무 과실(Fruit of poisonous tree)이론(미국 판례)

– 위법하게 수집된 증거에 터잡아 수집된 제2차 증거

예 고문에 의한 자백에 의하여 발견한 범행에 제공된 흉기

– Silverthorne Lumber Co. v. U.S., 251 U.S. 358(1920)사건에서 Holmes 판사는 "독나무 과실"이란 용어를 처음으로 사용하고 "위법하게 수집된 증거는 공판정에서 사용할 수 없을 뿐만 아니라 어느 경우에도 절대로 사용할 수 없다"고 하였다.

– 만약 이러한 증거를 허용한다면(제2차적 증거) 배제법칙은 그 존재의의를 거의 상실할 것이므로 위법하게 수집된 제1차 증거는 물론이고, 이에 터잡아 수집한 제2차 증거도 증거능력이 부정된다고 해야 한다.

예 도청에 의한 범행흉기의 소재파악 후 이 흉기의 발굴

6) 위법수집증거와 증거동의

– 증거로 함에 대한 당사자의 동의(법 제318조)가 있으면 위법수집증거라도 증거능력이 인정될 것인가?

[임의성 없는 자백(법 제309조)과 같은 이유로 당사자의 동의가 있더라도 증거능력이 인정되지 않는다고 보는 것이 원칙이다. 다만 당사자의 처분권이 인정되는 경우(압수·수색에의 참여, 검증에의 참여)에는 동의가 가능하다]

▸ 주요판례

– 헌법상 보장된 변호인과의 접견교통권이 위법하게 제한된 상태에서 제1회 피의자신문조서를 작성한 후 준항고절차에서 접견불허처분이 취소되어 접견이 허용된 경우에는 검사의 피고인에 대한 제1회 피의자신문은 변호인의 접견교통권을 금지한 위법한 상태가 계속된 상황에서 시행된 것으로 보아야 할 것이므로 그 피의자신문조서는 증거능력이 없다(대판 1990.9.25, 90도1586).

제4절 증명력

1. 증명력의 의의

– 요증사실을 증명하는 증거의 힘(실질적 가치)

- 법률상 형식적으로 결정되는 증거능력과 다르다. 증거능력은 존부의 자격인데, 증명력은 강약의 문제이다.
- 증거능력은 엄격한 증명을 요하는 경우의 사실(주요사실)을 증명할 수 있는 자격이지만(따라서 이 경우에는 증거능력이 증명력의 전제조건이 된다), 자유로운 증명으로 족한 경우의 사실을 증명하는 때에는 증거능력 없는 증거도 증명력 판단의 대상이 된다.

• 증거능력은 법률규정에 의하여 형식적으로 판단되지만, 증명력은 구체적 개별적인 경우 그 판단을 법관에게 일임하고 있다.(자유심증주의)

▸ 주요판례

– 피해자는 71세의 노인으로 피고인이 구타하고 넘어뜨려 부상당하였다고 경찰과 법원에서 진술하고 있으나 이는 폭행을 당했다는 이해 상반되는 상대방의 일반적인 진술에 불과하여 위 피해자의 증언만으로는 상해사실을 인정할 수 없다(대판 1983.2.8, 82도 2971).

– 자백의 임의성이 인정된다 하더라도 이것은 그 자백이 엄격한 증명의 자료로써 사용될 자격 즉 증거능력이 있다는 것에 지나지 않고 그 자백의 진실성과 신빙성, 즉 증명력까지도 당연히 인정되어야 하는 것은 아니다(대판 1983.9.13, 83도712).

2. 자유심증주의

1) 자유심증주의의 의의

– 증거의 증명력을 오로지 법관의 자유판단에 일임하는 주의
(↔ 법정증거주의 : 증명력 판단에 대하여 적극 혹은 소극적으로 법적규제를 하는 것)

① 법정증거주의 : 증거의 증명력에 차등을 두거나 증명력의 평가에 법적 규제를 두는 것(카롤리나형법전 : 피고인의 자백, 성인 2인 이상의 증언만 유죄가능)을 통하여 법관의 증거평가를 제약하려는 것이다. → 필연적으로 고문 등 인권침해와 결부되게 되고 실체적 진실발견에 지장을 초래하게 한다.

② 자유심증주의 : 형사소송의 구체적 적합성을 도모하기 위해 천차만별인 증거의증명력을 법률로 제약하지 아니하고 법관의 자유평가에 일임하는 것이다.

– 다만 사실인정이 법관의 자의에 흐를 위험이 있기 때문에 이를 방지하기 위해 제도적 제약이 마련되어야 할 것이다. 자유심증주의는 근대 형사소송

의 골격을 이루고 있다.

– 형소법 제308조 "증거의 증명력은 법관의 자유판단에 의한다."

- 연혁
  – 프랑스혁명 후 "개혁된 형사소송법"에서 종전의 법정증거주의를 버리고 자유심증주의를 채용하였다.
  – 영미법에서도 자유심증주의를 받아들여 이를 증거법의 한 골격으로 삼고 있다(단 주로 배심원이 사실증거판단을 맡고 있다).
  – 현행법의 자유심증주의는 자유에 대하여 중요한 예외를 인정하고 증거능력의 제약하에 자유심증을 인정하고 있다는 점에 특징이 있다.

2) 자유심증주의의 의미내용

– 형소법 제308조 "증거의 증명력은 법관의 자유판단에 의한다."

(1) 자유평가의 대상="증거의 증명력"

– 증거능력은 그 대상이 아니다.

- 여기서의 증거란 ① 엄격한 증명의 경우는 증거능력이 있고 적법한 조사절차를 거친 증거이지만 ② 자유로운 증명의 경우는 증거능력 없는 증거라도 무방할 것이다.

– 증거의 증명력에는 차등이 없다.[선서의 유무, 증거서류와 서류증거(증거물인 서류),인증과 물증, 직접증거, 간접증거, 원시증거와 전문증거]

(2) 자유평가의 주체="법관"

– 개개의 법관, 합의체인 경우에는 각 법원의 자유심증의 결과로 합의에 의한 평결이라는 형태의 사실인정이 이루어진다(법원조직법 제66조). 합의결과 어느 법관의 심증에 반하는 결과로 되더라도 부득이한 것이다.

(3) 자유평가="자유판단에 의한다."

– 형식적인 법률의 구속으로부터 자유로이 판단한다는 것(증거취사선택의 자

유, 수개의 증거를 종합판단 가능, 증거가 구분인 경우에는 일부에 대해서만 증명력을 인정하여도 무방함)

-『자유판단』이란 "법적구속에서의 자유판단"을 말하며 『자의적 판단』 또는 『자유재량』을 의미하는 것이 아니다. (인간이성의 합리적 근거가 요청됨은 물론이고 논리법칙, 경험법칙, 채증법칙이 또한 적용된다.)

-유죄판결의 이유에 증거요지 명시(법 제323조)

-합리성이 결여된 심증형식은 『이유불비』 『이유모순』 『사실오인』의 항소이유에 해당한다.(법 제361조)

例 대법원 1954.10.26, 4257형상134

- 『아무리 월명한 밤이라도 야간에 70m 전방의 보행인이 누구인가 인식하리라는 것은 일반 경험법칙상 추측하기 어려운 것이다.』

例 대법원 1977.12.13, 77도 3995

- 『피해자가 5,6회씩 소매치기를 당하고 그 때마다 원근을 불구하고 같은 경찰서 같은 순경에만 데리고 가서 입건하도록 한 것은 합리적 이유가 없는 한 증언의 신빙성이 없다.』

-법관의 전인격적인 증명(양심, 성실성, 학식, 이성)이 요구된다.

3) 자유심증주의의 예외

(1) 자백의 증명력(법 제310조)

-"피고인의 자백이 그 피고인에게 불이익한 유일의 증거인 때에는 이를 유죄의 증거로 하지 못한다."(피고인의 자백만으로 법관이 유죄의 심증을 충분히 형성한 경우에도 보강증거가 없는 한 유죄를 선언할 수 없다.)

-범죄의 주관적 구성요소, 즉 고의, 과실, 목적은 자백만으로 인정할 수 있으며 보강증거를 요하지 않는다.

(2) 법률상의 추정

-법률상 추정된 사실은 반증이 없는 한 법관의 심증여하에 불구하고 이를 인정하여야 한다. 사실상의 추정은 자유심증주의가 적용된다.

[형법, 형사소송법에서는 추정규정은 없다. 타법(예 민법)의 추정규정이 범죄의 존부, 범죄범위에 영향을 미칠 때 제기되는 문제]

(3) 공판조서의 증명력(법 제56조)

– "공판기일의 소송절차로서 공판조서에 기재된 것은 그 조서만으로써 증명한다." 소송절차 사실은 법관의 심증여하에도 불구하고 공판조서에 기재된 것이면 그대로 인정하여야 한다.

▶ 주요판례

– 증거보전절차에서의 진술이 법원의 관여 하에 행하여지는 것으로 수사기관에서의 진술보다 임의성이 더 보장되는 것이기는 하나 보전된 증거가 항상 진실이라고 단정 지을 수는 없는 것이므로 법원이 그것을 믿지 않을 만한 사유가 있어서 믿지 않는 것에 자유심증주의의 남용이 있다고 볼 수 없다(대판 1980.4.8, 79도2125).
– 경찰에서의 자술서, 검사작성의 각 피의자신문조서, 다른 형사사건의 공판조서의 기재와 당해 사건의 공판정에서의 같은 사람의 증언으로서의 진술이 상반되는 경우 반드시 공판정에서의 증언은 믿어야 된다는 법칙은 없고, 상반된 증언, 감정 중에 그 어느 것을 사실인정의 자료로 인용할 것인가는 오로지 사실심 법원의 자유심증에 속한다(대판 1983.6.23, 86도1547)
– 형사재판에서 관련된 민사사건의 판결에서 인정된 사실은 유력한 인정자료가 된다고 할지라도 반드시 그 판결의 확정사실에 구속을 받는 것은 아니어서 형사법원은 증거에 의하여 민사판결에서 확정된 사실과 다른 사실을 인정할 수 있다(대판 1983.6.28,81도3011).
– 형사재판에 있어서 유죄의 인정은 법관으로 하여금 합리적 의심을 할 여지가 없을 정도로 공소사실이 진실한 것이라는 확신을 가지게 하는 증명력을 가진 증거에 의하여야 하는 것임에도 신빙성이 희박한 피해자 측의 증언만으로 공소사실을 유죄로 인정함으로써 채증법칙을 위반했다는 이유로 원심판결을 파기한다(대판 1994.11.25, 93도2404).

3. 자백의 증명력

1) 자백의 증명력제한(자백보강법칙)

- 형소법 제310조 "피고인의 자백이 그 피고인에게 불이익한 유일의 증거인 때에는 이를 유죄의 증거로 하지 못한다."
- 헌법 제12조 제7항 "정식재판에 있어서 피고인의 자백이 그에게 불리한 유일한 증거인 때에는 이를 유죄의 증거로 삼거나 이를 이유로 처벌할 수 없다."
- 법관은 임의성 있는 자백으로써 유죄의 확신을 얻은 경우에도 그 유일한 자백만으로는(보강증거가 없는 한) 유죄를 선고할 수 없다. (자유심증주의의 예외) (보강법칙)
- 보강법칙의 논거는 ① 오판의 위험성 방지 ② 자백 편중으로 인한 인권침해의 방지에 있다. "자백은 증거의 여왕" 과거규문절차
- 보강법칙은 영미법에서 형성, 발전된 것으로 우리 형사소송법도 제310조에서 명문으로 이를 인정하였다.(자백은 이제 오히려 다른 증거보다 한층 증명력이 감살되어 지급힌 증거로 취급된나. 그러나 실부상으로는 여전히 자백을 중시하는 풍토가 있어 시정이 요망된다.)

2) "피고인의 자백"의 의미

- 형사소송법 제310조의 "피고인의 자백"이 무엇을 의미하는 것인가를 둘러싸고 논의가 되어온 것은 ①공판정의 자백 ②공범자의 자백이 이 "피고인의 자백"에 포함되는가이다.

(1) 공판정의 자백

- 공판정의 자백은 완전한 임의성이 있을 뿐만 아니라 그 진실성을 법관이 충분하게 음미할 수 있으므로, "피고인의 자백"에 해당하지 않는 것으로 보아 보강증거를 요하지 않는다고 보는 견해도 있다(일본 형소법 제319조 ②는 "피고인은 공판정에서의 자백이건 아니건 그 자백이 자기에게 불리한 유일한 증거일 때에는 유죄로 되지 아니한다."라고 하여 공판정의 자백에도 보강법칙이

적용됨을 명시한다).

－공판정의 자백에는 반드시 언제나 임의성이 있다고 볼 수도 없고, 자백보강법칙의 근거는 자백배제법칙의 근거와 동일한 것이 아니며, 자백 이외의 증거 수집을 독려하는 입장에서 볼 때 공판정의 자백도 공판 외의 자백과 마찬가지로 "피고인의 자백"에 포함시켜 보강법칙의 적용을 받는다고 해야 한다(통설, 판례).

(만일 이렇게 보지 않고 공판정의 자백에는 보강법칙의 적용이 없다고 보면 실제로 기소사실인부제도(Arraignment)와 같은 결과로 됨)

→ • 공판정에서 피고인에게 소송사실을 고지하면서 그의 답변을 구하는 절차(미국법에만 있는 특별한 제도)

(2) 공범자의 자백

－피고인은 부인하는데 공범자의 자백만으로 피고인을 유죄로 할 수 있는가? 즉 공범자의 자백이 "피고인의 자백"에 포함되는가에 관해서는 종래 공범자의 자백도 피고인의 자백에 해당하는가의 문제로 논의되어 왔으며 학설 대립이 있다.

① 보강증거필요설(종래 다수설)

－공범자의 자백은 "피고인의 자백"에 포함된다. 따라서 다른 보강증거가 없는 한 다른 피고인을 유죄로 할 수 없다.

a. 자백보강법칙의 근거인 오판방지, 인권보장이라는 측면에서 보면 공범자의 자백은 본인의 자백과 동일하게 취급되어야 하고

b. 공범자는 다른 공범자에게 책임전가의 경향이 높아 허위진술의 위험이 농후하며

c. 만일 동일하게 취급하지 않으면, 자백을 한 공범자는(보강증거 없으면) 무죄, 자백을 하지 않은 공범자는 유죄라는 불합리가 생긴다.

② 보강증거불요설(판례의 입장)

－공범자의 자백은 "피고인의 자백"에 포함되지 않는다. 따라서 공범자의

자백이 있으면 다른 보강증거가 없더라도 다른 피고인을 유죄로 할 수 있다.

a. 공범자의 자백은 다른 공범인 피고인에 대해서는 실제로 제3자의 진술로서 증인의 증언과 같고,

b. 실제로 공동피고인에게는 반대신문의 기회가 주어지고 있으므로 그 자백의 증거가치를 다툴 수 있는 이상 증인의 증언과 구별할 이유가 없으며,

c. 공범자의 자백이 "피고인의 자백"에 포함될 명문의 규정을 발견할 수 없다.

③ 절충설

– 공동피고인인 공범자의 자백에는 보강증거가 필요하나, 공동피고인 아닌 공범자의 자백에는 보강증거가 필요 없다.

④ 오판의 위험을 방지하고 공범자의 책임전가 경향을 보면, 보강증거필요설에 의하여, 공범자의 자백은 동법 제310조의 "피고인 자백"에 포함시켜 보강증거가 없는 한 공범자의 자백만으로는 다른 피고인을 유죄로 할 수 없다고 보아야 할 것 같다.

⑤ 보강증거필요설의 문제점

– 공범자의 자백에는 반대신문이 가능하므로 "피고인의 자백"으로 보기 어렵다.(물론 진술거부권의 문제도 있기는 하지만)

– 공범자의 자백은 경계의 눈으로 바라보기 때문에 증거평가의 심증도 "피고인의 자백"과는 다르다. 자백한 공범자는 무죄로 되고 자백하지 않은 피고인은 유죄가 된다는 반론도 자백이 반대 신문을 거친 진술보다 그 증명력이 약한 이상 당연한 것이다.

– 공범자 모두가 자백한 경우에는 상호보강증거가 된다(반증명력)고 한다면, 결과적으로는 공범자의 자백은 피고인의 자백에 포함되지 않는다(보강증거이므로)는 결론이 된다.

3) 보강증거의 자격

－보강증거는 그 자체로서 어떤 증거로서의 성질을 지녀야 하는가?
(보강증거능력, 보강증거의 질)

- 증거능력이 있는 증거
  - 범죄사실의 인정에 사용되는 엄격한 증명사실이므로 그러하다.(전문법칙적용, 인증, 물증, 서증 모두 가능하다. 직접증거, 간접증거(정황증거)로도 가능하다)
- 피고인의 진술 이외의 증거
  - 공판정의 자백을 공판정 외의 자백으로 보강하거나, 피고인의 별론 기회의 진술을 보강증거로 사용할 수 없다.
- 공범자의 자백
  - 보강증거필요설이나 불요설이나 공범자의 자백을 보강증거로는 사용할 수 있다고 본다(통설, 판례)

4) 보강증거의 범위

－자백의 내용된 사실을 어느 정도까지 보강하면 되는가?
(보강증거의 양, 보강의 정도)

- 죄체설(1)
  - 죄체의 전부 또는 중요부분에 한하여 보강증거가 필요하다. 죄체(corpus delicti)란 미국 법원에 의하면 세 개념이 있다고 한다. ① 당해 범죄행위에 의한 침해 야기 ② 누구에 의한 이런 침해 야기인가 ③ 당해 범죄행위의 실행자가 피고인이라는 것(② 개념을 인정하는 것이 다수)
- 죄체설(2)
  - 죄체의 일부(중요부분)에 관하여만 보강증거가 있으면 족하다.
- 실질설(진실성담보설)(다수설, 판례)
  - 자백한 사실이 가공적인 것이 아니고, 진실한 것이라고 인정할 만한 정도(자백의 진실성 담보)의 보강증거면 족하다.

- 죄체설을 취하면 죄체의 일부에 관하여 보강증거가 있는 경우에도 무죄로 될 가능성이 크다. 따라서 실질설에 따라 보강증거는 자백의 진실성을 담보할 수 있을 정도인가를 기준으로 하여 그 양을 결정하여야 한다고 본다.
- 그러므로 죄체의 전부 또는 중요부분에 관하여 보강증거를 둘 필요는 없고, 그 존재를 합리적으로 추론케 할 정도이면 충분할 것이다. 구체적으로 살펴보면,

① 범죄의 주관적 요소
- 고의, 목적과 같은 범죄의 주관요소에 관하여는 (죄체설에 있어서도) 보강증거를 요하지 않으므로 자백만으로 인정할 수 있다.

② 범인과 피고인의 동일성
- 죄체설에 의하면 범인과 피고인의 동일성에 대하여도 일반적으로 보강증거는 필요 없고 자백만으로 인정할 수 있다고 하며 실질설에 의하여도 마찬가지이다.

③ 누구인가의 범죄행위인 사실
- 죄체설에 의하면 대부분 이 경우는 보강증거를 요한다고 할 것이다. 실질설에서는 자백과 관련하여 범증을 인정하는 것이 합리적으로 추인될 수 있을 정도의 보강증거를 요한다고 본다.

④ 누범, 경합범, 과형상 일죄인 사실
- 누범의 전제인 전과사실은 보강증거 없이 자백만으로 인정된다.
- 경합범인 경우는 합리적 추인 가능 정도의 보강증거 요함.
- 과형상 일죄인 사실은 가장 중한 범죄인 사실의 보강증거요함.

▶ 주요판례

- 자백에 대한 보강증거는 범죄사실의 전부 또는 중요부분을 인정할 수 있는 정도가 되 지 아니하더라도 피고인의 자백이 가공적인 것이 아닌 진실한 것임을 인정할 수 있는 정도면 족할 뿐만 아니라, 직접증거가 아닌 간접증거나 정황증거도 보강증거가 될 수 있다(대판 1995.10.12, 95도1957).
- 가. 원래 자백에 대한 보강증거를 자백사실이 가공적인 것이 아니고 진실

한 것이라 담보할 수 있을 정도이면 족한 것이지 범죄사실의 전부나 그 중요부분의 전부에 일일이 그 보강증거를 필요로 하는 것은 아니다.

나. 오토바이에 대한 압수조서기재를 오토바이를 무면허 운전하였다는 전체 범죄사실의 보강증거로 됨에 충분하다(대판 1994.9.30, 94도1146).

–자백의 임의성이 인정된다 하더라도 이것은 그 자백이 엄격한 증명의 자료로서 사용 될 자격, 즉 증거능력이 있다는 것에 지나지 아니하고 자백의 증명력까지도 당연히 인정되어야 하는 것은 아니므로 자백의 진실성과 신빙성을 의심케 하는 합리적인 이유가 있으면 증거로 채택될 수 없다(대판 1986.9.9, 85도641).

–가. 자백에 대한 보강증거는 피고인의 임의적인 자백사실이 가공적인 것이 아니고 진실한 것이라고 인정할 정도면 직접증거이거나 자백한 범죄사실과 직접, 간접으로 관련이 있는 정황증거라도 족하다.

나. 성남시 태평동 자기 집 앞에 세워 둔 봉고화물차 1대를 절취 당하였다는 공소 외인의 진술은 피고인이 위의 차를 타고 그 무렵 충주까지 가서 소매치기범행을 하였다고 자백하는 경우, 위 피고인의 자백이 그 차량을 범행수단, 방법으로 사용하였다는 취지가 아니고, 피고인이 범행 장소인 충주까지 가기 위한 교통수단으로 이용하였다는 취지에 불과하여 위 소매치기 범행과는 직접적으로나 간접적으로 아무런 관계가 없어 이는 피고인의 자백에 대한 보강증거가 될 수 없다(대판 1986.2.25, 85도2556).

–가. 피의자였던 피고인이 공판정에서 그 진정성립을 인정한 검사 작성의 피고인에 대한 피의자신문조서는 그 조서에 기재된 피고인의 진술이 임의로 되지 아니한 것이 라거나 특히 신빙할 수 없는 상태에서 된 것이라고 의심할 만한 사유가 없으면 증거능력이 있다.

나. 검사작성의 피의자신문조서에 기재된 피의자의 진술에 관하여 공판정에서 그 임의성 유무가 다투어지는 경우에 법원은 구체적 사건에 따라 제반사정을 종합참작하여 자유로운 심증으로 그 임의성 유무를 판정하면 된다(대판 1986.2.11, 85도2685).

- 압수된 피해품의 현존사실은 자백의 보강증거가 될 수 있다(대판 1985.6.25, 85도848).
- 형사소송법 제310조의 피고인의 자백에는 공범인 공동피고인의 진술이 포함되지 아니하므로 공범인 공동피고인의 진술은 다른 공동피고인에 대한 범죄사실을 인정하는데 있어서 증거로 쓸 수 있고 그에 대한 보강증거의 여부는 법관의 자유심증에 맡긴다(대법원 1985.3.9, 85도951).
- 자백의 신빙성 유무를 판단함에 있어서는 첫째로, 자백의 진술내용 자체가 객관적으로 합리성을 띠고 있는가, 둘째로 자백의 동기나 이유 및 자백에 이르게 된 경위가 어떠한가, 셋째로 자백 외의 정황증거 중 자백과 저촉되거나 모순되는 것이 없는가 하는 여러 점등을 심사숙고하여 판단하여야 한다(대판 1984.2.26, 82도2413).
- 자백에 대한 보강증거는 피고인의 자백사실이 가공적인 것이 아니고 진실한 것이라고 인정할 수 있는 정도의 증거이면 그것이 직접증거뿐만 아니라 정황증거 내지 간접증거라도 족하다(대판 1983.6.28, 83도3343).
- 검사가 피고인들에게 공소장기재를 낭독하다시피 공소사실 그대로의 사실유무를 물은 즉 피고인들이 동시에 "예" "그랬습니다."하고 답한 것은 얼핏 보면 피고인들이 범죄사실을 자백한 것처럼 보이나, 계속되는 검사와 변호인 및 재판장의 물음에서는 다시 범행을 부인하는 취지의 답을 한 점으로 미루어 보면 공소사실의 경과일부를 시인한 것뿐이지 피고인들이 공모하여 기망 내지 편취하였다는 내용까지 자백한 것이라고 볼 수 없다(대판 1983.5.10, 82도214).

제5절 각종의 증거방법

1. 총설

1) 법원(법관)이 증거방법을 조사하여 증거자료를 감지하는 것이 증거조사이다.

(1) 여기서 다루는 것은 법원(법관)의 소송행위인 증거조사이므로 수사기관이 하는 신문, 검증, 감정 등은 논외로 한다.

(2) 그러므로 여기의 증거조사에는 다음과 같은 경우가 포함된다.

① 공판기일의 증거조사

② 공판준비절차에서의 증거조사(법 제273조)

- 공소장 송달
- 공판기일 지정, 변경
- 수소법원이 필요하다고 인정할 경우 당사자의 신청으로 증거수집, 증거조사, 증거제출

③ 증거보전절차상의 증거조사(법 제184조)

- 수소법원과는 관계없이 당사자 신청으로 압수, 수색, 검증, 증인신문, 감정(법원보관)

④ 검사의 청구에 의한 증인신문(법 제221조의2)

- 검사는 범죄의 수사에 없어서는 아니 될 사실을 안다고 명백히 인정되는 자가 수사기관에의 출석 또는 진술을 거부할 경우(제1항).
  - 증인신문조서는 검사에게 송부(증거능력인정 형소법 제311조)
  - 1995년 형소법개정으로 검사의 청구에 의한 판사의 증인신문의 경우 판사는 특별히 수사에 지장이 있다고 인정하는 경우를 제외하고는 피고인, 피의자 또는 변호인 측의 참여를 원칙적으로 인정하고 있다(피의자·피고인의 반대신문권의 보장).

▶ 헌법재판소 판결

- 형사소송법 제221조의2 제2항 및 제5항이 반대신문권을 보장하지 않고 있음에도 불구하고 이때 작성된 조서는 형소법 제311조에 의하여 증거능력이 인정되므로 형소법 제221조의2 제2항 및 제5항 중 제2항과 관련된 부분이 적법절차 등을 규정한 헌법에 위반하여 위 조항을 위헌으로 결정하였다(헌법재판소 1996.12.26, 94헌바1).

(3) 증거조사방법

－인증＝증인신문

－물증＝검증

－서증(증거물인 서류)＝제시 및 요지고지

－증거서류＝제시불요(요지고지만)

(4) 증거조사 대상

－엄격한 요증사실＝증거능력이 있는 증거만 조사(엄격한 증거조사절차) 제시 ＋요지고지(낭독)

－자유로운 요증사실＝증거능력 없는 증거도 조사가능 (법원이 적당하다고 인정하는 방법)

(5) 증거조사와 당사자의 권리

① 증거조사신청권

－“공판기일에 검사, 피고인, 변호인 등은 서류, 물건을 증거로 제출할 수 있고 증인, 감정인, 통역인, 번역인의 신문을 신청할 수 있다.”(법 제294조)

－공판준비절차상의 증거조사신청(법 제291조, 제273조, 제274조)

－증거보전 청구권(법 제184조) 증인신문, 압수, 수색, 감정청구권

－검사가 하는 조사상의 증인신문 청구권(법 제221조의2)

② 증거조사에의 참여권

－증인신문참여권(법 제163조, 제221조의2 제5항),감정에의 참여권(법 제176조), 검증에의 참여권(법 제145조, 제123조), 통역, 번역에의 참여권(법 제183조, 제176조), 증인신문, 이의신청 등의 전제가 된다.

[공판기일 출석권, 증거조사기일장소통지(법 제163조 제2항, 제176조 제2항, 제183조, 제145조, 제122조). 침해의 경우 이의신청, 항소의 이유]

③ 당사자의 증인신문권(법 제161조의2), 의견진술권(법 제293조)

④ 이의신청권(법 제293조)

(6) 각종의 증거방법

① 검증(물적증거)

 – 법원(법관)이 직접 물건, 장소, 신체의 존재 및 상태를 오관으로 실험, 인식하는 것(공판정의 검증, 임검, 공판정외의 검증)

② 증인신문(인적증거)

 – 증인이 실험한 사실을 내용으로 하는 진술을 얻는 것

③ 감정

 – 특별한 지식, 경험에 의해서만 알 수 있는 법칙 또는 그 법칙에 따른 구체적 사실의 판단을 법원(법관)에 보고하는 것.

④ 통역, 번역

 – 외국어로 된 진술, 서면을 국어로 표현하는 것 및 농자 또는 아자의 통역

2. 검증

1) 의의

– 물적증거방법에 대한 증거조사방법으로서 법원(법관)이 직접장소, 물건, 신체의 존재 또는 상태를 오관의 작용을 통하여 실험, 인식하는 것

(공판기일의 검증, 공판준비절차에서의 검증, 증거보전으로서의 검증)

2) 대상

– 목적물에는 아무 제한이 없다.

(유체물, 무체물, 생물, 무생물, 생체, 사체, 신체자체)

3) 절차

– 필요한 처분(법 제140조)

- 검증을 함에는 신체의 검사, 사체해부, 분묘발굴, 물건파괴, 기타 필요한 처분을 할 수 있다.

– 당사자, 주거자, 책임자 등의 참여
  • 검증기일통지(법 제145조) 책임자 등 주거자의 참여
– 신체검사에 관한 특칙(인권보장)
  • 신체검사 당하는 자의 성별, 연령, 건강상태 기타 사정 고려하여 건강과 명예를 해치지 않도록(법 제141조 제1항) 여자의 신체검사에는 성년여자의 참여(법 제141조 제2항)

4) 제한

– 시각(법 제143조 제1항) : 일출 전, 일몰 후에는 허가 없이 검증 못한다.
– 장소(법 제145조, 제110조) : 조사 상 비밀을 요하는 장소에서는 그 책임자의 허락 없이 검증 못한다.

5) 검증조서작성(법 제49조 제1항) : 무조건 증거능력인정(법 제311조)

3. 증인신문

1) 의의

– 증인이 실험한 사실을 내용으로 하는 진술을 얻는 증거조사인 동시에 강제처분이다.(즉 증인에 대한 증거조사)
  • 공판기일의 증인신문, 공판준비절차의 증인신문, 증거보전절차의 증인신문, 검사의 청구에 의한 증인신문

2) 증인

(1) 의의 : 법원(법관)에 대하여 자기의 실험사실을 진술하는 제3자
– 조사단계 : 참고인, 비대체성

(2) 증인적격 → 누가 증인으로 될 자격을 갖고 있는가?
– 형소법 제146조 → 누구든지 될 수 있다. 그러나 법률의 규정 또는 이론상

이 자격이 없는 자가 있다.

① 법관 : 당해 피고사건의 심리에 관여하고 있는 법관은 증인으로 될 수 없다. 그러나 그 직무로부터 탈퇴한 때에는 증인으로 될 수 있다(일단 증인이 되면 제척사유 : 법 제17조 제4호)

• 법원서기관, 서기관 등도 증인 적격 없다.(통설)

② 검사 : 당해 사건에 관여하는 한 증인이 될 수 없다.(통설)

제척제도가 없더라도 일단 증인이 된 당해 사건의 재집무는 허용되지 않는다고 본다(다수설). (검찰서기관, 검찰수사관, 사법경찰관리는 당사자가 아니므로 증인 가능)

③ 변호인, 보조인, 대리인 : 그 지위에 있는 한 증인이 될 수 없다.(통설) 그러나 그 지위를 떠난 후에는 증인이 될 수 있다.

④ 피고인 : 당사자이며 진술거부권이 있으므로 증인이 될 수 없다.

스스로 증언을 희망한 경우는 어떤가? 부정한다.(통설)

– 영미법상으로는 증언할 수 있다. 그러나 피고인의 임의 진술은 증거가 되므로 논의의 실익은 적다.

⑤ 공동피고인 : 공동피고인의 증인적격을 인정할 것인가?

– 부정설 : 어느 경우이건 증인적격이 없다. 왜냐하면 피고인으로서 진술거부권이 있고 특히 공동피고인이 공범관계에 있는 경우에는 증언거부권이 있기 때문이다.

– 긍정설 : 각 공동피고인은 상피고인에 대하여 제3자이므로 어느 경우이든 증인적격이 있다.

– 절충설 : 공범관계에 있는 공동피고인은 상호간 증인적격이 없으나, 이런 관계없는 공동피고인(단순한 심리병합)은 증인적격이 있다.

– 부정설이 타당하다. 공동피고인은 피고인으로서 진술거부권이 있고, 특히 이들이 공범관계에 서는 경우에는 증언거부권도 있으므로, 심리병합 절차를 분리하지 않는 한, 어느 경우이건 증인적격이 없다고 본다. 일단 절차가 분리되면 이제는 더 이상 피고인이 아니므로 증인적격이 있

으므로 무조건 강제적으로 증인으로 삼을 수도 있다고 본다.

(반대설 : 자기부죄적 위험 있는 경우는 증인적격을 주지 말자고 주장)

– 판례 : 대법원은 「공범인 공동피고인은 당해 소송절차에서는 피고인의 지위에 있으므로 다른 공동피고인에 대한 공소사실에 관하여 증인이 될 수 없으나, 소송절차가 분리되어 피고인의 지위에서 벗어나게 되면 다른 공동피고인에 대한 공소사실에 관하여 증인이 될 수 있다」고 판시함.(대판 2008.6.26, 2008도3300)

⑥ 공무원 : 공무원 또는 공무원이었던 자가 그 직무상 알게 된 사실로서 본인 또는 당해 공무소가 직무상 비밀사항임을 신고한 때 소속공무소 또는 감독 관공서의 승낙 없이는 증인으로 신문할 수 없다(법 제147조).

⑦ 증언능력 : 법률상 규정 없으나 자기가 실험한 사실을 보고할 수 있는 정도의 의사능력으로 족하다.(선서무능력자, 미성년자, 정신병자도 인정될 경우 있다.)

⑧ 증인의 권리

– 비용청구권(법 제168조) 여비, 일당, 숙박료

– 증언거부권(법 제148조) → 자기 또는 친족 등이 형사소추, 공소제기, 유죄판결을 받을 염려가 있는 증언(법 제149조) : 업무상 비밀과 증언거부

⑨ 증인의 의무

a. 출석의무 : 정당한 소환을 받은 증인은 출석의무(법 제153조)

b. 선서의무 : 선서무능력자가 아닌 한 선서할 의무(법 제156조)

– 정당한 이유 없이 거부할 때 50만 원이하 과태료(법 제161조), 즉시항고가능.

c. 증언의무 : 정당한 이유 없는 증언거부시 50만 원이하 과태료(법 제151조), 즉시항고가능.

▸ 주요판례

– 사고당시 10세 남짓한 국민학교 5년생으로서 비록 선서무능력자라 하여도

그 증언내지 진술의 전후사정으로 보아 의사판단능력이 있다면 증언능력이 있다고 할 것이다(대판 1984.9.25, 84도619).

– 증인의 연령이 13세라 할지라도 의사판단의 능력이 없다고 할 수 없으므로 증인능력이 있고 그 증언을 증거로 하여 사실인정을 함은 적법하다(대판 1966. 12.27, 66도1535).

3) 증인신문절차

(1) **출석** : 소환(피고인 소환준용 : 소환장발부, 소환장방식 : 송달)

– 정당한 이유 없이 불응하는 경우 구인 할 수 있다(법 제152조)

– 정당한 이유 없이 불응하는 경우 결정으로 과태료, 비용배상(법 제151조 제1항)

(2) **선서** : 증인(감정인)이 선서에 의하여 "양심에 따라 숨김과 보탬 없이 사실 그대로 말하고 만일 거짓말이 있으면 위증의 벌을 받기로 맹세합니다."(법 제157조 제1항, 제2항).

– 선서무능력자 : 16세 미만자(법 제159조). 선서의 취지를 이해 못하는 자.

(3) 증언거부권의 고지(법 제160조)

– 자기 또는 근친자의 부죄적 증언 거부(법 제148조)

– 업무상 비밀과 증언거부(법 제149조)

– 증인이 법 제148조, 제149조에 해당하는 때는 재판장은 신문 전에 증언을 거부할 수 있음을 설명하여야 한다.

(4) 증인신문방식

① 교호신문제

– 1961년(1차 개정) 직권주의적 신문제도를 영미법상의 교호신문제 확립 (법 제161조의2)

– "증인은 신청한 검사, 변호인, 피고인이 먼저 신문하고 다음에 다른 검

사, 변호인, 피고인이 신문한다(법 제161조의2 제1항)."

－"재판장은 전항의 신문이 끝난 뒤에 신문할 수 있다(법 제161조의2 제2항)

－의의 : 증인에 대하여 당사자 쌍방이 직접신문, 반대신문, 재 직접신문, 재 반대신문의 순서로 신문하는 증인신문방식(당사자주의 산물)

a. 직접신문(주신문)

• 증인을 신청한 당사사가 자기에게 유리한 사실을 끌어내는 것을 목적으로 행해진다.

→ 관련범위 : 입증사항 및 그 관련사항

• 쌍방이 증인을 신청한 경우 거증책임을 지는 자가 주신문을 한다.

• 유도신문금지의 원칙

b. 반대신문

• 주신문의 모순점을 밝히고 누락부분으로서 반대당사자에게 유리한 사항을 이끌어 내는 것을 목적으로 한다.

→ 관련범위

－주신문에서 나타난 사항 및 그 관련사항

－증언의 증명력을 다투기 위한 사항(증언의 증명력 감살)

• 일정한도의 유도신문은 허용되나 오도신문(missleading question)은 허용 안 됨

c. 재 주신문

• 반대신문으로 감살된 증명력을 회복함을 목적으로 한다.

• 유도신문금지 → 반대신문에서 나타난 사항 및 관련사항

d. 재 반대신문

• 재 주신문 이후에 반대당사자의 필요한 신문

→ 재 주신문에서 나타난 사항 및 관련사항

e. 재재 주신문, 재재반대신문(재판장의 소송지휘 내)

f. 재판장의 보충신문(법 제161의2 제2항)

→ 교호신문제의 수정

- 직권증인신문인 경우 재판장이 정하는 방식으로(법 제161조의2 제4항)
- 당사자 증인 신청에 의한 증인신문이라도 재판장이 필요하다고 인정하면 아무 때나 신문할 수 있고 신문순서 변경가능(법 제161조의2 제3항)

• 재판장의 개입권 → 실체적 진실발견, 피고인 보호의 목적

② 교호신문제의 예외(법 제286조의2)

– 간이공판절차(법 제297조의2) = 법원이 상당하다고 인정하는 방법

③ 개별신문(법 제162조 제1항, 제2항), 대질(법 제162조 제3항)

– 각 증인에 대한 신문. 나머지 아직 신문하지 않은 증인은 퇴정 (증인간의 영합방지, 증언의 진정성 확보)

– 대질신문(법 제162조 제3항)

• 증인A ↔ 증인B

• 증인 ↔ 피고인

(5) 당사자의 참여

– 검사, 피고인, 변호인의 참여권(법 제163조 제1항)

– 증인신문 일시, 장소의 통지(법 제163조 제2항)

– 참여하지 아니할 경우 법원에 대하여 필요한 사항의 신문청구(법 제164조 제1항)

– 참여 없이 법원이 신문한 경우 피고인에게 예기치 못한 불리한 증언이 진술된 때에는 반드시 이 진술내용을 피고인 또는 변호인에게 알려야 한다. (법 제164조 제2항)

(6) 법정외의 증인신문

– 증인의 연령, 직업, 건강상태, 기타 사정을 고려하여 당사자의 의견을 묻고

법정 외에 소환하거나 현재지에서 신문할 수 있다.(법 제165조)

- 증인에 대한 동행명령 결정(법 제166조)
- 정당한 이유 없는 거부는 구인 가능

4. 감정

1) 의의

- 특별한 지식, 경험에 의해서만 알 수 있는 법칙 또는 그 법칙의 구체적 적용결과를 법원(법관)에 보고하는 것.
  - 법원(법관)으로 부터 감정을 위촉받은 자=감정인
  - 수사기관으로 부터 감정을 위촉받은 자=감정증인
- 비대체성인 증인과 달리 감정의 경우 대체성이 있다.
- 형식적으로는 증거방법이나 실제로는 "법원의 보조자"

2) 증인과 감정인의 구별

- 증인 : 실험사실진술, 비대체싱, 구인, 강세처분
- 감정인 : 특별한 법칙과 그 적용결과 보고, 대체성, 구인 없음, 어느 정도 강제처분권은 있음

3) 감정절차

- 감정명령 : 법원은 학식, 경험 있는 자에게 감정을 명할 수 있다(법 제169조).
- 감정인 선서 : 감정인에게는 감정 전에 선서하게 하여야 한다(법 제170조 제1항). 선서 없는 감정은 무효, 증거능력 없다. 그러나 법원이 필요하다고 인정할 때에는 감정촉탁제도를 이용하여 이 경우 선서에 관한 규정의 적용을 받지 않는다(1995년 형소법 개정으로 형소법 제179조의2 신설).
- 법정외의 감정(법 제172조), 감정유치(법 제172조 제3항)
- 감정에 필요한 처분(법 제173조 제1항, 제2항), 허가장 제시(법 제173조 제3항)
- 당사자의 참여권(법 제176조 제1항)

－감정보고(법 제171조 제1항), 서면제출(감정보고서)

4) 감정인의 비용청구(법 제178조)

5. 통역, 번역

－법정에서는 국어를 사용하므로(법원조직법 제62조 제1항), 외국어로 된 진술 또는 서면을 국어로 표현하고, 농자 또는 아자의 진술을 통역한다.

－감정의 일종이라고 볼 수도 있으므로 감정규정이 대부분 준용된다.

제 3 편
각 론

제 1 장
수 사

제1절 수사의 의의와 구조

1. 수사의 의의

– 수사란 범죄혐의의 유무를 밝혀 공소제기와 공소의 유지를 위해 범인을 발견하고 증거를 수집·보전하는 수사기관의 활동을 말한다. 수사는 공소제기 이전에 행하는 것이 원칙이나, 기소 이후에는 공소유지를 위하거나 공소유지여부를 결정하기 위한 필요최소한 경우에만 인정되어야 한다.

2. 수사기관

1) 수사기관의 의의

– 수사는 법률상 수사의 권한이 인정된 수사기관의 활동을 의미하며, 수사기관에는 수사의 주재자인 검사와 검사의 지휘를 받아 수사를 행하는 사법경찰관리가 있다(법 제196조).
  - 개정 후 시행일 미지정 규정인 법 제196조, 제197조에는 검사와 사법경찰관(경무관, 총경, 경정, 경감, 경위)은 범죄의 혐의가 있다고 사료하는 때에는 범인, 범죄사실과 증거를 수사한다. 경사, 경장, 순경은 사법경찰리

로서 수사의 보조를 하여야 한다.

2) 사법경찰관리

(1) 일반사법경찰관리

-개정 후 시행일 미지정(제196조, 제197조, 제197조의2-4)

① 사법경찰관 : 수사관, 경무관, 총경, 경정, 경감, 경위는 사법경찰관으로서 모든 수사에 관하여 검사의 지휘를 받는다(법 제196조 제1항). 사법경찰관은 범죄의 혐의가 있다고 인식하는 때에는 범인, 범죄사실과 증거에 관하여 수사를 개시·진행하여야 한다(동조 제2항). 사법경찰관리는 검사의 지휘가 있는 때에는 이에 따라야 한다. 검사의 지휘에 관한 구체적 사항은 대통령령으로 정한다(동조 제3항). 사법경찰관은 범죄를 수사한 때에는 관계 서류와 증거물을 지체 없이 검사에게 송부하여야 한다(동조 제4항).

② 사법경찰리 : 경사, 경장, 순경은 사법경찰리로서 수사의 보조를 하여야 한다(동조 제5항).

③ 법률로써 사법경찰관리를 정할 수 있다.(동조 제6항).

〈참고〉

제196조(검사의 수사) 검사는 범죄의 혐의가 있다고 사료하는 때에는 범인, 범죄사실과 증거를 수사한다.

[전문개정 2020.2.4.][제195조에서 이동, 종전 제196조는 제197조로 이동 〈2020.2.4.〉][시행일 미지정] 제196조

제197조(특별사법경찰관리) 삼림, 해사, 전매, 세무, 군수사기관 기타 특별한 사항에 관하여 사법경찰관리의 직무를 행할 자와 그 직무의 범위는 법률로써 정한다.

제197조(사법경찰관리) ① 경무관, 총경, 경정, 경감, 경위는 사법경찰관으로서 범죄의 혐의가 있다고 사료하는 때에는 범인, 범죄사실과 증거를 수사한다. 〈개정 2020.2.4.〉

② 경사, 경장, 순경은 사법경찰리로서 수사의 보조를 하여야 한다. 〈개정 2020.2.4.〉

③ 삭제 〈2020.2.4.〉

④ 삭제 〈2020.2.4.〉

⑤ 삭제 〈2020.2.4.〉

⑥ 삭제 〈2020.2.4.〉

[선문개성 2011.7.18.]

[제196조에서 이동, 종전 제197조는 삭제 〈2020.2.4.〉][시행일 미지정] 제197조

제197조의2(보완수사요구) ① 검사는 다음 각 호의 어느 하나에 해당하는 경우에 사법경찰관에게 보완수사를 요구할 수 있다.

1. 송치사건의 공소제기 여부 결정 또는 공소의 유지에 관하여 필요한 경우
2. 사법경찰관이 신청한 영장의 청구 여부 결정에 관하여 필요한 경우

② 사법경찰관은 제1항의 요구가 있는 때에는 정당한 이유가 없는 한 지체 없이 이를 이행하고, 그 결과를 검사에게 통보하여야 한다.

③ 검찰총장 또는 각급 검찰청 검사장은 사법경찰관이 정당한 이유 없이 제1항의 요구에 따르지 아니하는 때에는 권한 있는 사람에게 해당 사법경찰관의 직무배제 또는 징계를 요구할 수 있고, 그 징계 절차는 「공무원 징계령」 또는 「경찰공무원 징계령」에 따른다.

[본조신설 2020.2.4.] [시행일 미지정] 제197조의2

제197조의3(시정조치요구 등) ① 검사는 사법경찰관리의 수사과정에서 법령위반, 인권침해 또는 현저한 수사권 남용이 의심되는 사실의 신고가 있거나 그러한 사실을 인식하게 된 경우에는 사법경찰관에게 사건기록 등본의 송부를 요구할 수 있다.

② 제1항의 송부 요구를 받은 사법경찰관은 지체 없이 검사에게 사건기록 등본을 송부하여야 한다.

③ 제2항의 송부를 받은 검사는 필요하다고 인정되는 경우에는 사법경찰관에게 시정조치를 요구할 수 있다.

④ 사법경찰관은 제3항의 시정조치 요구가 있는 때에는 정당한 이유가 없으면

지체 없이 이를 이행하고, 그 결과를 검사에게 통보하여야 한다.

⑤ 제4항의 통보를 받은 검사는 제3항에 따른 시정조치 요구가 정당한 이유 없이 이행되지 않았다고 인정되는 경우에는 사법경찰관에게 사건을 송치할 것을 요구할 수 있다.

⑥ 제5항의 송치 요구를 받은 사법경찰관은 검사에게 사건을 송치하여야 한다.

⑦ 검찰총장 또는 각급 검찰청 검사장은 사법경찰관리의 수사과정에서 법령위반, 인권침해 또는 현저한 수사권 남용이 있었던 때에는 권한 있는 사람에게 해당 사법경찰관리의 징계를 요구할 수 있고, 그 징계 절차는 「공무원 징계령」 또는 「경찰공무원 징계령」에 따른다.

⑧ 사법경찰관은 피의자를 신문하기 전에 수사과정에서 법령위반, 인권침해 또는 현저한 수사권 남용이 있는 경우 검사에게 구제를 신청할 수 있음을 피의자에게 알려주어야 한다.

[본조신설 2020.2.4.][시행일 미지정] 제197조의3

제197조의4(수사의 경합) ① 검사는 사법경찰관과 동일한 범죄사실을 수사하게 된 때에는 사법경찰관에게 사건을 송치할 것을 요구할 수 있다.

② 제1항의 요구를 받은 사법경찰관은 지체 없이 검사에게 사건을 송치하여야 한다. 다만, 검사가 영장을 청구하기 전에 동일한 범죄사실에 관하여 사법경찰관이 영장을 신청한 경우에는 해당 영장에 기재된 범죄사실을 계속 수사할 수 있다.

[본조신설 2020.2.4.] [시행일 미지정]

(2) **특별사법경찰관리** : 특수분야의 수사를 담당하는 사법경찰관리이다.

① 산림, 해사, 전매, 세무, 군수사기관, 기타 특별한 사항에 관하여 사법경찰관리의 직무를 행할 자와 그 직무의 범위는 법률로서 정한다.

② 특별사법경찰관리는 그 권한의 범위가 사항적, 지역적으로 제한되어 있는 점에 특색이 있으며 사법경찰관리로서의 권한과 지위에 있어서는 일반사법경찰관리와 동일하다.

(3) 사법경찰관리의 수사의 관할

① 사법경찰관리는 각 소속관서의 관할구역 내에서 직무를 행한다. 단 관할구역 내의 사건과 관련성이 있는 사실을 발견하기 위하여 필요한 경우에는 관할구역 외에서도 그 직무를 행할 수 있다.

② 사법경찰관리가 관할구역 외에서 수사를 하거나 관할구역외의 사법경찰관리의 촉탁을 받아 수사를 하는 경우에는 관할지방 검찰청의 검사장 또는 지청장에게 보고하여야 한다(법 제210조).

③ 제200조의3(1995년 형소법 개정때 신설, 긴급체포), 제212조, 제214조, 제216조, 제217조에 의한 수사를 하는 경우에 긴급을 요할 때에는 차후에 보고할 수 있다(법 제210조 단서, 1995년 단서개정).

3) 검사와 사법경찰관리와의 관계

(1) **상명하복관계에서 협력관계로** : 검사는 수사의 주재자이며 사법경찰관리는 검사의 보조기관으로 검사와 사법경찰관리는 상명하복 관계(프랑스, 독일의 법제와 동일)에서 협력관계로 개정되었다.

- 미국과 일본의 법제는 사법경찰관리를 제1차적 수사기관으로 하고 검사와는 상호협력관계로 힌다.

〈참고〉

제195조(검사와 사법경찰관의 관계 등) ① 검사와 사법경찰관은 수사, 공소제기 및 공소유지에 관하여 서로 협력하여야 한다.

② 제1항에 따른 수사를 위하여 준수하여야 하는 일반적 수사준칙에 관한 사항은 대통령령으로 정한다.

[본조신설 2020.2.4.] [종전 제195조는 제196조로 이동 〈2020.2.4.〉]

[시행일 미지정] 제195조

(2) 수사지휘 감독권의 보장

- 개정 후 본 규정 폐지, 단 시행일 미지정

① 사법경찰관의 검사에 대한 수사보고 및 정보보고의 의무(사법경찰관리집무규칙 제11조, 제12조)

• 개정 후 본 규정 폐지, 단 시행일 미지정

② 검사만의 영장신청청구권(법 제201조 제1항, 제215조 제2항)

• 아래 참고

〈참고〉

제221조의5(사법경찰관이 신청한 영장의 청구 여부에 대한 심의) ① 검사가 사법경찰관이 신청한 영장을 정당한 이유 없이 판사에게 청구하지 아니한 경우 사법경찰관은 그 검사 소속의 지방검찰청 소재지를 관할하는 고등검찰청에 영장 청구 여부에 대한 심의를 신청할 수 있다.

② 제1항에 관한 사항을 심의하기 위하여 각 고등검찰청에 영장심의위원회(이하 이 조에서 "심의위원회"라 한다)를 둔다.

③ 심의위원회는 위원장 1명을 포함한 10명 이내의 외부 위원으로 구성하고, 위원은 각 고등검찰청 검사장이 위촉한다.

④ 사법경찰관은 심의위원회에 출석하여 의견을 개진할 수 있다.

⑤ 심의위원회의 구성 및 운영 등 그 밖에 필요한 사항은 법무부령으로 정한다.

[본조신설 2020.2.4.] [시행일 미지정] 제221조의5

③ 검사장의 수사중지명령권과 체임요구권(검찰청법 제54조)

• 개정 후 본 규정 폐지, 단 시행일 미지정

④ 피의자신문조서의 증거능력

• 개정 후 본 규정 폐지, 단 시행일 미지정

a. 검사작성 피의자신문조서는 원진술자의 성립의 진정성으로 증거능력 인정

b. 검사이외 수사기관 작성 피의자신문조서는 원진술자나 변호인이 그 내용을 인정할 때 증거능력인정(법 제312조)

〈참고〉

• 개정, 단 시행일 미지정
• 검사, 검사 이외 수사기관 작성 피의자신문조서는 원진술자나 변호인이 그 내용을 인정할 때 증거능력인정(법 제312조)

⑤ 검사의 구속장소감찰(법 제198조의2)

⑥ 관할구역외의 수사보고의무(법 제210조)

• 2019.4.30. 국회 사법개혁특위에서 고위공직자 범죄수사처 설치법안과 검경수사권 조정법안이 신속처리법안 일명 패스트트랙으로 지정되면서, 개정되었다.
• 검경수사권조정법안은 검찰의 수사지휘권을 폐지하고 경찰이 1차 수사권과 종결권을 갖도록 하는 내용이다.

3. 수사의 구조

1) 수사구조론의 의의

- 수사구조론이란 수사절차에서 각 수사주체간의 관계를 어떻게 정립시키고 수사과정을 전체적 형사절차에서 어떻게 위치시킬 것인가를 밝히는 이론이다.

2) 규문적 수사관과 탄핵적 수사관

(1) 규문적 수사관

① 규문적 수사관이란 수사기관과 피의자를 불평등 수직관계로 보고 수사기관의 강제처분을 수사의 주재자인 검사의 고유권한이라고 보는 수사관을 의미한다. 수사기관의 판단을 존중

• 개정으로 검사, 사법경찰관 수사의 주재자로 변경

② 규문적 수사관에 의하면

a. 수사절차는 공소제기준비단계로서 성질을 가진다.

b. 강제처분에 대한 영장을 허가장의 성질로 보며 피의자신문을 목적으로 하는 강제가 허용된다.

(2) 탄핵적 수사관

① 탄핵적 수사관이란 수사절차를 법원에 공소를 제기하기 위한 준비단계에 불과하며 수사에 필요한 강제처분을 법원의 고유권한으로 보는 수사관을 의미한다. 피의자의 독자적 방어활동을 폭넓게 인정한다.

② 탄핵적 수사관에 의하면

a. 수사절차는 법관에 의해 남용을 방지할 수 있다

b. 강제처분에 대한 영장을 명령장의 성질로 보며 피의자신문을 목적으로 하는 강제(구인)가 허용될 수 없다.

3) 소송적 수사관

－소송적 수사관이란 수사의 기소, 불기소를 결정하는 독자적 목적을 가진 공판절차와는 별개의 절차로 파악하여 수사절차의 소송구조화를 꾀하려는 이론이다. 이는 검사를 제3의 수사의 판단자로 하고 사법경찰관과 피의자를 당사자로서 대립시켜 수사절차를 공판절차와 같이 소송구조로 파악하려는 수사관을 의미한다.

제2절 피의자의 소송법상의 지위

1. 피의자의 의의

－피의자란 수사기관에 의하여 범죄의 혐의를 받고 수사의 대상이 된 자이다. 수사개시이전인 피내사자, 공소제기 이후의 피고인, 유죄확정 후의 수형자와 구별된다.

2. 법계에 따른 피의자의 지위

1) **대륙법계** : 수사절차의 직권적 관료주의적 성격으로 피의자는 수사의 대상에 불과하다.

2) **영미법계** : 수사절차의 인권보장적 성격으로 대륙법에서 보다 피의자의 지위가 강화되어 있다.

3) **현행법** : 영미법계의 피의자에 대한 진술거부권의 보장(법 제244조의3), 변호인선임권인정(헌법 제12조 제4항, 형소법 제30조, 제209조, 제87조, 제90조), 증거보전청구권(법 제184조)및 절차에의 참여권, 자료제출권, 체포·구속적부심사청구권(헌법 제12조 제6항, 형소법 제214조의2), 구속취소청구권(법 제209조, 제93조), 변호인 등과의 접견교통권의 보장(법 제209조, 제89조, 제91조) 등의 인권보장적 성격과 대륙법계의 수사절차에서의 강제처분의 객체로서의 성격이 혼합으로 되어 있다.

3. 피의자의 소송법상의 지위

1) **수사의 대상으로서의 지위** : 피의자는 피고인과 달리 수사의 대상에 불과하다.

2) **준당사자적 지위** : 현행법상 영미법계의 장점인 인권보장적 성격의 도입으로 수사단계에서의 권익보호와 장차 피고인으로서의 방어준비를 위함으로써 피의자는 준당사자로서의 지위가 보장되어 있다.

3) **기본적 지위** : 수사의 주체는 검사와 사법경찰관리로 피고인의 지위에 비해 수사의 객체로서의 성질이 짙다. 즉 피의자는 수사기관의 필요한 조사를 받으며(법 제199조), 구속의 객체로도 되고(법 제201조, 제212조), 압수, 수색, 검증을 받는(법 제215조) 조사의 객체로서의 성격도 지닌다.

▶ 주요판례

– 형사소송법 제200조 제2항은 헌법 제11조 제2항 후단이 정한 '자기에게 불리한 진술을 강요당하지 아니할 권리, 즉 '진술거부권'이 피의자에게 있음을 미리 알려주어 피의자의 진술거부권행사를 돕도록 한 절차규정으로서 위 헌법조항에 합치된다 할 것이고, 가사 수사관 또는 법원이 그 업무집행에 있어 위 형사소송법규정에 반하는 위법을 저질렀다고 하더라도 그것이 위 형사소송법 규정의 구체성결여에서 오는 필연적 결과라고 볼 수 없어 형사소송법 제200조 제2항을 위헌규정이라 할 수 없다(대판결정 1986. 5.14, 85모1).

제3절 수사의 조건

1. 수사 조건의 의의

– 수사조건이란 수사권의 발동과 수사실행의 조건으로서 수사절차의 개시와 그 진행, 유지에 필요한 조건을 의미한다. 이는 수사기관의 무제한적인 재량권행사를 방지하고 수사권의 발동과 행사에 제한을 가한다는 점에서 의미가 있다.

2. 수사의 일반적 조건

– 수사의 일반적 조건으로는 수사의 필요성과 상당성이다.

1) 수사의 필요성

(1) 의의

– 수사는 수사의 목적을 달성하기 위하여 필요한 경우에만 할 수 있다. 이러한 수사의 필요성은 강제수사뿐만 아니라 임의수사에서도 그 조건이 된다. 수사의 필요성이 없음에도 불구하고 행하는 수사는 위법한 수사처분으로서

경우에 따라 직권남용죄(형법 제123조)를 구성할 수 있다.

(2) 임의수사의 필요성

① 임의수사는 수사에 필요한 때에 한하여 허용된다.

② 피의자 신문에서 동일한 수사기관에서 동일사항에 대해서 중복하여 신문하는 것은 허용되지 않는다(중복신문금지).

③ 수사기관의 구체적 사실에 근거를 둔 주관적 범죄혐의가 수사의 조건이 된다.

(3) 강제수사의 필요성

– 피의자의 구속, 압수, 수색, 검증과 같은 강제수사에서도 필요성이 수사의 조건이 된다.

2) 수사의 상당성

(1) 의의

– 수사에는 필요성 외에 수사목적 달성을 위하여 상당하다고 인정되는 범위 안에서 최소한도로만 허용되어야 한다.

(2) 수사비례의 원칙

– 수사결과에 대한 이익과 수사로 인한 법익침해가 부당하게 균형을 잃어서는 안 된다.(임의수사와 강제수사의 조건이 된다)

(3) 경미사건의 피의자는 구속의 필요성이 있는 경우에도 수사의 상당성에 의하여 구속을 제한한다.(법 제201조 제1항 단서)

(4) 함정수사와 수사의 상당성

① 함정수사란 수사기관이 시민에게 범죄를 교사한 후 범죄의 실행을 기다렸다가 범인을 체포하는 수사방법이다.

② 함정수사에 대한 상당성 여부

−긍정설 : 마약이나 뇌물범죄의 경우 수사의 상당성 인정

−부정설 : 수사기관이 범죄유발 및 방조하므로 상당성 부정

③ 함정수사에 의한 증거의 증거능력은 부정하여야 하며 유죄의 증거로 사용될 수 없다.

3) 수사의 조건과 소송조건

−수사의 조건은 수사절차의 개시와 진행을 위한 조건이며 소송조건은 공소제기의 적법, 유효요건이며 실체심판의 조건이다. 따라서 소송조건이 수사의 조건이 되는 경우도 있다.

- 실체적 소송조건은 수사의 조건이 된다.
- 형식적 소송조건 중에서 관할권의 유무, 공소제기절차의 적법, 공소사실의 특정, 이중기소 등은 수사의 조건이 아니나 재판권, 당사자능력 등은 수사의 조건이 된다.

−친고죄에서 고소 전에 수사가 허용되느냐에 관하여 전면허용설, 전면부정설, 제한적 허용설 등이 대립되나 고소의 가능성이 있는 경우 임의수사 또는 강제수사가 허용된다는 제한적 허용설이 타당하며 다수설이다.

제4절 수사의 단서

1. 수사단서의 의의

1) 수사기관이 범죄혐의가 있다고 판단하여 수사개시를 하게 되는 원인을 수사단서라 한다.

2) 수사의 단서에는 수사기관 자신의 체험에 의한 경우와 타인의 체험에 의한 경우가 있다. 전자는 현행범인의 체포, 변사자의 검시, 불심검문, 기사, 세

평, 여론 등이며, 후자는 고소, 고발, 자수, 진정, 탄원, 투서, 신고 등에 의한 범죄확인 등이다.

3) **입건** : 수사기관이 고소, 고발, 자수이외의 수사단서에 의하여 범죄혐의를 인정하여 수사를 개시하는 것으로 범죄인지라고도 한다.

4) **자수** : 범인이 수사기관에 스스로 자기의 범죄사실을 신고하여 그 수사와 소추를 구하는 의사표시이다. 자수는 형법상으로는 임의적 감면사유이나 소송법상으로는 수사단서로서의 의미만을 가진다.

5) 변사체의 검시

- 변사체의 검시란 사람의 사망이 범죄로 인한 것인가를 판단하기 위하여 수사기관이 변사자의 상황을 조사하는 것을 의미한다. 변사자의 검시는 관할 지방검찰청 검사가 한다. 단 사법경찰관에게 검시를 명할 수 있다(법 제222조).
- 검시는 수사가 개시된 이후 행하는 수사상의 치분인 검증과 구별된다.

2. 불심검문

1) 의의

- 불심검문이란 경찰관이 거동이 수상한 자를 발견한 때에 이를 정지시켜 조사 또는 질문하는 것을 의미한다.

2) 불심검문의 유형

- 직무질문 : 거동수상자를 정지시켜 질문하는 것
- 임의동행 : 질문하기 위하여 부근의 경찰관서에 동행할 것을 요구하는 것
- 흉기소지검사 : 직무질문시 흉기소지여부를 조사하는 것

3) 불심검문의 대상

- 수상한 거동 또는 기타 주위의 사정을 합리적으로 판단하여 죄를 범하였거나 범할 우려가 있다고 의심되는 상당한 이유가 있는 자 또는 이전의 범죄사실이나 앞으로의 범죄발생사실을 안다고 인정되는 자이다. 즉 거동불심자가 그 대상이 된다.

4) 불심검문의 방법

(1) 직무질문

- 경찰관의 직무질문은 임의수사의 일종이므로 상대방은 답변을 강요당하지 않으나 질문을 위하여 정지시킬 수 있으며(정지시간은 신체구속이라 볼 수 없을 정도여야 하며, 임의동행의 상한시간은 6시간이내), 상대방의 의사를 제압할 정도의 강제에 이르지 않는 어느 정도의 물리력 행사는 허용된다고 봄이 다수설이다.

(2) 임의동행

① 경찰관은 현장에서 직무질문하는 것이 상대방에게 불리하거나 교통의 방해가 된다고 인정되는 때에는 질문하기 위하여 부근의 경찰서에 동행할 것을 요구할 수 있다. 이 경우 상대방은 거절할 수 있으므로 경찰관의 동행요구는 상대방의 승낙이 있을 경우에만 가능하다(경찰관직무집행법 제3조).

② 임의동행요구시에 경찰관은 신분증과 소속과 성명을 밝히고 목적과 이유와 동행장소를 밝혀야 한다. 이 경우 가족 등에게 연락할 수 있는 기회를 부여하여야 하며 변호인의 조력을 받을 권리가 있음을 고지하여야 하며 이러한 고지의무를 위반한 경우 경찰관직무집행법위반이 되며 그 의무위반이 임의동행 상대방과 다른 사람에게 해를 끼친 경우에는 그 경찰관은 1년 이하의 징역이나 금고로 처벌된다.

③ 임의동행시 당해인을 6시간 초과하여 경찰서에 머물게 할 수 없다. 그 시간을 초과할 경우 신체구속에 해당하여 형법상 불법체포, 불법감금죄에 해당할 수 있으며, 이 경우 당해경찰관은 7년 이하의 징역이나 10년 이하

의 자격정지로 처벌된다.

(3) 흉기소지검사

– 경찰관은 질문시 거동수상자의 의복이나 휴대품을 가볍게 만지면서 흉기소지의 혐의가 있을 경우 상대방으로 하여금 이를 제출케 하거나 경찰관이 직접 이를 꺼내는 조사방법이다(경찰관직무집행법 제3조).

(4) 자동차검문

– 이는 경찰관이 통행중인 자동차를 정지시켜 운전자 또는 동승자에세 질문하는 것을 의미한다. 이에는 교통검문(도로교통법 제43조), 경계검문(경찰관직무집행법 제3조 제1항), 긴급수배검문 등이 있다.

3. 고소

1) 고소의 의의

– 고소란 범죄의 피해자 또는 그와 일정한 관계에 있는 고소권자가 수사기관에 범죄사실을 신고하여 범인의 처벌을 구하는 의사표시이나. 고소는 피해자와 관계없는 일반인이 행하는 고발과 구별되며 단순한 범죄사실의 신고나 전말서의 제출과도 구별된다.

2) 친고죄와 반의사불벌죄에서의 고소

– 친고죄의 범인처벌의사표시와 반의사불벌죄의 범인 불처벌의사표시는 소송조건이 된다.

3) 고소권자

(1) 고소가 유효하기 위해서는 고소권이 있어야 한다. 고소권자는

① 범죄의 피해자(법 제223조)

② 피해자의 법정대리인(법 제225조 제1항)(독립대리권)

③ 피해자가 사망한 때에는 그 배우자, 직계친족, 형제자매(법 제225조 제2항)(고유권)

④ 피해자의 법정대리인이 피의자이거나 법정대리인의 친족이 피의자인 때에는 피해자의 친족(법 제226조)

⑤ 검사가 지정한 자이다(법 제228조)

(2) 고소권이 없는 자의 고소는 무효이며 고소취소 후나 고소권의 포기 후의 재고소는 무효이다.

(3) 자기 또는 배우자의 직계존속에 대한 고소도 무효이다(법 제224조)

(4) **고소능력의 존재** : 고소능력은 고소의 의미를 이해할 수 있는 사실상의 의사능력만 있으면 족하므로 행위무능력자라도 고소능력이 인정될 수 있다.

4) 고소기간

- 고소의 기간에는 제한이 없다. 단 친고죄의 고소기간은 범인을 안날로 부터 6월을 경과하면 고소하지 못하며 그 이 후의 고소는 무효이다. 불가항력의 사유로 고소를 못한 경우에는 그 사유가 없어진 날로 부터 고소기간(법 제230조 제1항)을 기산한다. (예컨대 혼인을 위한 약취, 유인죄의 피해자가 혼인을 한 경우의 고소는 혼인의 무효 또는 취소의 재판이 확정된 날로 부터 고소기간이 진행한다.)

5) 고소의 방법

- 고소는 서면 또는 구술로써 검사 또는 사법경찰관에게 하여야 한다. 구술에 의한 고소를 받은 때에는 검사 또는 사법경찰관은 그 조서를 작성하여야 한다.(법 제237조). 또한 전화나 전보, 팩스에 의한 고소라 하더라도 고소조서가 작성되지 않으면 유효한 고소라 할 수 없다. 고소장에는 반드시 처벌을 희망하는 의사표시가 있어야 한다.

6) 고소의 대리

– 고소는 대리인으로 하여금 하게 할 수 있다(법 제236조). 대리의 범위에 대해서는 표시대리만 인정하는 견해와 의사대리까지 포함시키는 견해가 대립되나 형소법상 고소의 대리를 허용하는 취지상 모두 허용된다고 봐야 할 것이다.

7) 고소불가분의 원칙

(1) 의의

– 고소의 효력은 일정범위에서 불가분이라는 원칙으로 형소법에서 명문으로 인정하고 있다(법 제233조). 이에는 주관적 불가분의 원칙과 객관적 불가분의 원칙이 있다.

(2) 주관적 불가분의 원칙

① 의의

– 이 원칙은 친고죄의 공범 중 1인 또는 수인에 대한 고소와 취소는 다른 공범자에 대하여도 효력이 있나는 원칙이다.

② 효력범위

a. 절대적 친고죄 : 절대적 친고죄의 경우에는 친고죄의 공범 중 그 1인에 대한 고소 또는 취소는 다른 공범자에게도 그 효력이 있다.

b. 상대적 친고죄 : 친족상도례(형법 제328조 제1항, 제365조 제1항)의 경우와 같이 범인과 피해자사이에 일정한 신분관계가 있는 경우에 한하여 친고죄로 되는 상대적 친고죄의 경우에는 고소의 효력은 신분 관계있는 자만을 기준으로 하여 결정한다. 따라서 비신분자에 대한 고소가 있더라도 신분자에 대하여는 효력이 발생하지 않는다. 또한 신분관계 있는 자에 대한 고소취소는 비신분자에 대하여 효력이 없다. 또한 친족 2인 이상이 공범인 경우에는 1인의 친족에 대한 고소는 다른 친족에게도 효력이 미친다.

(3) 객관적 불가분의 원칙

① 의의

－이 원칙은 한 개의 범죄사실의 일부분에 대한 고소 또는 그 취소는 그 범죄사실 전부에 대하여 효력이 발생한다는 원칙이다.

② 효력범위

a. 단순일죄 : 단순일죄의 경우에는 일부사실에 대한 고소가 있더라도 그 효력이 전부에 미친다. 강간죄의 경우 그 수단인 폭행 또는 협박의 사실만을 고소했더라도 그 고소는 강간죄의 전부에 미친다. 반대로 강간죄에 대한 고소가 없는 경우에도 폭행, 협박만을 분리하여 고소할 수 없다.(강간죄의 경우 2012.12.18. 형법개정으로 인하여 친고죄 규정을 폐지함)

b. 과형상 일죄

－과형상 일죄의 각 부분이 모두 친고죄이고 피해자가 같을 때에는 객관적 불가분의 원칙이 적용된다.

－과형상 일죄의 각 부분이 모두 친고죄이고 피해자가 다를 때에는 이 원칙이 적용되지 않는다. 예컨대 갑, 을, 병에 대한 모욕죄를 범한 경우 갑에 대한 고소는 을 또는 병에게는 효력이 없다.

－과형상 일죄의 일부분만이 친고죄이고 나머지 부분은 친고죄가 아닌 경우 비친고죄에 대한 고소의 효력은 친고죄에 효력이 미치지 않는다. 또한 친고죄에 대한 고소의 취소는 비친고죄에 대하여 효력이 없다.

c. 과형상 수죄 : 과형상 수죄는 소송법상 수개의 사건이므로 과형상 일죄에 대한 고소가 있거나 고소가 취소되더라도 그 효과는 실체적 경합관계에 있는 다른 범죄에 미치지 않는다. 예컨대 간통죄의 경우 수개의 간통행위는 실체적 경합관계이므로 고소는 각 간통행위마다 있어야 하며, 다른 간통행위에 대하여는 그 효력이 없다.

8) 고소의 취소

(1) 의의

- 고소는 제1심 판결선고전까지 취소할 수 있다(법 제232조 제1항). 고소의 취소란 범인의 처벌을 희망하는 의사표시를 철회하는 준법률행위적 소송행위이다.

(2) 취소의 효력

- 고소를 취소한자는 다시 고소하지 못하며 고소불가분의 원칙이 고소취소의 경우에도 적용된다. 고소가 취소된 때에는 공소제기전이면 불기소처분을, 공소제기후이면 공소기각의 판결을 하여야 한다(법 제232조 제2항, 제233조, 제327조 제5호).

(3) 고소취소방법

- 고소취소의 방법은 고소의 경우와 같다. 고소의 취소는 대리인에 의하여도 가능하다.

(4) 고소권의 포기

- 고소권의 포기란 친고죄의 고소기간내에 고소권을 행사하지 않겠다는 의사표시를 하거나 반의사불벌죄에서 처음부터 처벌을 희망하지 않는다는 의사표시를 하는 것을 말한다.

9) 고소사건의 일반적 처리

(1) 처리기간

- 수사기관이 고소를 받은 때에는 신속히 조사하여 관계서류와 증거물을 검사에게 송부하여야 한다. 사법경찰관이 고소에 의하여 범죄를 수사할 때에는 고소를 수리한 날로 부터 2월 이내에 수사를 완료하여야 한다. 이 기간내에 수사를 끝내지 못했을 경우에는 관할 지방검찰청 검사의 지휘를 받아야 한다. 검사가 고소에 의하여 범죄를 수사할 때에는 고소를 수리한 날로

부터 3월 이내에 수사를 완료하여 공소제기여부를 결정하여야 한다. 그러나 이 기간은 훈시규정이다.

(2) 고소인에 대한 처분통고

- 검사는 고소사건에 대하여 공소를 제기하거나 제기하지 아니한 처분, 공소의 취소 또는 타관송치한 때에는 그 처분한 날로 부터 7일 이내에 서면으로 고소인에게 그 취지를 통지하여야 한다. 또한 불기소 또는 타관이송의 처분을 한 때에는 피의자에게 즉시 그 취지를 통지하여야 한다. 또한 검사는 고소사건에 대하여 공소를 제기하지 아니하는 처분을 한 경우에 고소인의 청구가 있는 때에는 7일 이내에 고소인에게 그 이유를 서면으로 설명하여야 한다(법 제259조).

4. 고발

1) 의의

- 고발이란 고소권자와 범인이외의 제3자가 수사기관에 대하여 범죄사실을 신고하여 범인의 처벌을 희망하는 의사표시를 의미한다. 고소권자가 아니라는 점에서 고소와 구별된다. 그러나 단순한 범죄사실의 신고는 고발이라 할 수 없다.

2) 즉고발사건

- 고발은 일반적으로 단순한 수사의 단서에 불과하다. 그러나 공무원의 고발이 있어야 죄를 논하는 즉고발사건의 경우에는 고발이 소송조건이 될 수 있다. 예컨대 관세법 또는 조세범처벌법위반사건의 경우이다.

3) 자기 또는 배우자의 직계존속은 고발하지 못한다. 또한 고발은 고소와 달리 대리고발이 허용되지 않으며 고발기간의 제한은 없으며 즉고발사건의 고발취소는 친고죄의 고소취소에 준한다.

5. 전문수사자문위원의 참여와 지정

제245조의2(전문수사자문위원의 참여) ① 검사는 공소제기 여부와 관련된 사실관계를 분명하게 하기 위하여 필요한 경우에는 직권이나 피의자 또는 변호인의 신청에 의하여 전문수사자문위원을 지정하여 수사절차에 참여하게 하고 자문을 들을 수 있다.

② 전문수사자문위원은 전문적인 지식에 의한 설명 또는 의견을 기재한 서면을 제출하거나 전문적인 지식에 의하여 설명이나 의견을 진술할 수 있다.

③ 검사는 제2항에 따라 전문수사자문위원이 제출한 서면이나 전문수사자문위원의 설명 또는 의견의 진술에 관하여 피의자 또는 변호인에게 구술 또는 서면에 의한 의견진술의 기회를 주어야 한다.

제245조의3(전문수사자문위원 지정 등) ① 제245조의2 제1항에 따라 전문수사자문위원을 수사절차에 참여시키는 경우 검사는 각 사건마다 1인 이상의 전문수사자문위원을 지정한다.

② 검사는 상당하다고 인정하는 때에는 전문수사자문위원의 지정을 취소할 수 있다.

③ 피의자 또는 변호인은 검사의 전문수사자문위원 지정에 대하여 관할 고등검찰청검사장에게 이의를 제기할 수 있다.

④ 전문수사자문위원에게는 수당을 지급하고, 필요한 경우에는 그 밖의 여비, 일당 및 숙박료를 지급할 수 있다.

⑤ 전문수사자문위원의 지정 및 지정취소, 이의제기 절차 및 방법, 수당지급, 그 밖에 필요한 사항은 법무부령으로 정한다.

제245조의4(준용규정) 제279조의7 및 제279조의8은 검사의 전문수사자문위원에게 준용한다.

6. 사법경찰관의 사건송치

제245조의5(사법경찰관의 사건송치 등) 사법경찰관은 고소·고발 사건을 포함하여

범죄를 수사한 때에는 다음 각 호의 구분에 따른다.

1. 범죄의 혐의가 있다고 인정되는 경우에는 지체 없이 검사에게 사건을 송치하고, 관계 서류와 증거물을 검사에게 송부하여야 한다.
2. 그 밖의 경우에는 그 이유를 명시한 서면과 함께 관계 서류와 증거물을 지체 없이 검사에게 송부하여야 한다. 이 경우 검사는 송부받은 날부터 90일 이내에 사법경찰관에게 반환하여야 한다.

[본조신설 2020.2.4.] [시행일 미지정]

제245조의6(고소인 등에 대한 송부통지) 사법경찰관은 제245조의5제2호의 경우에는 그 송부한 날부터 7일 이내에 서면으로 고소인·고발인·피해자 또는 그 법정대리인(피해자가 사망한 경우에는 그 배우자·직계친족·형제자매를 포함한다)에게 사건을 검사에게 송치하지 아니하는 취지와 그 이유를 통지하여야 한다.

[본조신설 2020.2.4.] [시행일 미지정]

7. 고소인의 이의신청

제245조의7(고소인 등의 이의신청) ① 제245조의6의 통지를 받은 사람은 해당 사법경찰관의 소속 관서의 장에게 이의를 신청할 수 있다.

② 사법경찰관은 제1항의 신청이 있는 때에는 지체 없이 검사에게 사건을 송치하고 관계 서류와 증거물을 송부하여야 하며, 처리결과와 그 이유를 제1항의 신청인에게 통지하여야 한다.

[본조신설 2020.2.4.] [시행일 미지정] 제245조의7

제245조의8(재수사요청 등) ① 검사는 제245조의5제2호의 경우에 사법경찰관이 사건을 송치하지 아니한 것이 위법 또는 부당한 때에는 그 이유를 문서로 명시하여 사법경찰관에게 재수사를 요청할 수 있다.

② 사법경찰관은 제1항의 요청이 있는 때에는 사건을 재수사하여야 한다.

[본조신설 2020.2.4.] [시행일 미지정]

8. 검사와 검찰청 직원 등과의 관계

제245조의9(검찰청 직원) ① 검찰청 직원으로서 사법경찰관리의 직무를 행하는 자와 그 직무의 범위는 법률로 정한다.

② 사법경찰관의 직무를 행하는 검찰청 직원은 검사의 지휘를 받아 수사하여야 한다.

③ 사법경찰리의 직무를 행하는 검찰청 직원은 검사 또는 사법경찰관의 직무를 행하는 검찰청 직원의 수사를 보조하여야 한다.

④ 사법경찰관리의 직무를 행하는 검찰청 직원에 대하여는 제197조의2부터 제197조의4까지, 제221조의5, 제245조의5부터 제245조의8까지의 규정을 적용하지 아니한다.

[본조신설 2020.2.4.] [시행일 미지정] 제245조의9

제245조의10(특별사법경찰관리) ① 삼림, 해사, 전매, 세무, 군수사기관, 그 밖에 특별한 사항에 관하여 사법경찰관리의 직무를 행할 특별사법경찰관리와 그 직무의 범위는 법률로 정한다.

② 특별사법경찰관은 모든 수사에 관하여 검사의 지휘를 받는다.

③ 특별사법경찰관은 범죄의 혐의가 있다고 인식하는 때에는 범인, 범죄사실과 증거에 관하여 수사를 개시·진행하여야 한다.

④ 특별사법경찰관리는 검사의 지휘가 있는 때에는 이에 따라야 한다. 검사의 지휘에 관한 구체적 사항은 법무부령으로 정한다.

⑤ 특별사법경찰관은 범죄를 수사한 때에는 지체 없이 검사에게 사건을 송치하고, 관계 서류와 증거물을 송부하여야 한다.

⑥ 특별사법경찰관리에 대하여는 제197조의2부터 제197조의4까지, 제221조의5, 제245조의5부터 제245조의8까지의 규정을 적용하지 아니한다.

[본조신설 2020.2.4.] [시행일 미지정] 제245조의10

제5절 임의수사와 강제수사

1. 임의수사의 원칙

1) 임의수사의 개념

- 임의수사란 상대방의 동의나 승낙을 받아서 행하는 수사로서 강제처분을 행하지 않는 수사로서 수사는 임의수사를 원칙으로 한다.

2) 임의수사의 원칙

- 수사는 원칙적으로 임의수사에 의하고 강제수사는 법률에 규정된 경우에 한하여 허용된다는 원칙이다.
- 임의수사의 원칙은 인권보장적 측면에서 강제처분법정주의, 영장주의와 수사도 필요한 한도 내에서만 허용된다는 측면에서 수사비례의 원칙을 담고 있다.

2. 임의수사의 한계

1) 임의수사의 법적규제

- 임의수사는 법률규제의 영역에서 자유로운 것이 원칙이나 인권보장적 측면과 사건의 진상파악이라는 수사의 목적달성을 위해서도 전적으로 수사기관의 재량에 맡길 수는 없다. 따라서 임의수사라 하더라도 형사절차에서 지배되는 적정절차의 원칙에 의한 다음과 같은 법적규제가 있어야 한다.

(1) 수사의 필요성과 상당성

- 수사의 필요성은 수사의 조건이므로 범죄혐의가 없음이 명백하거나 소송조건이 구비될 수 없는 때에는 임의수사가 허용되지 않는다.

(2) 자유의사에 의한 승낙

– 임의수사는 상대방의 자유로운 의사에 의한 승낙을 전제로 한다.

2) 임의수사의 방법

– 형소법이 규정하고 있는 임의수사의 방법은 다음과 같다.

(1) 피의자신문

① 의의 : 수사기관이 피의사건에 관하여 피의자를 신문하여 피의자로 부터 진술을 듣는 절차이다(법 제200조).

② 법적 성질 : 피의자의 임의의 진술을 듣는 임의수사이다(헌법 제12조 제2항).

③ 방법 : (출석요구 – 진술거부권고지 – 피의자신문조서작성)

(2) 피의자 이외의 조사

① 참고인 조사 : 수사기관은 수사에 필요할 경우 피의자 아닌 자의 출석을 요구하여 진술을 들을 수 있다. 참고인에 대한 출석요구와 진술조서의작성방법은 피의자신문의 경우와 동일하다. 참고인에 대한 진술거부권의 고지는 필요 없다.

② 감정, 통역, 번역 : 수사기관은 필요할 경우 감정, 통역 또는 번역을 위촉할 수 있으며 위촉받은 자의 수락여부는 자유이다.

(3) 공무소 등에의 조회

– 수사기관은 수사에 관하여 공무소 기타 공사단체에 조회하여 필요한 사항의 보고를 요구할 수 있다(법 제199조 제2항). 전과조회, 신원조회 등이 그 예이다.

3) 임의수사의 적법성

– 수사의 상대방에 대한 동의 또는 승낙만 있으면 수사가 적법한가라는 것이 임의수사의 적법성에 관한 문제이다.

(1) 임의동행

① 의의 : 임의동행이란 수사기관이 피의자의 동의를 얻어 피의자와 수사기관까지 동행하는 것을 말한다.

② 이에는 임의수사로서의 임의동행(법 제199조 제1항)과 직무질문을 위한 임의동행(경찰관직무집행법 제3조)의 두 가지가 있다.

(2) 임의동행의 적법성

- 임의동행이라 하더라도 그 과정에서 강제력이나 심리적 압박이 개입되어 강제연행이 된 때에는 임의동행의 한계를 벗어난다.
- 임의동행에서 임의성의 요건을 엄격히 해석해야 하며 임의동행을 위한 실력행사는 허용될 수 없다. 또한 임의동행은 그 임의성여부를 심사하는 것이 어려워 남용의 폐해가 크다고 할 수 있어 이에 대한 남용 및 폐해를 일소하고 수사의 민주화를 기하기 위해 1995년 개정형소법에서는 체포제도(형소법 제200조의2 내지 5)를 신설하였다.

(3) 보호실 유치

- 보호실유치에는 피의자의 의사와 관계없이 수사기관에서 강제로 유치하는 강제유치와 피의자의 승낙을 받아 유치시키는 승낙유치로 나눌 수 있다. 강제유치는 구속에 해당하므로 강제처분이나 승낙유치가 임의수사로서 허용되는가이다. 본인의 사전 동의를 받은 경우에도 실질적으로는 구속과 다름이 없으므로 긴급구속사유가 없음에도 불구하고 보호실에 유치하거나 영장 없이 계속 유치하는 것은 불법감금죄에 해당한다.

(4) 승낙수색과 승낙검증

- 법익포기의 승낙이 아니므로 허용되지 않는다는 견해와 승낙의 임의성이 있는 한 허용된다는 견해로 나뉜다.

(5) 거짓말 탐지기에 의한 검사

– 이는 인간의 심리를 기계에 의한 검사의 대상으로 삼는다는 점에 문제가 있다. 그러나 판례는 거짓말탐지기의 검사는 검사를 받는 사람이 동의한 때에만 증거로 할 수 있다고 판시하고 있다.

▶ 주요판례

– 거짓말탐지기의 검사결과에 대하여 사실적 관련성을 가진 증거로서 증거능력을 인정할 수 있으려면, 첫째로 거짓말을 하면 반드시 일정한 심리상태의 변동이 일어나고, 둘째로 그 심리상태의 변동은 반드시 일정한 생리적 반응이 일으키며, 셋째로 그 생리적 반응에 의하여 피검사자의 말이 거짓인지 아닌지가 정확히 판정될 수 있다는 세 가지 전제요건이 충족되어야 할 것이며, 특히 마지막 생리적 반응에 대한 거짓 여부 판정은 거짓말탐지기가 검사에 동의한 피검사자의 생리적 반응을 정확하게 판독할 능력을 갖춘 경우라야만 그 정확성을 확보할 수 있는 것이므로 이상과 같은 여러 가지 요건이 충족되지 않는 한 거짓말탐지기 검사결과에 대하여 형사소송법상 증거능력을 부여할 수는 없다(대판 1986.11.25, 85도2208).

– 거짓말탐지기의 검사는 그 기구의 성능, 조작기술 등에 있어 신뢰도가 극히 높다고 인정되고 그 검사자가 적격자이며, 검사를 받는 사람이 검사를 받음에 동의하였으며, 검사서가 검사자 자신이 실시한 검사의 방법, 경과 및 그 결과를 충실하게 기재하였다는 등의 전제조건이 증거에 의하여 확인되었을 경우에만 형사소송법 제313조 제2항에 의하여 이를 증거로 할 수 있는 것이고 위와 같은 조건이 모두 충족되어 증거능력이 있는 경우에도 그 검사결과는 검사를 받는 사람의 진술의 신빙성을 가늠하는 정황증거로서의 기능을 하는데 그치는 것이다(대판 1987.7.21, 87도968).

(6) 마약분석

– 이는 약품의 작용에 의하여 진실을 진술하게 하는 것이다. 이는 인간의 정신과 인격의 분열을 초래하는 것이므로 허용되지 않는 수사방법이며 피의

자의 동의여부와 관계없이 허용되지 않는다.

(7) 도청

– 도청이란 수사기관이 타인의 대화를 본인의 부지중에 청취하는 것을 말하며 전화도청과 전자도청이 있다. 도청은 강제수사라고 하는 것이 다수설이다.

(8) 사진촬영

– 사진촬영은 피촬영자의 프라이버시 특히 초상권침해라는 강제처분의 일종이다. 사진촬영은 강제처분 가운데 검증의 성질을 가지므로 원칙적으로 영장주의가 적용된다.

3. 강제수사와 강제처분

1) 강제수사의 개념

– 강제수사란 강제처분에 의한 수사를 말한다. 강제처분이란 소송의 진행과 형벌의 집행을 확보하기 위하여 강제력을 사용하는 것이다. 강제처분은 강제력이 행사되는 객체에 따라 대인적 강제처분(구속)과 대물적 강제처분(압수, 수색, 검증)으로 나눌 수 있다.

2) 강제수사법정주의(강제처분법정주의)

– 이는 수사상의 강제처분은 형소법에 특별한 규정이 없으면 하지 못한다는 원칙을 말한다(법 제199조). 수사를 행함에 있어서 헌법상 보장된 개인의 기본적 인권을 침해하는 경우가 많으므로 최소한도로 제한하여야 한다.

3) 영장주의

– 법원 또는 법관이 발부한 적법한 영장에 의하지 않으면 형사절차상의 강제처분을 할 수 없다는 원칙이다. 이는 수사기관에 의한 강제처분 권한의 남

용을 억제하고 시민의 자유와 재산의 보장을 실현하기 위한 것으로 여기서 의 영장은 사전영장을 의미한다.

제6절 수사의 종결

1. 수사절차의 종결

– 수사기관이 공소제기의 유무를 결정할 수 있을 정도로 피의사건이 규명되었을 때 수사는 종결된다. 그러나 검사는 공소유지의 여부를 결정하기 위해 수사를 할 수 있고, 불기소처분시에도(확정력이 인정되지 않으므로) 수사를 재개할 수 있다. 수사의 종결은 검사만이 할 수 있다. 사법경찰관은 수사에 관하여 검사의 보조기관에 불과하다. 사법경찰관이 범죄를 수사하였을 때에는 관계서류와 증거를 검사에게 송부하여야 한다.

2. 검사의 사건처리

1) 공소제기

– 수사결과 범죄의 객관적 혐의가 충분하고 소송조건을 구비하여 유죄판결을 받을 수 있다고 인정할 때에는 검사는 공소를 제기한다(법 제246조). 그러나 약식명령의 경우 공소제기와 동시에 약식명령을 청구할 수 있다(법 제449조).

2) 불기소처분

– 불기소처분에는 협의의 불기소처분, 기소유예, 기소중지, 소년부송치가 있다.

① 협의의 불기소처분 : 혐의 없음, 죄가 안됨, 공소권 없음을 이유로 소송을 종결한다(검찰사건사무규칙 제52조 제3조 제2호, 제3호, 제4호).

② 기소유예 : 피의사건에 관하여 범죄의 혐의가 인정되고 소송조건이 구비

되었으나 범인의 연령, 성행, 지능과 환경, 범행의 동기, 수단과 결과, 범행후의 정황 등을 참작하여 공소를 제기하지 아니하는 경우를 말한다(형소법 제247조 제1항, 검찰사건사무규칙 제69조 제3항 제1호).

③ 기소중지 : 피의자의 소재불명, 고소인 또는 중요 참고인의 소재가 불명할 경우 등의 사유로 수사를 종결할 수 없는 경우에는 그 사유가 해소될 때까지 행하는 기소중지의 처분을 할 수 있다(검찰사건사무규칙 제73조). 피의자의 소재가 불명할 때에도 협의의 불기소처분이나 기소유예를 할 수도 있다.

3) 타관송치

① 검사는 사건이 소속검찰청에 대응한 법원의 관할에 속하지 아니한 때에는 사건을 서류와 증거물과 함께 관할법원에 대응한 검찰청 검사에게 송치하여야 한다.

② 군사법원의 관할에 속할 경우에는 관할군법회의 검찰부 검찰관에게 송치하여야 한다(법 제256조의2).

③ 송치 전의 소송행위는 그 효력에 아무런 영향이 없다.

④ 검사는 벌금이하의 형에 해당하는 범죄이거나 보호처분에 해당하는 소년에 대한 피의사건은 사건을 관할소년부에 송치하여야 한다(소년법 제49조).

3. 불기소처분에 대한 불복

－검사의 불기소처분에 대하여 고소인 또는 고발인의 불복수단으로는 재정신청(법 제260조 이하), 검찰청법에 의한 항고, 재항고(검찰청법 제10조 제1항, 제2항)와 헌법소원(헌법 제111조 제1항 제5호, 헌법재판소법 제68조 제1항) 등이 있다.

1) 재정신청

－형법 제123조 내지 제125조의 죄에 대하여 고소 또는 고발자는 공소를 제

기하지 아니한다는 통지를 받은 때에는 통지받은 날로 부터 10일 이내에 그 검사소속 고등검찰청에 대응한 고등법원에 그 불기소처분의 당부에 관한 재정을 신청할 수 있다. 이를 재판상 준기소절차라고도 한다.

2) 항고·재항고

① 항고 : 검사의 불기소처분에 대한 불복이 있는 경우 고소인 또는 고발인은 그 검사가 속하는 지방검찰청 또는 지청을 거쳐 서면으로 관할고등검찰청의 장에게 항고할 수 있다.

–항고가 이유 있다고 인정할 때에는 그 처분을 경정하여야 한다.

② 재항고 : 항고를 기각하는 처분에 대하여는 검찰총장에게 재항고할 수 있다. 재항고에 대하여는 항고에 관한 규정을 준용한다.

③ 항고 또는 재항고는 불기소처분의 통지 또는 항고기각결성통시를 받은 날로 부터 30일 내에 하여야 한다. 재정신청을 한 때에는 항고하지 못한다. 항고한 자가 재정신청을 한 때에는 그 항고는 취소한 것으로 간주한다. 단 재정결성선에 그 신청을 취소한 때에는 항고기간 내에 다시 항고할 수 있다.

3) 헌법소원

(1) 의의

–헌법소원이란 공권력의 행사 또는 불행사로 인하여 헌법상 보장된 기본권을 침해받은 자가 헌법재판소에 그의 권리구제를 청구하는 것을 말한다.

(2) 헌법소원청구권자

–검사의 공소권행사 또는 불행사로 인하여 헌법상 보장된 기본권이 침해된 자이다. 즉 고소인, 고발인, 피의자 등이다.

–피의자의 경우 검사가 범죄혐의가 인정되지 않음에도 불구하고 협의의 불기소처분이 아닌 기소유예처분을 할 경우 형사보상의 거부(법 제27조) 및 기타 사회적 불이익을 받을 수 있으므로 헌법소원을 할 수 있다(헌법재판소

1989.10.27, 89헌마56).

(3) 헌법소원의 대상

– 불기소처분(협의의 불기소처분, 기소유예, 기소중지, 참고인중지)

(4) 헌법소원의 절차

– 헌법소원은 다른 법률에 구제절차가 있는 경우에는 그 절차를 모두 거친 후가 아니면 청구할 수 없다. 따라서 검사의 불기소처분에 대한 헌법소원은 검찰항고·재항고 등의 절차를 모두 밟은 후에만 제기가 가능하다.

– 재정신청에 대한 고등법원의 기각결정 및 그에 대한 대법원의 재항고기각결정은 법원의 재판이므로 재판에 대한 헌법소원의 불허방침(헌재법 제68조 제1항)으로 헌법소원이 인정되지 않는다.

– 검찰항고를 거친 사건은 최종결정을 통지받은 날로부터 30일 이내에 청구하여야 한다. 피의자청구의 경우 또는 고소인·고발인 아닌 피해자가 헌법소원심판을 청구하는 경우 검사의 불기소처분이 있음을 안 날로부터 90일 이내에, 늦어도 불기소처분이 있은 날로부터 1년 이내에 헌법소원을 청구하여야 한다(헌재법 제69조).

(5) 결정

– 구제절차를 거치지 않은 경우 심판청구를 각하한다.

– 헌법소원심판청구 후 30일 경과할 때까지 지정재판부의 각하결정이 없는 때에는 심판회부결정이 있는 것으로 본다. 그 후 14일 이내에 그 사실을 청구인 또는 대리인 및 피청구인에게 통지한다. 심판청구가 이유 없다고 판단하는 경우에는 기각결정, 이유 있다고 판단하는 경우 인용결정을 한다. 그러나 검사의 불기소처분을 취소하는 결정이 있는 경우 수사재기명령 또는 공소제기명령을 할 수 있는 가에 대해서는 견해가 대립되나 인정하는 것이 타당하다.

제 2 장
공소의 제기

제1절 공소와 공소권이론

1. 공소의 의의

– 공소란 법원에 대하여 특정한 형사사건의 심판을 요구하는 검사의 법률행위적 소송행위를 말한다.

2. 공소권의 이론

– 공소를 제기하는 검사의 권리인 공소권의 본질과 성격을 어떻게 파악할 것인가의 이론이다.

1) 추상적 공소권설

– 검사가 형사사건에 대하여 공소를 제기할 수 있는 일반적 권한을 공소권이라 이해하는 견해이다. 이 견해는 공소권의 구체적 내용을 밝히는 데는 무의미하다는 비판이 있다.

2) 구체적 공소권설

(1) 공소권을 검사가 구체적 사건에 대하여 공소를 제기하여 수행할 수 있는 구체적 권한을 의미한다는 견해이다. 이 견해는 소송조건에 따라 공소권을 형식적 공소권과 실체적 공소권으로 분류하고 형식적 공소권이 없는 공소제기에 대하여는 공소기각의 재판을 하고, 실체적 공소권이 없는 공소제기에 대하여는 면소판결을 하여야 한다는 견해이다.

(2) 공소권의 남용을 억제한다는 정책적 기능은 인정되나 무죄판결을 할 경우 공소권을 설명할 수 없고 공소권을 형식적 공소권과 실체적 공소권으로 구분하는 것은 부당하다는 비판이 있다.

3) 실체판결청구권설

- 공소권을 검사가 구체적 사건에 관하여 유죄 또는 무죄의 실체판결을 구하는 권능이라는 견해이다(타당).

3. 공소권이론 부인론

1) 공소권이론은 소송조건이론의 일면으로 생각하면 족할 뿐 아니라 공소권의 개념은 그 자체로서는 발전적 요소가 없기 때문에 소송의 동적. 발전적 성격에 적합하지 않다는 이론이다.

2) 공소권이론을 소송조건이론으로 환원하는 것은 직권주의에 입각한 법원의 측면에서 관찰하는 것이고 공소제기의 유효요건인 소송조건에 공소권이 해소된다는 것은 부당하며 공소권을 소송당사자의 권리로 파악할 때 검사의 공소권행사를 억제하는 기능을 수행할 수 있다는 측면에서 공소권이론 부인론은 타당하다고 할 수 없다.

4. 공소권남용이론

1) 공소권남용이론이란 권리남용이론에 따라 공소권의 남용이라고 인정되는 경우에는 공소기각 또는 면소판결의 형식재판에 의하여 소송을 종결시켜야 한다는 이론이다.

2) 공소권행사의 적정과 부당기소를 억제, 시정하기 위한 이론이라 할 수 있으나 공소기각과 면소판결의 사유를 제한하고 있는 형사소송법에서는 받아들이기 어렵다(다수설).

제2절 공소제기의 기본원칙

1. 국가소추주의

- 공소제기의 권한을 국가기관에게 전담케 하는 것(현행법). 사인소추주의(주체에 따라 피해자소추주의와 공중소추주의로 나뉨)에 대립되는 개념이다. 독일 형소법은 국가소추주의를 원칙으로 하면서도 주거침입이나 비밀침해 등 경미한 범죄에 대하여 사인소추를 인정하고 있다.

2. 기소독점주의

- 국가기관 중에서 검사만이 공소를 제기하고 수행할 수 있는 권한을 갖는 것(법 제246조)

1) **장점** : 검사는 검사동일체원칙에 의하여 공소제기의 적정을 보장하고 국가적 입장에서 공평하고 획일적인 소추를 가능하게 한다는 점

2) **단점** : 비민주적인 검사독선 내지 검찰팟쇼를 초래할 위험이 있음.

3) 기소독점주의의 예외

① 재판상의 준기소절차 : 공무원의 직권남용죄에 대하여 불기소처분이 있는 때에 고소인 또는 고발인의 재정신청에 대한 법원의 재판을 거쳐 법원의 심판에 부하는 절차(법 제260조)

② 즉결심판의 청구 : 경찰서장에 의한 즉결심판의 청구도 넓은 의미의 형사재판의 청구라는 점에서 기소독점주의의 예외임.

4) 기소독점주의에 대한 규제

① 불기소처분에 대한 항고제도 : 고소 또는 고발사건에 대한 불기소처분에 대하여 불복이 있는 경우에 고소 또는 고발인이 상급검찰청 검사장에게 항고 또는 재항고하여 검사자체에 의하여 부당한 불기소처분을 시정하는 것(검찰청법 제10조).

② 불기소처분의 취지와 이유고지제도 : 고소인 또는 고발인에게 불기소처분의 취지를 통지케 하고(법 제258조), 청구가 있는 경우에는 그 이유를 설명할 것을 요구하는 것(법 제259조).

3. 기소편의주의

1) 의의

– 공소를 제기함에 충분한 혐의가 있을 경우에 재량에 의한 불기소처분을 인정하는 원칙이다(법 제247조). 형사사법의 탄력성 있는 운용으로 구체적 정의를 실현하고 공소제기에 대한 형사정책적 고려에 의해 일반예방과 특별예방의 목적을 달성하며 불필요한 공소를 억제하여 소송경제상 이익이 된다는 장점이 있으나 공소제기에 대한 정치적 영향과 검사의 자의를 배제할 수 없어 법적안정성을 유지할 수 없다는 단점이 있다.

2) 기소법정주의

– 수사결과 공소를 제기함에 충분한 혐의가 인정되고 소송조건을 갖춘 경우

에는 반드시 공소를 제기하여야 한다는 원칙으로 기소편의주의와 대립되는 개념이다. 공소제기에 대한 검사의 자의와 정치적, 당파적 영향을 배제하고 형사사법의 획일적 운영에 의하여 법적안정성을 유지할 수 있다는 장점이 있으나 구체적 타당성을 잃게 되고, 소송경제에 반한다는 단점이 있다.

3) 기소편의주의의 내용

(1) 기소유예제도

① 기소편의주의는 공소를 제기하는데 충분한 범죄혐의가 있고 소송조건이 구비되어 있음에도 불구하고 검사의 재량에 의하여 공소를 제기하지 않는 처분이다(법 제247조). 그러나 이에 대한 효력은 확정력이 없으므로 재기소, 유죄판결이 가능하다.

② 기소유예의 기준으로는 범인의 연령, 성행, 지능과 환경, 범행의 동기, 수단과 결과, 범행 후의 정황 등(형법 제51조)을 들 수 있다.

(2) 기소변경주의

– 일단 기소한 후에도 공소의 취소를 인정하는 것이 기소편의주의의 논리적 귀결이라 할 것이다.

4) 기소편의주의에 대한 규제

– 기소독점주의에 대한 규제가 그대로 기소편의주의의 규제가 될 수 있다. 한편으로 공소권남용의 이론에 의하여 소추재량일탈기소에 대하여는 공소제기를 무효화해야 한다는 견해가 있으며 이에 따르면 기소편의주의에 대한 규제가 될 수 있다.

제3절 공소제기의 방식

1. 공소장의 제출

- 공소를 제기함에는 공소장이라는 서면을 관할법원에 제출하여야 한다(법 제254조 제1항). 공소장은 형사소송의 기초로서의 의미를 가지며 법원의 심판범위를 명백하게 하는 기능을 가진다.

2. 공소장의 기재사항

1) 필요적 기재사항(형소법 제254조 제3항)

(1) 피고인(동항 제1호)

- 피고인은 성명, 생년월일, 주민등록번호, 직업, 주거 및 본적 등으로 특정하여 기재하여야 한다. 법인인 경우에는 사무소 및 대표자의 성명을 기재하여야 한다. 위 사항이 명백하지 않은 경우에는 인상, 체격 등의 묘사에 의하여 대신할 수 있다. 피고인의 특정이 없는 공소제기는 무효이며 공소기각의 사유로 된다(법 제327조 제2호). 성명모용의 경우 특정되었다고 볼 수 없으며 공소장 표시정정이 없으면 공소기각판결을 한다.

(2) 죄명(동항 제2호)

- 범죄의 유형적 성질을 가리키는 것으로 공소제기의 범위를 정하는데 보조적 기능을 수행한다. 피고인의 방어권 행사에 실질적 불이익이 없는 경우에는 죄명의 표시가 틀려도 공소제기의 효력에는 영향이 없음.

(3) 공소사실(동항 제3호)

- 범죄의 특별구성요건을 충족하는 구체적 사실이다. 피고인의 방어권 행사를 보호하기 다른 공소사실과 구별할 수 있는 정도로 특정하여 기재하여야 한다(동조 제4항). 공소사실이 특정되지 아니한 경우에는 공소기각의 판결

을 한다.

(4) 적용법조

– 공소사실에 적용된 법적평가로서 그 기재의 오류는 피고인의 방어에 실질적 불이익이 없는 한 공소제기의 효력에는 영향이 없다.

▸ 주요판례

– 무면허 의료행위는 그 범죄의 구성요건의 성질상 동 범행의 반복이 예상되는 것이므로 반복된 수개의 행위는 포괄적으로 한 개의 범죄로 처단되는 것이므로 공소사실도 포괄적으로 기재하는 것으로 족하다(대판 1984.2.28, 83도3313).

– 혼인빙자간음죄는 각 간음행위마다 1개의 죄가 성립된다고 할 것이므로 공소장에도 개개의 간음행위의 내용을 이루는 구체적인 범죄사실의 기재가 있어야 할 것인바 "피고인이 여인숙에서 동거하면서 혼인을 빙자하여 수회 간음한 것이다"라고 하는 공소장 기재는 추상적인 범죄구성요건의 문구만을 기재한 것이어서 공소사실을 특정하였다고 할 수 없어 ⊥ 공소세기는 형소법 제254조 제4항에 위반하여 무효이다(대판 1986. 12.9, 86도1168).

– 전과사실이나 소년부 송치처분을 받은 사실 등을 '피고인을 특정할 수 있는 사항'으로 보아 공소장에 그 기재를 허용하는 태도를 보이고 있다(대판 1990.10.16, 90도1813).

– 공소사실은 법원에 대하여 심판청구의 범위를 특정함과 아울러 피고인에 대하여 방어의 범위를 특정 하는 것을 목적으로 하므로 공소장에 공소사실을 기재함에 있어서는 공소사실의 동일성이 충분히 인식될 수 있을 정도로 범죄의 일시·장소와 방법을 구체적으로 명시하여야 한다(대판 1993.4.27, 93도481).

– 포괄일죄에 있어서는 일죄의 일부를 구성하는 개개의 행위에 대하여 구체적으로 특정하지 아니하더라고 그 전체범행의 시기와 종기, 범행방법, 범행횟수 또는 피해액의 합계 및 피해자나 상대방 등을 명시하면 그 범죄 사실은 특정된다 할 것이다(대판 1983.1.18, 82도2572).

－공소사실의 기재는 각 범죄사실을 개별적으로 특정할 수 있도록 구체적으로 하여야 하므로 사문서위조 공소사실을 기재함에 있어서 2인의 명의만 특정하였을 뿐 나머지 채권자 4명에 대하여는 그 명의를 구체적으로 특정하지 않은 채 막연히 채권자들이라고만 지적하였다면 나머지 채권자 4명 명의의 사문서를 위조하였다는 공소는 그 공소사실을 기재하지 않은 것으로서 공소의 제기가 법률의 규정에 위반된 경우에 해당한다(대판 1983.9.13, 82도2063).

－갑이 수사기관에서 조사를 받을 때 을의 성명, 주소, 본적 등 인적사항을 모용 하였기 때문에 검사가 이를 오인하여 을의 표시가 공소를 제기한 경우, 이 공소자의 기재는 갑에 대한 공소로서는 동인을 특정할 수 있다고 볼 수 없으므로 달리 검사가 공소제기 후 위 갑을 특정하여 피고인 표시정정을 함으로써 그 모용관계가 바로 잡혔다고 볼 만한 사정이 없는 이상 이 공소는 형소법 제254조의 규정에 위반하여 무효라 할 것이다(대판 1985.6.11, 85도756).

2) 임의적 기재사항

(1) 범죄사실과 적용법조의 예비적 택일적 기재

－공소장에는 수개의 범죄사실과 적용 법조를 예비적 또는 택일적으로 기재할 수 있으나(법 제254조), 예비적 기재라 함은 수개의 사실 또는 법조에 대하여 순서를 정하여 선순위의 사실이나 법조의 존재가 인정되지 않는 경우에 후순위의 사실 또는 법조의 존재의 인정을 구하는 취지로 기재하는 것이며, 택일적 기재란 심판의 순서를 정하지 않고 어느 것을 심판해도 좋다는 취지의 기재이다.

(2) 허용범위

－통설은 범죄사실과 적용법조의 예비적 택일적 기재는 범죄사실의 동일성이 인정되는 범위에서만 허용된다고 하나 동일성의 요건을 배제하는 소수설이 있다.

(3) 법원의 심리·판단

– 범죄사실과 적용 법조를 예비적, 택일적으로 기재한 경우에 예비적기재의 경우에만 그 순서에 제한이 있을 뿐 공소장에 기재된 모든 범죄사실이 법원의 심판의 대상이 되며 법원이 그 어느 하나로 유죄를 선고한 때에는 판결주문에 유죄만을 선고하면 되고 다른 사실에 대한 판단은 요하지 않는다. 그러나 무죄선고시 모든 판단이 필요하다.

3. 공소장 일본주의

1) 공소장일본주의의 의의

– 공소제기시 법원에 공소장이외에 법원에 예단을 생기게 할 수 있는 서류 기타 물건을 첨부할 수 없다는 주의이다.

2) 공소장일본주의의 근거

① 이론적 근거 : 당사자주의 소송구조, 예단배제의 원칙, 공판중심주의, 위법증거의 배제

② 실정법적 근거 : 공소를 제기함에는 공소장을 관할법원에 제출하여야 하며(법 제254조 제1항), 공소장에는 사건에 관하여 법원에 예단이 생기게 할 수 있는 서류 기타 물건을 첨부하여서는 안 된다(규칙 제118조 제2항).

3) 공소장일본주의의 내용

① 첨부와 인용의 금지

– 사건의 실체심리 이전에 법관의 심증형성에 영향을 줄 수 있는 자료 기타 증거물을 첨부하거나 문서내용을 인용하는 것이 금지된다. 그러나 문서가 범죄수단인 경우 공소사실을 특정하기 위하여 문서내용을 인용하는 것은 허용된다.

② 여사기재(餘事記載)

– 공소장에 형소법 제254조 제3항의 기재사항 이외의 사항을 기재하는 경우를 여사기재라 한다. 상습범과같이 전과가 범죄구성요건의 내용을

이루는 경우나 사실상의 범죄사실의 내용을 이루는 경우 이외에는 피고인의 전과, 악성향, 경력 등의 기재는 허용되지 않고, 범죄의 동기도 공소사실과 밀접불가분하거나 공소사실을 명확하게 하기 위해서만 그 기재가 허용된다.

4) 공소장일본주의 위반의 효과

－공소장일본주의의 위반은 공소제기의 방식에 관한 중대한 위반이므로 공소제기는 무효이며, 따라서 법원은 판결로서 공소기각을 선고하여야 한다(법 제327조 제2호).

5) 공소장일본주의의 예외

① 약식절차 : 검사가 약식명령을 청구할 경우에 공소제기와 동시에 수사기록과 증거물을 법원에 제출하여야 한다(반대설이 있음). 법원이 직권에 의하여 공판절차에 의하거나(법 제450조), 정식재판청구가 있는 경우에는 공소장일본주의가 적용된다.

② 공소장일본주의의 적용범위 : 공소제기에 대해서만 적용되는 것이므로 공판절차 갱신후의 절차, 상소심의 절차, 파기환송(이송)후의 절차에는 적용 안됨.

6) 관련문제

① 증거개시의 문제

－피고인 또는 변호사는 검사에게 관계기록 및 증거물의 열람·등사를 청구할 수 있다.

② 공판기일 전의 증거제출

－형소법은 공판기일 전의 증거조사(법 제273조)와 당사자의 공판기일 전의 증거제출(법 제274조)을 인정하고 있다. 공판기일 전의 증거조사와 증거제출은 당사자의 합의에 의하여 소송 진행에 필요한 최소한에 그쳐야 한다는 견해가 있으나 증거보전절차와 관련하여 여기의 공판기일 전

이란 제1회 공판기일 이후의 공판기일 전을 의미한다고 해석함이 타당.

4. 재정신청

1) 재정신청(법 제260조)

① 고소권자로서 고소를 한 자(「형법」 제123조부터 제126조까지의 죄에 대하여는 고발을 한 자를 포함한다. 이하 이 조에서 같다)는 검사로부터 공소를 제기하지 아니한다는 통지를 받은 때에는 그 검사 소속의 지방검찰청 소재지를 관할하는 고등법원(이하 "관할 고등법원"이라 한다)에 그 당부에 관한 재정을 신청할 수 있다. 다만, 「형법」 제126조의 죄에 대하여는 피공표자의 명시한 의사에 반하여 재정을 신청할 수 없다.

② 제1항에 따른 재정신청을 하려면 「검찰청법」 제10조에 따른 항고를 거쳐야 한다. 다만, 다음 각 호의 어느 하나에 해당하는 경우에는 그러하지 아니하다.

a. 항고 이후 재기수사가 이루어진 다음에 다시 공소를 제기하지 아니한다는 통지를 받은 경우

b. 항고 신청 후 항고에 대한 처분이 행하여지지 아니하고 3개월이 경과한 경우

c. 검사가 공소시효 만료일 30일 전까지 공소를 제기하지 아니하는 경우

③ 제1항에 따른 재정신청을 하려는 자는 항고기각 결정을 통지받은 날 또는 제2항 각 호의 사유가 발생한 날부터 10일 이내에 지방검찰청검사장 또는 지청장에게 재정신청서를 제출하여야 한다. 다만, 제2항 제3호의 경우에는 공소시효 만료일 전날까지 재정신청서를 제출할 수 있다.

④ 재정신청서에는 재정신청의 대상이 되는 사건의 범죄사실 및 증거 등 재정신청을 이유있게 하는 사유를 기재하여야 한다.

2) 검사장, 지청장의 처리(법 제261조)

– 제261조(지방검찰청검사장 등의 처리) 제260조 제3항에 따라 재정신청서를

제출받은 지방검찰청검사장 또는 지청장은 재정신청서를 제출받은 날부터 7일 이내에 재정신청서·의견서·수사 관계 서류 및 증거물을 관할 고등검찰청을 경유하여 관할 고등법원에 송부하여야 한다. 다만, 제260조 제2항 각 호의 어느 하나에 해당하는 경우에는 지방검찰청검사장 또는 지청장은 다음의 구분에 따른다.

a. 신청이 이유 있는 것으로 인정하는 때에는 즉시 공소를 제기하고 그 취지를 관할 고등법원과 재정신청인에게 통지한다.

b. 신청이 이유 없는 것으로 인정하는 때에는 30일 이내에 관할 고등법원에 송부한다.

3) 고등법원의 심리·결정(법 제262조)

① 법원은 재정신청서를 송부받은 때에는 송부받은 날부터 10일 이내에 피의자에게 그 사실을 통지하여야 한다.

② 법원은 재정신청서를 송부받은 날부터 3개월 이내에 항고의 절차에 준하여 다음 각 호의 구분에 따라 결정한다. 이 경우 필요한 때에는 증거를 조사할 수 있다.

a. 신청이 법률상의 방식에 위배되거나 이유 없는 때에는 신청을 기각한다.

b. 신청이 이유 있는 때에는 사건에 대한 공소제기를 결정한다.

③ 재정신청사건의 심리는 특별한 사정이 없는 한 공개하지 아니한다.

④ 제2항의 결정에 대하여는 불복할 수 없다. 제2항제1호의 결정이 확정된 사건에 대하여는 다른 중요한 증거를 발견한 경우를 제외하고는 소추할 수 없다.

⑤ 법원은 제2항의 결정을 한 때에는 즉시 그 정본을 재정신청인·피의자와 관할 지방검찰청검사장 또는 지청장에게 송부하여야 한다. 이 경우 제2항 제2호의 결정을 한 때에는 관할 지방검찰청검사장 또는 지청장에게 사건기록을 함께 송부하여야 한다.

⑥ 제2항 제2호의 결정에 따른 재정결정서를 송부받은 관할 지방검찰청 검사장 또는 지청장은 지체 없이 담당 검사를 지정하고 지정받은 검사는 공소

를 제기하여야 한다.

▸ 주요판례

– 검사의 공소를 제기하지 아니하는 처분에 대한 당부에 관한 재정신청에 당하는 법원은 검사의 무혐의 불기소처분이 위법하더라도 기록에 나타난 제반사정을 고려하여 기소유예의 불기소처분을 할 만한 사건이라고 인정되는 경우에는 재정신청을 기각할 수 있다(대판 1986.9.16, 85모37; 대법원 1993.8.12, 93모9).

제4절 공소제기의 효과

1. 공소제기효과의 의미

– 공소제기는 소송의 원인인 동시에 심판범위를 한정한다는 의미에서 소송의 한계라 할 수 있다.

2. 공소제기의 소송법적 효과

1) 소송계속

– 사건이 특정한 법원의 심판대상으로 되어있는 상태. 공소제기가 적법·유효한 여부에 따라 실체적 소송계속과 형식적 소송계속으로 분류된다.

① 소송계속의 적극적 효과

– 법원이 사건을 심리. 재판할 권리 의무를 가지며 검사와 피고인은 당사자로서 당해 사건의 심리에 관여하고 법원의 심판을 받아야 할 권리와 의무를 갖게 되는 법률관계가 발생함.

② 소송계속의 소극적 효과

– 이중기소는 금지된다. 동일사건에 대하여 이중기소가 된 경우 후의 소에 대하여 법원은 공소기각의 판결을 한다(법 제327조). (이중기소의 금

지, 재소의 금지)

2) 공소시효의 정지

－공소제기에 의하여 공소시효의 진행이 정지되며 공소기각 또는 관할위반의 재판이 확정한 때로부터 진행함(법 제253조 제1항). 공범의 1인에 대한 시효정지는 다른 공범자에 대하여도 효력이 미친다(법 제253조 제2항). 과형상의 일죄의 일부에 대하여만 공소가 제기된 경우 다른 부분도 공소시효가 정지된다.

3. 공소제기의 효력이 미치는 범위

1) 사건범위의 한정

(1) 공소불가분의 원칙

－공소제기의 효과가 공소장에 기재된 피고인과, 공소사실과 단일성 및 동일성이 인정되는 사실에 미친다.

(2) 심판의 대상과 공소불가분의 원칙

① 1설 : 공소장에 기재된 공소사실과 단일성 및 동일성이 인정되는 사실의 전부가 심판의 대상이 된다는 견해.

② 2설 : 심판의 대상은 공소장에 명시된 소인의 범위에 제한되고 공소사실은 현실적 개념이 아니라 소인변경의 범위를 결정하는 기능적 개념에 불과하다는 견해.

③ 3설 : 공소장에 기재된 공소사실이 현실적 심판의 대상이고 소송사실의 단일성과 동일성이 인정되는 사실은 잠재적 심판의 대상이라는 견해.

④ 소인이 현실적 심판의 대상이고 공소사실은 잠재적 심판의 대상이라고 하는 견해가 각각 대립하나 제3설이 타당하다.

2) 공소효력의 인적 범위

(1) 인적 효력의 범위

– 검사가 공소장에 특정하여 기재한 피고인에 대해서만 효력이 미친다(법 제248조)(이 점에서 원칙적으로 주관적 불가분을 인정하는 고소의 효력과 다르다).

(2) 피고인의 특정

– 피고인의 특정과 관련하여 검사의 의사를 기준으로 하는 의사설, 공소장의 표시에 따라야 한다는 표시설, 피고인의 행위를 기준으로 하는 행위설이 있으나 표시설과 행위설을 결합하는 것이 통설이다.

(3) 성명모용의 경우

– 갑이 을의 성명을 모용하여 을의 이름으로 공소가 제기된 경우 공소의 효력은 명의를 사칭한 자에게만 미치고 피모용자에게는 미치지 않는다. 이 경우 검사가 공소장 표시정정절차에 의하여 시정하면 된다. 을이 공판정에 출석한 경우 형식적으로 피고인의 지위에 있는 자이므로 공소기각의 판결.

(4) 위장출석의 경우

– 실질적피고인(피위장자)에게 공소의 효력이 미침.

3) 공소효력의 물적범위

(1) 공소사실의 단일성과 동일성

– 단일성은 소송법적 행위의 단일성을 의미하며, 동일성은 기본적 사실의 동일성을 의미함. 단일성과 동일성이 인정되는 범위가 법원의 잠재적 심판의 범위를 의미하며 공소장변경의 한계가 되고 기판력의 객관적 범위와 일치한다.

(2) 일죄의 일부에 대한 공소제기

① 소송법상 1죄로 취급되는 단순일죄 또는 과형상 일죄의 일부에 대한 공소

제기 허용 여부에 대하여 견해가 대립된다. 실체적 진실발견을 무시하고 검사의 자의를 인정하는 결과가 된다는 이유로 공소장에 공소사실의 일부만이 기재된 경우에도 그 사건의 전부에 효력이 미친다고 하는 소극설이 다수설이다.

② 변론주의를 근거로 또는 검사의 재량에 속한다는 것을 근거로 한 적극설도 있음.

(3) 강간죄의 수단인 폭행, 협박의 기소

–강간죄의 고소가 없는 경우에는 그 수단만을 기소하는 것은 부당하다. 판례는 무죄선고의 태도(대판 1974.6.11, 73도2817).

(4) 공소제기의 효력과 심판의 범위

–일죄의 일부에 대하여 공소제기가 있는 경우에 잠재적 심판범위 안에 있는 나머지를 심판하기 위해서 법원은 검사에게 공소장 변경을 요구할 수 있다(법 제298조 제2항).

4. 공소의 취소

1) 공소취소의 의의

① 공소의 취소 : 검사가 공소제기를 철회하는 법률행위적 소송행위.

② 공소사실의 동일성이 인정되지 않는 수개의 공소사실의 전부 또는 일부를 철회하는 점에서 동일성이 인정되는 공소사실의 일부를 철회하는 공소사실의 철회와 구별된다.

2) 공소취소의 절차

① 주체 : 검사

② 방법 : 이유를 기재한 서면원칙. 공판정에서 구술도 가능(법 제255조 제2항). 7일 이내에 고소, 고발인에게 서면통지(법 제258조 제1항).

③ 시기 : 제1심판결 선고 전까지. 제1심판결에 관할위반, 공소기각은 포함 안 된다는 견해가 있으나 형식판결 실체판결을 구분할 근거가 없으므로 이는 부당하다. 제1심판결에 대한 재심소송절차에서도 불가.

3) 공소취소의 효과

① 공소기각의 결정(법 제328조 제1호).

② 재기소의 제한 : 공소취소 후 그 범죄사실에 대하여 다른 중요한 증거가 발견된 경우에 한하여 재기소가 가능하다(법 제329조). 즉 취소전 무죄판결가능성이 있었으나 새로 발견된 증거를 추가하면 충분히 유죄의 확신을 갖게 되는 증거의 발견의 경우이다.

제5절 공소시효

1. 공소시효의 의의와 본질

1) 공소시효의 의의

－공소시효란 검사가 일정한 기간 동안 공소를 제기하지 않고 방치할 경우에 국가의 소추권을 소멸시키는 제도이다. 공소시효가 완성된 후에는 면소판결을 해야 한다. 형의시효는 형벌권소멸로 형의 집행이 면제될 뿐이다.

2) 공소시효의 본질

(1) 실체법설

－공소시효를 형벌권을 소멸시키는 제도라 파악하고 형벌권의 소멸이 소송에 반영되어 실체판결을 저지하는 소송법적 효과(실체관계적소송조건)를 가진다는 견해(다수설).

(2) 소송법설

－공소시효는 형벌권과 관계없이 시간의 경과에 의하여 증거가 없어진다는

점을 고려하여 국가의 소추권을 억제하는 소송법적 효과(소송조건)를 갖는다는 견해(타당).

(3) 경합설

– 공소시효의 본질이 가벌성의 감소와 증거의 산일에 있다고 하여 실체법적 성격과 소송법적 성격을 함께 가지고 있다는 견해.

(4) 결론

– 실체법설은 형벌권이 소멸하면 무죄판결을 하여야 하나 면소판결을 하도록 하는 이유를 설명하지 못하며 소송법설은 시효기간이 법정형에 따라 달리 규정된 이유를 설명할 수 없으며, 경합설은 실체법설의 난점을 그대로 가지고 있다는 비판이 있다. 따라서 공소시효의 본질은 소추권의 소멸을 의미하는 것으로 보아 소송법설이 일응 타당하다 할 것이다.

3) 공소시효의 존재이유

– 시간의 경과에 따른 사실관계를 존중하여 사회와 개인의 생활안정을 도모하고, 형벌부과의 적정을 기한다.

2. 공소시효의 기간

1) 시효 기간(법 제249조 제1항) – 법정형에 따라 차이가 있다.

a. 사형에 해당하는 범죄에는 **25년**

b. 무기징역 또는 무기금고에 해당하는 범죄에는 **15년**

c. 장기10년 이상의 징역 또는 금고에 해당하는 범죄에는 **10년**

d. 장기10년 미만의 징역 또는 금고에 해당하는 범죄에는 **7년**

e. 장기5년 미만의 징역 또는 금고, 장기10년 이상의 자격정지 또는 벌금에 해당하는 범죄에는 **5년**

f. 장기5년 이상의 자격정지에 해당하는 범죄에는 **3년**

g. 장기5년 미만의 자격정지, 구류, 과료 또는 몰수에 해당하는 범죄에는 **1년**

2) 시효기간의 기준

(1) 기간결정의 기준이 되는 형 : 법정형. 2개 이상의 형을 병과하거나 2개 이상에서 1개를 과할 때는 중한 형. 가중감경전의 형(법 제250조, 제251조).

(2) 법정형 판단의 기초가 되는 범죄사실

① 공소장기재 범죄사실. 수개의 공소사실이 예비적 택일적으로 기재된 경우에는 가장 중한 형(다수설).

② 과형상의 1죄인 경우에는 가장 중한 죄의 기준설과 각 죄에 대한 개별적 기준설(타당) 대립.

③ 공소장변경시는 공소제기시를 기준으로 판단(판례).

3) 공소시효의 기산점(법 제252조)

(1) 범죄행위 종료시 : 범죄행위의 종료는 결과발생시가 기준. 거동범과 미수범은 행위종료시, 계속범은 법익침해 종료시, 포괄적 일죄는 최종범죄행위종료시, 결과적가중범은 중한결과 발생시, 신고기간이 정해진 범죄는 신고의무 소멸시.

(2) 공범의 특례 : 공범은 최종행위 종료시부터 전 공범에 대한 시효기간을 기산함(필요적 공범 포함)

4) 공소시효의 계산

－초일은 시간을 계산함이 없이 1일로 산정하고(법 제66조 제1항 단서), 기간의 말일이 공휴일이라도 기간에 산입된다(법 제66조 제3항 단서).

3. 공소시효의 정지

1) 의의

－공소시효는 정지만을 인정하고 중단은 이를 인정하지 않음을 주의.

2) 정지사유

① 공소의 제기 : 공소기각, 관할위반의 재판확정시부터 다시진행(법 제253조 제1항).

② 재정신청 : 고등법원의 재정결정이 있을 때까지 정지(법 제262조의4).

③ 소년보호사건의 심리개시결정 : 소년부판사의 심리개시결정부터 보호처분 결정 확정시 까지.

④ 범인의 국외도피 : 범인이 형사처분을 면할 목적으로 국외에 있는 경우 그 기간 동안 공소시효는 정지된다(법 제253조 제3항).

3) 시효정지 효력이 미치는 범위

– 공소제기된 피고인에게만 미침이 원칙. 단 공범 1인에 대한 시효정지는 다른 공범에게도 미치고 당해사건의 재판이 확정된 때부터 다시 진행함.

4. 공소시효완성의 효과

– 공소시효완성 또는 공소제기 후 판결이 확정되지 않고 25년이 경과된 경우 면소판결(법 제249조 제2항, 제326조 제3호). 수사 중 피의사건의 공소시효가 완성된 것으로 판명된 경우 '공소권 없음'을 이유로 불기소처분을 하여야 한다.

▸ 주요판례

– 사기죄로 공소가 제기된 범죄사실에 대하여 예비적으로 배임죄를 추가하는 공소장변경이 된 경우에는 공소장 기재의 공소사실의 동일성에 아무런 소장이 없으므로 배임죄에 대한 공소시효의 완성 요부는 본래의 공소제기시를 기준으로 하고 공소장변경시를 기준으로 삼아서는 아니 된다(대판 1981.1.10, 80도3245).

– 허가를 받지 아니하고 시장을 개설하는 행위는 계속범의 성질을 가지는 것이어서 허가를 받지 않은 상태가 계속되는 한 무허가시장 개설행위에 대한 공소시효는 진행되지 아니한다(대판 1981.10.13, 81도1244).

- 범죄 후 법률의 개정에 의하여 법정형이 가벼워진 경우에는 형법 제1조에 의하여 당해 범죄사실에 적용될 가벼운 법정형(신법의 법정형)이 공소시효 기간의 기준으로 된다(대판 1987.12.22, 87도84).
- 공소시효의 기산점에 관하여 규정한 형소법 제252조 제1항의 "범죄행위"에는 당해 범죄의 결과까지도 포함되는 취지로 해석함이 상당하므로, 업무상 과실치사상죄의 공소시효는 피해자들이 사상에 이른 결과가 발생함으로써 그 범죄행위가 종료한 때로부터 진행한다(대판 1994.3.22, 94도35).

제 3 장

공판절차

제1절 공판절차의 제원칙

1. 공판절차의 의의

① 공소제기 이후부터 소송절차가 종결하기까지의 전 절차. 이 중에서 특히 공판기일의 절차만을 '협의의 공판절차'라 한다.

② 공판 또는 공판절차는 주로 공판기일에 양당사자의 공격·방어를 중심으로 이루어진다. 여기서는 당사자주의가 지배하고 그 구조는 '소송'의 형태를 취한다.

2. 공판절차의 기본원칙

1) 공개주의

① 공개주의란 일반국민에게 방청의 기회를 주는 것을 말한다. 그러나 법정의 크기에 따라 방청인 수를 제한하거나 법정경찰권이나 소송지휘권에 의한 특정인에 대한 퇴정명령 등은 공개주의에 반하지 않는다.

② 「헌법」 제27조 제3항에 신속한 재판을 받을 권리와 형사피고인의 공개재판 받을 권리를 보장함으로서 공개주의를 보장하고 있다.

③ 「헌법」 제109조 : “재판의 심리와 판결은 공개한다. 다만 심리는 국가의 안전보장 또는 안녕질서를 방해하거나 선량한 풍속을 해할 우려가 있는 때에는 법원의 결정으로서 공개하지 아니할 수 있다.” 「법원조직법」 제57조 : “재판의 심리와 판결은 공개한다. 다만, 심리는 국가의 안전보장·안녕질서 또는 선량한 풍속을 해할 우려가 있는 때에는 결정으로 이를 공개하지 아니할 수 있다.” 이에 위반하여 공개할 때에는 절대적 항소이유가 된다(법 제361조 5의 9호).

2) 구두변론주의

① 구두변론주의란 법원이 당사자의 구두에 의한 공격·방어를 근거로 심리를 진행하고 재판을 하는 주의를 말한다(법 제37조 1항).

② 서면주의와 반대개념, 구두에 의하여 제공된 소송자료를 근거로 하여 재판을 행하는 주의

③ 변론주의 : 당사자의 증거조사신청권(법 제294조), 상호신문제도(법 제161조의2), 사실 및 법률적용에 관한 의견진술권(법 제302조, 제303조) 국선변호 및 필요적 변호의 확충(법 제282조)도 변론주의를 강화하는 규정이다.

④ 직권주의의 보충 : 법원의 직권에 의한 증거소사(법 제295조).

3) 직접심리주의

① 광의의 뜻 : 주관적 직접주의(법원이 공판정에서 직접 조사한 증거만을 재판의 기초로 하는 주의)와 객관적 직접주의(사실증명에 대하여 범죄사실에 직접적인 증거에 의한다는 주의)를 포함하는 의미.

② 공판의 원칙으로서는 보통 주관적 직접주의의 의미로 사용된다.

③ 직접주의는 당사자 특히 피고인 보호와 공정한 절차보전의 측면이 강하다.

예 전문증거의 원칙적 배격(법 제310조 의 2)

4) 계속심리주의

계속심리주의는 심리에 2일 이상을 요하는 사건을 연일 계속해서 심리하여야

한다는 원칙으로, 집중심리주의라고도 한다. 계속심리주의는 사건의 심판을 지체 없이 하여, 소송의 촉진과 신속한 재판을 실현함으로써 형사피고인을 보호하려는 요청에서 인정되는 것이다. 우리 형사소송법은 집중심리와 즉일선고에 관한 규정을 둠으로써 계속심리주의를 실현하고 있다.

① 집중심리(법 제267조의2)

a. 공판기일의 심리는 집중되어야 한다.

b. 심리에 2일 이상이 필요한 경우에는 부득이한 사정이 없는 한 매일 계속 개정하여야 한다.

c. 재판장은 여러 공판기일을 일괄하여 지정할 수 있다.

d. 재판장은 부득이한 사정으로 매일 계속 개정하지 못하는 경우에도 특별한 사정이 없는 한 전회의 공판기일부터 14일 이내로 다음 공판기일을 지정하여야 한다.

e. 소송관계인은 기일을 준수하고 심리에 지장을 초래하지 아니하도록 하여야 하며, 재판장은 이에 필요한 조치를 할 수 있다.

② 즉일선고(법 제318조의4)

a. 판결의 선고는 변론을 종결한 기일에 하여야 한다. 다만, 특별한 사정이 있는 때에는 따로 선고기일을 지정할 수 있다.

b. 변론을 종결한 기일에 판결을 선고하는 경우에는 판결의 선고 후에 판결서를 작성할 수 있다.

c. 따로 선고기일 지정하는 경우에 선고기일은 변론종결 후 14일 이내로 지정되어야 한다.

제2절 공판준비

1. 공판심리의 범위

1) 심판의 범위

① 심판의 범위는 공소의 범위와 일치하고, 공소는 국가기관인 검사가 제기

하여 수행한다(법 제246조).

② 법원의 심판대상 : 검사가 공소제기에서 지정한 피고인과 공소사실에 한한다.

③ 공판심리의 범위

a. 인적 범위 : 불고불리의 원칙에 의하여 한정된다.

b. 물적 범위 : 공소불가분의 원칙에 의하여 규율된다. 공소사실에 관하여 사건의 단일성과 동일성이 인정되는 한 범죄사실의 일부에 대한 공소라도 그 효력이 전부에 미치고 그 이외에는 미치지 않는다(법 제248조 제2항).

④ 형사소송법의 해석상 심판의 대상이 무엇인가에 대하여는 공소사실대상설, 소인대상설, 절충설 및 이원설이 대립하고 있다. 공소장에 기재된 공소사실이 현실적 심판의 대상이고, 공소사실과 동일성이 인정되는 사실이 잠재적 심판의 대상이라는 이원설이 다수설이며, 판례의 태도이다.(대법원 1983.11.8, 82도2119; 대법원 1989.2.14, 85도1435)

2) 공소장의 변경

① 공소장의 변경이란 검사가 법원의 허가를 얻어 공소사실의 동일성을 해하지 않는 범위 내에서 공소장에 기재된 공소사실 또는 적용법조를 추가·철회 또는 변경하는 것을 말한다(법 제298조).

② 공소장변경의 내용

a. 공소사실 또는 적용법조의 추가 : 공소장에 기재된 종래의 것을 존치해 두고 새로이 별개의 소인을 추가하는 것

b. 공소사실 또는 적용법조의 변경 : 개개의 공소사실 또는 적용법조의 내용의 변경 하는 것

c. 공소사실 또는 적용법조의 철회 : 공소장에 기재된 수개의 공소사실 중 어느 것 을 철회하는 것

d. 추가 철회 변경허용의 범위 : 필요한 범위 내에서 법원은 검사의 신청에 따라 공소장에 기재된 공소사실 또는 적용법조의 추가·철회 또는

변경을 공소사실과 동일성을 해하지 않는 범위 내에서 허가하여야 한다.

e. 공소장의 변경에 관하여 심리의 경과에 비추어 상당하다고 인정한 때 필요적 변경요구제도로 법원은 공소사실 또는 적용법조의 추가 또는 변경을 요구하여야 한다(법 제298조 제2항).

f. 공소장변경은 공판심리절차에서 행하여진다.

g. 공소사실 또는 적용법조의 추가·철회 또는 변경이 있을 때에는 법원은 그 사유를 신속히 피고인 또는 변호인에게 고지하여야 한다(법 제298조 제3항). 공소장변경 시 피고인의 불이익을 증가할 염려가 있다고 인정한 때에는 필요한 방어의 준비를 하기 위하여 결정으로 필요한 기간 공판절차를 정지할 수 있다(법 제298조 제4항).

h. 공소장변경의 시기 : 제1심 판결선고 전까지 할 수 있다. 판례는 항소심에서도 가능하다는 입장

i. 공소사실의 동일성의 판단기준 : 이에 대해서는 기본적 사실동일설, 죄질동일설, 구성요건공통설, 소인공통설 등이 있으나, 공소장변경제도의 취지가 피고인의 방어권행사의 보장에 있으므로 기본적 사실동일설이 타당하다(판례). 상상적 경합범은 사건의 단일성에 있다고 본다.

▶ 주요판례

－현행법상 형사항소심의 구조가 오로지 사후심으로서의 성격만을 가지고 있는 것은 아니므로 항소심에서도 공소장의 변경을 할 수 있다(대법원 1986.7.8, 86도621).

－강간치상죄로 공소가 제기된 사건에서 강간의 범위가 인정되지 아니할 경우 원심이 공소장변경절차 없이 폭력행위 등 처벌에 관한 법률위반(상해)죄에 대해 따로 심리판단하지 아니한 것과 강제추행죄 또는 체포치상죄 등으로 공소장변경을 요구하지 않은 것은 위법하다 할 수 없다(대법원 1993.10.12, 93도1898).

－공소사실의 동일성은 그 사실의 기초가 되는 사회적 사실관계가 기본적인 점에서 동일하면 그대로 유지되는 것이다(대법원 1994.3.8, 93도 2950).

- 공소사실이나 범죄사실의 동일성은 형사소송법상의 개념이므로 이것이 형사소송절차에서 가지는 의의나 소송법적 기능을 고려하여야 할 것이고, 따라서 두죄의 기본적 사실관계가 동일한가의 여부는 그 규범적 요소를 전적으로 배제한 채 순수하게 사회적, 전법률적 관계에서만 파악할 수는 없고, 그 자연적, 사회적 사실관계와 피고인의 행위가 동일한 것인가 외에 그 규범적 요소도 기본적 사실관계 동일성의 실질적 내용의 일부를 이루는 것이라고 보는 것이 상당하다(대법원 1994.3.22, 93도2080).
- 피고인이 거래처로부터 수금하였다는 기본적 사실이 동일한 이상, 이를 수금하여 보관하던 중 횡령하였다고 하여 업무상 횡령으로 공소제기 하였다가 다시 일부는 횡령, 일부는 수금권한이 없는데도 있는 것처럼 가장하고 수금하여 이를 편취하였다고 사기로 공소장변경을 하였다가, 다시 사기죄명을 철회하는 공소장변경을 하였다고 하여도 이는 동일한 기본적 사실에 대한 법률적 평가를 달리한데 불과하므로 공소장변경은 적법하다(대법원 1984.2.28, 83도3074).
- 본위적 공소사실은 피고인이 1982.8.3. 18:00경 횟집에서 피해자(갑)에게 폭행을 하여 상처를 입혔다는 것이고 예비적 공소사실은 피고인의 위 폭행이 폭행습벽의 발로라는 것인 이상, 당초의 위 공소사실에다 피고인이 제1심 판결선고 후인 1983.5.27. 피고인의 매형에게 한 폭행, 협박사실을 추가하는 공소장 변경신청은 공소사실의 동일성이 인정될 수 없는 경우이다(대법원 1984.3.13, 84도219).
- 형사소송법 제298조 제2항의 공소장 변경요구에 관한 규정을 법원의 변경요구를 의무화한 것이 아니고 이는 어디까지나 법원의 재량에 속하는 것이므로 법원이 공소사실을 정정케 하지 아니하였다 하여 거기에 소론과 같은 공소장 변경요구 등 석명절차를 다하지 아니한 위법이 있다 할 수 없다(대법원 1983.2.8, 82도201).
- 강도강간죄의 공소사실 중에는 강간죄의 공소사실의 동일성이 인정되는 범위내의 사실에 대하여는 법원은 검사의 공소장기재 적용법조에 구애됨이 없이 직권으로 법률을 적용할 수 있다(대법원 1987.5.12, 87도792).

2. 공판준비

1) 공판준비의 의의

제1회 공판기일이건 제2회 이후의 공판기일이건 불문하고 공판기일에 있어서의 심리의 원만·신속을 기하기 위하여 그 준비로서 수소법원 또는 재판장, 수명법관, 수탁판사에 의하여 행하여지는 절차를 공판준비라 한다.

2) 공판기일 전의 절차

① 공소장부본의 송달

- 공소 제기 후 제1회 공판기일 전 5일까지 공소장부본을 피고인 또는 변호인에게 송달하여야 한다(법 제266조).
- 이것은 당사자주의적 입장에서 피고인에게 공판을 열기에 앞서 충분한 방어준비를 하게하기 위한 것이다.
- 기간 내에 공소장부본의 송달이 없는 경우에는 그 불송달의 이유여하를 불문하고 심리개시 대하여 당사자는 이의를 신청할 수 있다.

② 공판기일의 지정. 변경

- 재판장은 공판기일을 정하여야 한다(법 제267조 제1항).
- 재판장은 직권 또는 검사, 피고인이나 변호인의 신청에 의하여 공판기일을 변경할 수 있다(법 제270조 제1항). 공판기일변경신청을 기각한 명령은 송달하지 아니한다(동조 제2항).
- 공판기일은 검사, 변호인과 보조인에게 통지하여야 한다. 공판기일에는 피고인, 대표자 또는 대리인을 소환하여야 한다(법 제267조 제2항, 제3항).
- 법원 구내에 있는 피고인에 대하여 공판기일을 통지한 때에는 소환장 송달의 효력이 있다(법 제268조).
- 제1회 공판기일은 소환장의 송달 후 5일 이상의 유예기간을 두어야 한다(법 제269조 제1항). 피고인이 이의 없는 때에는 5일 이상의 유예기간을 두지 않을 수 있다(동조 제2항). 공판기일의 소환 또는 통지서를 받은 자가 질병 기타의 사유로 출석하지 못한 때에는 의사의 진단서 기타

의 자료를 제출하여야 한다(법 제271조).

3) 공판 전 준비절차

① 의의

개정 형사소송법은 종래의 공판준비절차 이외에 공판기일의 효율적이고 집중적인 심리를 위하여 '**공판 전 준비절차**'(법 제266조5 내지 15)를 도입하였다. 공판 전 준비절차는 효율적이고 집중적인 심리를 위해 수소법원이 검사, 피고인 또는 변호인의 의견을 들어 제1회 공판기일 이전에 사건의 쟁점과 증거를 정리하는 절차를 말한다.

② 공판 전 준비절차의 대상

국민참여재판에 있어서는 필수적 절차이나 일반사건에 있어서는 법원이 효율적이고 집중적인 심리가 필요하다고 인정한 사건이다.

③ 공판 전 준비절차의 진행

- 공판 전 준비절차는 수소법원이 주재한다. 재판장은 효율적이고 집중적인 심리를 위하여 사건을 공판준비절차에 부칠 수 있고, 법원은 검사·피고인 또는 변호인의 의견을 들어 공판준비기일을 지정할 수 있다.
- 공판 전 준비절차에는 검사와 변호인이 출석해야 한다(법 제266조의8 제1항). 피고인의 출석은 필수요건이 아님.
- 공판 전 준비절차는 주장 및 입증계획 등을 서면으로 준비하게 하거나 공판 전 준비기일을 열어 소송관계인을 출석시켜 진술하게 하는 방법으로 행한다(법 제266조의5 제2항).
- 공판 전 준비절차에서는 쟁점정리, 증거정리, 증거개시 및 심리계획의 책정이 행하여진다(법 제266조의9).
- 법원은 다음의 어느 하나에 해당하는 사유가 있는 때에 공판준비절차는 종결하여야 한다. 다만, 아래의 b, c에 해당하는 경우로서 공판준비를 계속하여야 할 상당한 이유가 있는 때에는 그러하지 아니하다(법 제266조의12)

  a. 직접 및 증거의 정리가 완료된 때

b. 사건을 공판준비절차에 부친 뒤 3개월이 지난 때

c. 검사·변호인 또는 소환 받은 피고인이 출석하지 아니한 때

- 공판준비 기일에서 신청하지 못한 증거는 그 신청으로 인하여 소송을 현저히 지연시키지 아니하거나 또는 중대한 과실 없이 공판준비기일에 제출하지 못하는 등 부득이 한 사유를 소명한 경우에 한하여 공판기일에 신청할 수 있다(법 제266조의13 제1항).
- 법원은 쟁점 및 증거의 정리를 위하여 필요한 경우에는 제1회 공판기일 후에도 사건을 공판준비절차에 부칠 수 있다. 이를 '**기일 간 공판준비절차**'라 한다(법 제266조의15).

제3절 공판심리

1. 공판정의 구성

1) 판사·검사 및 변호인의 출석

① 공판기일에는 공판정에서 심리한다. 공판정은 판사와 검사·법원사무관 등이 출석하여 개정한다. 검사의 좌석과 피고인 및 변호인의 좌석은 대등하며, 법대의 좌우측에 마주보고 위치하고, 증인의 좌석은 법대의 정면에 위치한다. 다만, 피고인 신문을 할 때에는 피고인은 증인석에 좌석한다(법 제275조).

② 검사의 출석은 공판개정 요건이다. 다만, 검사가 공판기일의 통지를 2회 이상 받고도 출석하지 아니하거나 판결만을 선고하는 때에는 검사의 출석 없이 개정할 수 있다(법 제278조).

③ 변호인은 당사자가 아니다. 따라서 변호인의 출석을 공판개정요건이 아니다. 다만, 필요적변호사건과 국선변호사건에 관하여는 변호인 없이 개정하지 못한다(법 제282조, 제283조). 단 이 경우에도 판결만을 선고하는 경우에는 예외이다.

2) 피고인의 출석

당사자주의의 원칙에 의하여 피고인의 출석 없이는 원칙적으로 개정할 수 없다(법 제276조 본문). 피고인은 원칙적으로 공판기일에 출석할 권리와 의무를 갖고 있으나, 다음과 같은 예외가 있다.

① 피고인이 법인인 경우에는 대리인을 출석하게 할 수 있다(법 제276조 단서).

② 의사무능력자인 피고인의 법정대리인 또는 특별대리인이 출석한 경우(법 제26조).

③ 경미한 사건(법 제277조) : 다음 어느 하나에 해당하는 사건에 관하여는 피고인의 출석을 요하지 아니한다. 이 경우 피고인은 대리인을 출석하게 할 수 있다.

a. 다액 500만원 이하의 벌금 또는 과료에 해당하는 사건

b. 공소기각 또는 면소의 재판을 할 것이 명백한 사건

c. 장기 3년 이하의 징역 또는 금고, 다액 500만원을 초과하는 벌금 또는 구류에 해당하는 사건에서 피고인의 불출석허가신청이 있고 법원이 이를 허가한 사건. 단 이 경우에는 인정신문절차나 판결을 선고하는 공판기일에는 출석하여야 한다.

d. 약식명령에 대하여 피고인만이 정식재판청구를 하여 판결을 선고하는 사건

④ 궐석재판의 도입(구속 피고인의 출석거부) : 피고인이 출석하지 않으면 개정하지 못하는 경우에 구속된 피고인이 정당한 사유 없이 출석을 거부하고 교도관리에 의한 인치가 불가능하거나 현저히 곤란하다고 인정되는 때에는 피고인의 출석 없이 공판절차를 진행할 수 있다(법 제277조의2 제1항).

⑤ 피고인이 심신상실의 상태에 있는 경우에 무죄, 면소, 형의 면제 또는 공소기각의 재판을 할 것이 명백한 때(법 제306조 제4항).

⑥ 퇴정명령의 경우 : 피고인이 재판장의 허가 없이 퇴정하거나 재판장의 퇴정명령에 의하여 퇴정한 때(법 제330조).

⑦ 일시퇴정의 경우 : 재판장은 증인 또는 감정인이 피고인 또는 어떤 재정인의 면전에서 충분한 진술을 할 수 없다고 인정한 때에는 그를 퇴정하게하

고 진술하게 할 수 있다. 피고인이 다른 피고인의 면전에서 충분한 진술을 할 수 없다고 인정한 때에도 같다(법 제297조 제1항).

⑧ 피고인의 소재불명(소촉법 제23조).

⑨ 항소심에서의 특칙 : 항소심에서 피고인이 공판기일에 출석하지 아니한 때에는 다시 기일을 정하여야 하며, 피고인이 다시 정한 기일에 출석하지 아니한 때에는 피고인의 진술 없이 심리·판결할 수 있다(법 제365조).

⑩ 피고인의 출석이 부적당한 경우 : 상고심의 공판기일에는 피고인의 출석을 요하지 않는다(법 제389조의2). 치료감호법에 의한 피치료감호청구인이 심신장애로 인해 공판기일에 출석이 불가능한 경우(치료감호법 제9조)

⑪ 즉결심판사건 : 즉결심판에 의하여 피고인에게 벌금 또는 과료를 선고하는 경우(즉심법 제8조의2).

2. 법정경찰

① 의의 : 법정경찰은 법정의 질서를 유지하고 심판의 방해를 제지·배제하기 위하여 법원이 행하는 권력작용이다.

② 법정의 질서유지는 재판장이 이를 행한다(법원조직법 제58조 제1항). 재판장은 법정의 존엄과 질서를 해할 우려가 있는 자의 입정금지 또는 퇴정을 명하며 기타 법정의 질서유지에 필요한 명령을 발할 수 있다(동법 동조 제2항).

③ 검사, 변호사, 증인 등도 법정경찰권에 복종하여야 한다. 이에 불응 시 법정모욕죄 성립.

④ 피고인에 대하여도 퇴정을 명할 수 있고(법 제297조), 피고인의 폭행 또는 도망의 염려가 인정되는 때에는 피고인의 신체의 구속을 명하거나 기타 필요한 조치를 할 수 있다(법 제280조 단서).

⑤ 법정의 질서유지를 위해 필요하다고 인정할 때에는 개정 전후를 막론하고 재판장은 관할 경찰서장에게 경찰관의 파견을 요구할 수 있다(법원조직법 제60조).

⑥ 법관이 법정외의 장소에서 직무를 행하는 경우에도 법정경찰권을 행사할 수 있다(법원조직법 제63조).

⑦ 재판장의 법정경찰권에 의거한 명령에 위배하는 행위를 하거나 폭언·소란 등의 행위로 심리를 방해 또는 재판의 위신을 현저히 훼손한 자에 대해 직권으로 결정에 의하여 20일이내의 감치 또는 100원이하의 과태료에 처하거나 이를 병과 할 수 있다(법원조직법 제61조 제1항).

3. 소송지휘

① 소송지휘란 소송의 진행을 질서 있게 하고 심리의 원활을 꾀하기 위한 법원의 합목적적 활동이다. 그러나 공판기일의 소송지휘는 원칙적으로 재판장이 한다(법 제279조). 이는 소송지휘권이 원래 법원에 속하나 공판기일에서의 소송지휘는 포괄적으로 재판장에 위임한다는 취지이다.

② 재판장의 소송지휘 : 공판기일의 지정·변경(법 제267조, 제270조), 인정신문(법 제284조), 증인신문 순서의 변경(법 제161조의2 제3항), 불필요한 변론의 제한(법 제299조), 석명권(규칙 제141조) 등

③ 법원의 소송지휘 : 증거조사에 관한 이의신청에 대한 결정(법 제296조 제2항), 재판장의 처분에 대한 이의신청에 대한 결정(법 제304조 제2항), 공소장변경에 대한 허가(법 제298조 제1항), 공판절차의 정지(법 제306조), 변론의 분리·병합(법 제300조), 변론의 재개(법 제305조) 등이 있다.

4. 당사자의 권리

① 공판기일에서 당사자 내지 변호인의 권리는 증거조사신청권(법 제294조), 증거조사에 대한 이의신청권(법 제296조), 재판장의 처분에 대한 이의신청권(법 제304조) 등이다.

② 피고인에게는 진술거부권이 있다(법 제283조의2).

제4절 공판심리의 순서

통상의 공판절차는 ① **진술거부권의 고지** → ② **인정신문** → ③ **검사의 모두진술** → ④ **피고인의 모두진술** → ⑤ **재판장의 쟁점정리 및 검사·변호인의 증거관계 등에 대한 진술** → ⑥ **증거조사** → ⑦ **피고인신문** → ⑧ **최종변론(검사의 논고 → 피고인과 변호인의 최종의견진술)** → ⑨ **판결의 선고** 순서로 행하여진다.

1. 모두절차

1) 진술거부권의 고지

재판장은 인정신문을 하기 전에 피고인에게 진술을 하지 아니하거나 개개의 질문에 대하여 진술을 거부할 수 있고, 이익 되는 사실을 진술할 수 있음을 고지하여야 한다(법 제282조의2).

2) 인정신문

인정신문이란 재판장이 피고인의 성명, 연령, 등록기준지, 주거와 직업을 물어서 피고인으로 출석한 자가 공소장에 기재된 피고인과 동일인인가를 확인하는 절차를 말한다(법 제284조).

3) 검사의 모두진술

① 검사의 모두진술은 심리에 들어가기 전 사건개요와 입증의 방침을 명백히 함으로써, 한편으로는 백지의 상태로서 공판에 임하는 법원으로 하여금 그 후의 소송지휘를 적절히 할 수 있도록 하며, 다른 한편으로는 검사의 의도를 모르는 피고인 측으로 하여금 적절하고 충분한 방어를 준비할 기회를 보장하기 위한 것임. 따라서 검사의 모두 진술은 필수적인 절차이며 검사는 반드시 모두진술을 하여야 한다.

② 검사는 공소장에 의하여 공소사실·죄명 및 적용 법조를 낭독하여야 한다. 다만, 재판장은 필요하다고 인정하는 때에는 검사에게 공소의 요지를

진술하게 할 수 있다(법 제285조).

4) 피고인의 모두진술

① 피고인의 모두진술은 피고인에 대하여 공소사실에 대한 인부, 주장과 신청 등 사건에 관한 총괄적인 진술을 할 기회를 제공하기 위한 것이다. 따라서 피고인은 이 절차를 통하여 공소사실의 임의적 인부, 공소에 관한 의견, 그 밖에 이익이 되는 사실 등을 진술할 수 있다. 예컨대, 피고인은 모두진술을 통하여 관할이전신청, 기피신청, 국선변호인의 선정청구, 공판기일변경신청 등을 할 수 있다.

② 피고인은 검사의 모두진술이 끝난 뒤에 공소사실의 인정 여부를 진술하여야 한다. 다만, 피고인이 진술거부권을 행사하는 경우에는 그러하지 아니하다(법 제286조 제1항). 재판장은 검사의 모두진술 절차를 마친 뒤에 피고인에게 공소사실을 인정하는지 여부에 관하여 물어야 하며, 피고인 및 변호인은 공소에 관한 의견 및 그 밖에 이익이 되는 사실 등을 진술할 수 있다(규칙 제127조의2).

5) 재판장의 쟁점정리 및 검사·변호인의 증거관계 등에 대한 진술

재판장은 피고인의 모두진술이 끝난 다음에 피고인 또는 변호인에게 쟁점의 정리를 위하여 필요한 질문을 할 수 있다. 재판장은 증거조사를 하기에 앞서 검사 및 변호인으로 하여금 공소사실 등의 증명과 관련된 주장 및 입증계획 등을 진술하게 할 수 있다. 다만, 증거로 할 수 없거나 증거로 신청할 의사가 없는 자료에 기초하여 법원에 사건에 대한 예단 또는 편견을 발생하게 할 염려가 있는 사항은 진술할 수 없다(법 제287조).

2. 사실심리절차

1) 증거조사

① 증거조사는 법원이 피고사건의 사실인정과 형의 양정에 관한 심증을 얻기 위하여 인증, 서증, 물증 등 각종의 증거방법을 조사하여 그 내용을 감지

하는 소송행위를 일컫는다. 증거조사는 재판장의 쟁점정리 및 검사·변호인의 증거관계 등에 대한 진술절차가 끝난 후에 실시한다(법 제290조).

② 증거조사에는 당사자의 신청에 의한 증거조사와 직권에 의한 증거조사가 있다. 법원의 직권에 의한 증거조사는 당사자의 신청에 의한 증거조사에 대하여 보충적·이차적 성격을 갖는다.

③ 증거조사는 원칙적으로 검사가 신청한 증거 → 피고인 또는 변호인이 신청한 증거 → 법원이 직권으로 결정한 증거의 순으로 조사한다. 다만, 법원은 직권이나 당사자의 신청에 의하여 증거조사의 순서를 변경할 수 있다(법 제291조의2)

④ 증거조사의 방법 : 증거조사의 방법은 증거방법의 성질에 따라 달라진다. 인적 증거는 신문, 증거서류는 낭독 또는 내용의 고지(법 제292조), 증거물은 제시(법 제292조의2)의 방법에 의한다. 다만 증거물인 서면인 경우에는 낭독 또는 내용의 고지와 제시의 방법에 의한다. 도면·사진·녹음테이프·비디오테이프·컴퓨터용 디스크, 그 밖에 정보를 담기 위하여 만들어진 물건으로서 문서가 아닌 증거의 조사에 관하여 필요한 사항은 대법원규칙으로 정한다(법 제292조의3).

⑤ 증거조사에 관한 이의신청 : 검사, 피고인 또는 변호인은 증거조사에 관하여 이의신청을 할 수 있다. 법원은 이의신청에 대하여 결정을 하여야 한다(법 제296조).

⑥ 증거조사결과와 피고인의 의견 : 재판장은 피고인에게 각 증거조사의 결과에 대한 의견을 묻고 권리를 보호함에 필요한 증거조사를 신청할 수 있음을 고지하여야 한다(법 제293조).

2) 피고인신문

① 피고인신문은 피고인에 대하여 공소사실과 그 정상에 관하여 필요한 사항을 신문하는 절차이다.

② 피고인신문 시 피고인은 증거방법으로서의 지위를 가지게 된다. 그러나 이로 인하여 당사자로서의 지위가 침해되어서는 안 되기 때문에, 형사소

송법은 피고인신문제도를 인정하면서도 피고인에게 각개의 신문에 대하여 진술거부권을 인정하고 있으며(법 제283조의2 제1항), 피고인신문을 증인신문의 방법에 의하도록 규정하고 있다(법 제296조의2 제3항).

③ 검사 또는 변호인은 증거조사 종료 후에 순차로 피고인에게 공소사실 및 정상에 관하여 필요한 사항을 신문할 수 있다. 다만, 재판장은 필요하다고 인정하는 때에는 증거조사가 완료되기 전이라도 이를 허가할 수 있다(법 제296조의2 제1항).

④ 피고인신문 순서는 증인신문에 관한 규정이 준용된다. 따라서 피고인은 신청한 검사·변호인 또는 피고인이 먼저 신문하고 다음에 다른 검사·변호인 또는 피고인이 신문한다. 재판장은 그 신문이 끝난 뒤에 신문하지만, 필요하다고 인정하면 어느 때나 신문하거나 신문순서를 변경할 수 있다(법 제161조의2 제1항 내지 제3항). 합의부원도 재판장에게 고하고 신문할 수 있다(법 제161조의2 제5항).

⑤ 피고인신문을 하는 때에는 피고인을 증인석에 좌석하게 하여야 한다(법 제275조 제3항 단서).

⑥ 장애인 등 특별히 보호를 요하는 자에 대한 특칙 : 피고인이 신체적 또는 정신적 장애로 사물을 변별하거나 의사를 결정·전달할 능력이 미약한 경우나 피고인의 연령·성별·국적 등의 사정을 고려하여 그 심리적 안정의 도모와 원활한 의사소통을 위하여 필요한 경우에는 재판장 또는 법관은 피고인을 신문하는 때에 직권 또는 피고인·법정대리인·검사의 신청에 따라 피고인과 신뢰관계에 있는 자를 동석하게 할 수 있다(법 제276조의2 제1항).

3) 최종변론

① 증거조사가 끝나면 당사자의 의견진술이 행해지며, 의견진술은 검사의 의견진술과 피고인과 변호인의 최후진술의 순서로 진행된다.

② 증거조사와 피고인시문이 종료된 때에는 검사는 사실과 법률적용에 관하여 의견을 진술하여야 한다. 이를 검사의 논고(論告)라고 하며, 특히 양형

에 대한 검사의 의견을 구형이라고 한다. 법원은 검사의 구형에 구속되지 않기 때문에 구형을 초과하는 형을 선고할 수도 있다. 검사의 출석 없이 개정한 경우에는 공소장의 기재사항에 의하여 의견진술이 있는 것으로 간주한다(법 제302조).

③ 재판장은 검사의 의견을 들은 후 피고인과 변호인에게 최종의 의견을 진술할 기회를 주어야 한다(법 제303조). 피고인과 변호인에게 각각 별도의 기회를 주어야 하며 재량으로 기회를 박탈할 수 있는 것은 아니다. 그리고 기회를 일단 준 이상 피고인이 최후진술을 않더라도 변론을 종결할 수 있다.

④ 변호인과 피고인의 최종진술을 끝으로 변론을 종결되고 판결만을 기다리는 상태가 되는데, 이를 '종심'이라고 한다. 그러나 법원은 필요하다고 인정한 때에는 직권 또는 검사·피고인이나 변호인의 신청에 의하여 결정으로 종결한 변론을 재개할 수 있다(법 제305조).

3. 판결의 선고

① 판결의 선고는 변론을 종결한 기일에 하여야 한다. 다만, 특별한 사정이 있는 때에는 따로 선고기일을 지정할 수 있다. 이 경우 선고기일은 변론 종결 후 14일 이내로 지정되어야 한다(법 제318조의4 제1항, 제3항).

② 판결은 공판정에서 재판서에 의하여 선고한다(법 제42조 전단). 판결의 선고는 재판장이 하며, 주문을 낭독하고 이유의 요지를 설명하여야 한다(법 제43조). 변론을 종결하는 기일에 판결을 선고하는 경우에는 판결의 선고 후에 5일 내에 판결서를 작성할 수 있다(법 제318조의4 제2항, 규칙 제146조).

③ 형을 선고하는 경우에는 재판장은 피고인에게 상소할 기간과 상소할 법원을 고지하여야 한다(법 제324조). 판결의 선고에 의하여 당해 심급의 종판절차는 종결되고, 상소기간이 진행된다.

④ 판결을 선고한 사실은 공판조서에 기재되어야 한다(법 제51조 제2항 14호).

4. 공판조서

1) 공판조서의 의의 및 작성 등

① 공판조서는 공판기일의 소송절차를 기재한 서류이다.

② 공판조서의 작성 : 공판기일의 소송절차에 관하여는 참여한 법원사무관 등이 공판조서를 작성하여야 한다(법 제51조 제1항).

③ 공판조서에 기재하여야 할 사항 : 형사소송법 제51조 제2항 1호 내지 14호에 규정한 사항(법정기재사항)과 기타 공판기일의 모든 소송절차를 기재하여야 한다.

④ 공판조서의 필요적 기재사항(법 제51조 제2항)

a. 공판을 행한 일시와 법원

b. 법관, 검사, 법원사무관 등의 관직, 성명

c. 피고인, 대리인, 대표자, 변호인, 보조인과 통역인의 성명

d. 피고인의 출석여부

e. 공개여부, 공개를 금지한 때에는 그 이유

f. 공소사실의 진술 또는 그를 변경하는 서면의 낭독

g. 피고인에게 그 권리를 보호함에 필요한 진술의 기회를 준 사실과 그 진술한 사실

h. 제48조 2항에 기재된 사실 즉 조서의 기재사항

i. 증거조사를 한 때에는 증거 될 서류, 증거물과 증거조사의 방법

j. 공판정에서 행한 검증 또는 압수

k. 변론의 요지

l. 재판장이 기재를 명한 사항 또는 소송관계인의 청구에 의하여 기재를 허가한 사항

m. 피고인 또는 변호인에게 최종 진술할 기회를 준 사실과 그 진술한 사실

n. 판결 기타의 재판을 선고 또는 고지한 사실

⑤ 공판조서에는 재판장과 참여한 법원사무관 등이 기명날인 또는 서명하여야 한다(법 제 53조 제1항). 재판장이 기명날인 또는 서명할 수 없을 때에

는 다른 법관이 그 사유를 부기하고 기명날인 또는 서명하여야 하며, 법관 전원이 기명날인 또는 서명할 수 없을 때에는 참여한 법원사무관 등이 그 사유를 부기하고 기명날인 또는 서명하여야 한다(법 제53조 제2항). 법원사무관 등이 기명날인 또는 서명할 수 없을 때에는 재판장 또는 다른 법관이 그 사유를 부기하고 기명날인 또는 서명하여야 한다(법 제53조 제3항).

⑥ 공판조서는 각 공판기일 후 신속히 정리하여야 하며(법 제54조 제1항), 다음 회 공판기일에는 전회의 공판심리에 관한 주요사항의 요지를 공판조서에 의하여 고지하여야 한다. 다만, 다음 회의 공판기일까지 전회의 공판조서가 정리되지 아니한 때에는 조서에 의하지 아니하고 고지할 수 있다(법 제54조 제2항). 검사·피고인 또는 변호인은 공판조서의 기재에 대하여 변경을 청구하거나 이의를 제기할 수 있다(법 제54조 제3항). 이러한 청구나 이의가 있는 때에는 그 취지와 이에 대한 재판장의 의견을 기재한 조서를 당해 공판조서에 첨부하여야 한다(법 제54조 제4항). 피고인은 공판조서의 열람 또는 등사를 청구할 수 있다(법 제55조 제1항). 피고인이 공판조서를 읽지 못하는 때에는 공판조서의 낭독을 청구할 수 있다(법 제55조 제2항). 이러한 청구에 응하지 아니한 때에는 그 공판조서를 유죄의 증거로 할 수 없다(법 제55조 제3항).

⑦ 공판조서에 기재된 판결선고일자와 판결서 말미에 기재된 일자가 상이할 경우에 상소제기기간은 공판조서 기재일자를 기준으로 한다(법 제51조 제2항 참조).

2) 공판조서의 증명력

공판기일의 소송절차로서 공판조서에 기재된 것은 그 조서만으로써 증명한다(법 제56조). 이것은 주로 상소심에서 원심에 있어서의 절차에 대하여 분쟁이 일어난 경우에 공판조서에 기재된 것에 관하여는 다른 자료에 의한 반증을 허락하지 않는 것으로 함으로써 절차의 지연을 방지하려는 것이다. 공판조서에 기재되지 않은 것에 대하여는 자유심증주의가 적용되나, 공판조서에 기재된 것은 법관의 심증여하를 불문하고 기재된 대로 인정해야 한다는 점에서 이 규정은 자유심증주의의 예외에 해당한다.

제5절 간이공판절차

1. 간이공판절차의 내용

① 의의 : 간이공판절차란 제1심 공판정에서 피고인이 자백을 한 때에 공판절차를 신속·간이화 하기위하여 마련된 공판절차이다. 1995년 형사소송법 개정으로 단독판사 관할사건의 제한을 없애 소송촉진을 위하여 합의부 사건에서도 가능케 하였다(법 제286조의2 단서 조항 삭제)

② 취지 : 증거조사절차를 간이화하고 엄격한 증거능력의 제한을 완화하여 소송경제와 재판의 신속을 기하고자 간이공판절차를 마련하였다.

③ 피고인이 공판정에서 공소사실에 대하여 자백한 때에는 법원은 그 공소사실에 한하여 간이공판절차에 의하여 심판할 것을 결정하여야 한다(법 제286조2).

④ 간이공판절차의 개시의 요건 : 지방법원 또는 지방법원지원의 제1심 관할사건이어야 하며, 피고인이 공판정에서 공소사실에 대하여 자백을 하여야 하며(법 제286조의2), 피고인의 자백이 신빙할 수 있어야 한다(법 제286조의3 참조).

⑤ 간이공판절차에도 증인의 선서(법 제156조), 당사자의 증거조사참여권(법 제163조), 당사자의 증거조사신청권(법 제294조), 증거조사결과에 대한 피고인의 의견진술(법 제293조), 증거조사에 대한 이의신청권(법 제296조) 등은 적용된다.

⑥ 간이공판절차가 취소되면 공판절차를 갱신하여야 한다(법 제286조의3). 간이공판절차의 취소는 반드시 검사의 의견을 들어야 한다(법 제286조의3).

2. 간이공판절차와 통상의 절차와 다른 점(간이공판절차의 특칙)

① 증거능력에 대한 특칙(법 제318조의3) : 간이공판절차에 부하는 사건에서는 전문법칙이 적용되는 증거(법 제310조의2, 제312조 내지 제314조, 제316조의 규정에 의한 증거)에 대하여 당사자가 이를 증거로 할 수 있음을 동의한 것으로 간주한다. 다만, 검사·피고인 또는 변호인이 증거로 함에 이의가 있는 때에는 그러하지 아니하다.

② 증거조사에 관한 특칙(법 제297조의2) : 간이공판절차에 의하여 심판할 취지의 결정이 있는 사건에 대하여는 제161조의2(증인신문방식), 제290조 내지 제293조(증거조사의 시기, 당사자의 증거지시설명, 증거조사방법 등) 및 제297조(피고인의 퇴정)의 규정을 적용하지 아니하며 법원이 상당하다고 인정하는 방법으로 증거조사를 할 수 있다(법 제297조의2).

③ 간이공판절차의 증거능력에 관한 특례로서 간이공판절차의 결정이 있는 사건의 증거에 관하여는 원칙적으로 전문증거에 대하여 당사자의 동의가 있는 것으로 간주하므로(법 제318조3) 원칙적으로 전문법칙이 배제된다. 즉 전문증거의 증거능력이 원칙적으로 인정된다. 즉 통상의 절차에서는 당사자쌍방의 동의가 없는 한 전문증거의 증거능력은 부정되나(법 제310조의2, 제312조 내지 제314조 및 제316조), 간이공판절차에 있어서는 그 원칙과 예외가 바뀌어 검사, 피고인 또는 변호인이 증거로 함에 이의를 하지 않는 한 동의가 있는 것으로 간주하여 전문증거의 증거능력을 인정하고 있다(법 제318조 3).

④ 간이공판절차에서 증거능력의 제한이 완화되는 것은 전문법칙에 한한다. 따라서 전문법칙 이외의 증거법칙은 간이공판절차에서 배제되지 않는다. 또한 증명력의 제한이 완화되는 것은 아니므로 자백보강의 법칙은 간이공판절차에서도 적용된다.

⑤ 법원은 간이공판절차의 결정을 한 사건에 대하여 피고인의 자백이 신빙할 수 없다고 인정되거나 간이공판절차로 심판하는 것이 현저히 부당하다고 인정될 때에는 검사의 의견을 들어 그 결정을 취소하여야 한다(법 제286조의3).

▸ 주요판례

– 피고인이 제1심 법정에서 범죄사실을 모두 시인한 까닭에 제1심이 간이공판절차에 의하여 심판할 것을 결정하여 검사가 제출한 증거서류(각 수사서류)가 증거로 함에 동의한 것으로 간주되어 유죄의 증거로 채택한 이상 동 증거서류들이 허위인 것이라는 상고이유는 부당하다(대법원 1983.5.24, 83도877).

형사소송법 제289조의2가 규정하는 간이공판절차의 결정의 요건인 공소사실의 자백이라 함은 공소장기재 사실을 인정하고 나아가 위법성이나 책임조각사유가 되는 사실을 진술하지 아니하는 것으로 충분하고 명시적으로 유죄를 자인하는 진술이 있어야 하는 것은 아니다(대법원 1987.8.18, 87도1269).

제6절 공판심리의 특칙

1. 공판절차의 정지

1) 의의 : 공판절차의 정지라 함은 공판절차가 법률상 진행할 수 없는 상태가 된 것을 말한다. 공판절차 정지 중에 절차를 진행함은 위법이다. 공판절차의 정지결정이 있으면 취소될 때까지 공판절차를 진행할 수 없다. 공판절차의 정지는 법원의 결정으로 한다.

2) 정지사유 : 공판절차의 정지사유에 해당하는 것은 다음과 같다.

① **피고인의 심신상실** : 피고인이 사물의 변별 또는 의사의 결정을 할 능력이 없는 상태에 있는 때에는 법원은 검사와 변호인의 의견을 듣고 또한 의사의 의견을 들어 결정으로 그 상태가 계속하는 동안 공판절차를 정지하여야 한다(법 제306조 제1항, 제3항).

② **피고인의 질병** : 피고인이 질병으로 출정할 수 없을 때에는 법원은 검사와 변호인의 의견을 듣고 또 의사의 의견을 들어 결정으로 출정할 수 있을

때까지 공판절차를 정지하여야 한다(법 제306조 제2항, 제3항). 다만, 피고인이 심신상실 또는 질병의 상태에 있더라도 피고사건에 대하여 무죄, 면소, 형의 면제 또는 공소기각의 재판을 할 것이 명백한 때에는 피고인의 출정 없이 공판을 개정할 수 있다(법 제306조 제4항). 피고인 대신에 대리인이 출정할 수 있는 경우(법 제277조)에는 경미한 사건이므로 공판절차를 정지하지 않는다(법 제306조 제5항).

③ **공소장의 변경** : 검사가 법원의 허가를 얻어 공소장에 기재한 공소사실 또는 적용법조의 추가·철회·변경을 할 때에 법원은 그렇게 함으로써 피고인의 불이익을 증가할 염려가 있다고 인정할 때에는 직권 또는 피고인이나 변호인의 청구에 의하여 피고인으로 하여금 필요한 방어의 준비를 하게 하기 위하여 결정으로 필요한 기간 공판절차를 정지할 수 있다(법 제298조 제4항).

④ **기피신청** : 기피신청이 있는 때에는 기피신청이 부적법하여 기각하는 경우 이외에는 소송 진행을 정지하여야 한다. 단, 급속을 요하는 경우에는 예외로 한다(법 제22조).

⑤ **병합심리신청 등이 있는 경우** : 법원은 계속 중인 사건에 관하여 토지관할의 병합심리신청, 관할지정신청 또는 관할이전신청이 제기된 경우에는 그 신청에 대한 결정이 있기까지 소송절차를 정지하여야 한다. 다만, 급속을 요하는 경우는 그러하지 아니하다(규칙 제7조).

⑥ **재심청구의 경합** : 재심청구가 경합된 경우에 항소법원 또는 상고법원은 하급법원의 소송절차가 종료할 때까지 소송절차를 정지하여야 한다(규칙 제169조).

2. 공판절차의 갱신

① 지금까지의 공판절차를 일단 무시하고 이를 다시 하는 것을 공판절차의 갱신이라고 한다. 공판절차의 갱신은 구두변론주의와 직접주의의 원칙에 따른 것이다.

② 공판개정 후 판사의 경질이 있는 때에는 공판절차를 갱신하여야 한다. 단, 판결의 선고만을 하는 경우에는 예외로 한다(법 제301조). 이 경우 갱신하지 않은 때에는 절대적 항소사유가 된다(법 제361조의5 제8호).

③ 간이공판절차의 결정이 취소된 때에는 공판절차를 갱신하여야 하며, 다만 검사, 피고인, 또는 변호인이 이의가 없는 때에는 그러하지 아니하다(법 제301조의2). 이 경우 갱신 없이 선고된 판결은 상대적 항소사유가 된다(법 제361조의5 제1호).

④ 피고인의 심신상실로 인하여 공판절차가 정지된 경우 피고인의 심신상실로 인하여 공판절차가 정지된 경우에는 그 정지사유가 소멸한 후의 공판기일에 공판절차를 갱신하여야 한다(규칙 제143조).

⑤ 공판절차를 갱신한다고 하여 반드시 구체적으로 갱신전과 꼭 같은 절차를 다시 반복할 필요는 없고, 구두변론주의 직접심리주의의 정신에 반하는 한도에서 효력을 잃는 실체형성행위만을 다시 고쳐하면 된다.

3. 변론의 분리 · 병합 · 재개

법원은 필요하다고 인정할 때에는 직권 또는 검사, 피고인이나 변호인의 신청에 의하여 결정으로 변론을 분리하거나 병합할 수 있다(법 제300조). 변론을 분리 또는 병합할 것인가는 법원의 재량에 속한다. 따라서 동일한 피고인에 대하여 여러 개의 사건이 별도로 공소제기 되었다고 하여 반드시 병합심리해야 하는 것은 아니다.

1) 변론의 분리

변론의 분리란 변론이 병합된 수개의 사건을 나누어 심리하는 것을 말한다. 공동피고인으로서 동일절차에 공동심리를 받고 있는 경우에 그 1인이 공판기일에 출석하지 않았다면 법원은 심리를 분리하여 출석한 피고인의 관계에서만 공판심리를 진행시켜 증인을 심문하는 등의 절차를 진행하게 된다.

2) 변론의 병합

변론의 병합이란 수개의 사건의 변론을 동시에 여는 것을 말한다. 수개의 사건이 동일법원에 계속되어 있는 경우뿐만 아니라 다른 법원에 계속되어 있더라도 관련사건이면 일정한 조건하에서 병합심리 할 수 있다(법 제9조, 제10조). 특히 1인의 피고인의 경합범에 관하여는 원칙적으로 병합심리 하여야 한다.

3) 변론의 재개

법원은 필요하다고 인정할 때에는 직권 또는 검사, 피고인이나 변호인의 신청에 의하여 결정으로 종결한 변론을 재개할 수 있다(법 제305조). 변론의 재개에 의하여 변론종결전과 동일한 상태로 돌아간다.

▸ 주요판례

- 종결한 변론을 재개하느냐의 여부는 법원의 재량에 속하는 사항으로서 원심이 변론종결 후 선임된 변호인의 변론재개신청을 들어 주지 아니하였다 하여 심리미진의 위법이 있는 것은 아니다(대법원 1986.6.10, 86도769).
- 동일한 피고인에 대하여 각각 별도로 2개 이상의 사건이 공소제기 되었을 경우 반드시 병합심리하여 동시에 판결을 선고하여야만 되는 것은 아니다(대법원 1994.11.4, 94도2354).

제7절 공판의 재판(종국재판)

1. 개념

공판의 재판이란 피고사건에 대한 당해소송을 종결시키는 종국재판을 말한다. 이 종류의 재판으로서는 형식재판인 관할위반의 판결, 공소기각의 판결·' 결정, 면소의 판결과 실체재판인 유죄의 판결, 무죄의 판결이 있다.

2. 형식재판

1) 이송의 결정

① 법원은 피고인이 그 관할구역 내에 현재하지 아니하는 경우에 특별한 사정이 있으면 결정으로 사건을 피고인의 현재지를 관할하는 동급법원에 이송할 수 있다(법 제8조 제1항).

② 단독판사의 관할사건이 공소장변경에 의하여 합의부 관할사건으로 변경된 경우에 법원은 결정으로 관할권이 있는 법원에 이송한다(법 제8조 제2항).

③ 법원은 공소가 제기된 사건에 대하여 군법회의가 재판권을 가지게 되었거나 재판권을 가졌음이 판명된 때에는 결정으로 사건을 재판권이 있는 같은 심급의 군법회의로 이송한다. 이 경우에 이송 전에 행한 소송행위는 이송 후에도 그 효력에 영향이 없다(법 제16조의2).

2) 관할위반의 판결

① 피고사건이 법원의 관할에 속하지 아니한 때에는 판결로서 관할위반의 선고를 하여야 한다(법 제319조). 관할은 원칙적으로 공소제기시부터 재판시까지 계속적으로 존재하여야 한다. 관할권이 없는 법원의 소송행위는 원칙적으로 유효하다(법 제2조).

② 피고사건이 법원의 관할에 속하지 아니한 때에는 관할위반의 선고를 하여야 한다는 원칙에는 다음의 예외가 인정되고 있다.

a. 법원은 피고인의 신청이 없으면 토지관할에 관하여 관할위반의 선고를 하지 못한다(법 제320조 제1항).

b. 관할위반의 신청은 피고사건에 대한 진술 전에 하여야 한다(법 제320조 제2항).

3) 공소기각의 재판

(1) 공소기각의 결정(법 제328조) : 다음의 경우에는 공소기각의 결정을 하여야 한다.

① 관할의 경합으로 재판을 할 수 없을 때

② 공소가 취소되었을 때

③ 피고인이 사망하거나 피고인인 법인이 존속하지 아니하게 되었을 때

④ 공소장에 기재된 사실이 진실하더라도 범죄가 될 만한 사실이 포함되지 않은 때(피고인에 대한 범죄의 혐의가 실질적으로 근거가 없음이 객관적으로 명백할 때에는 이를 절차상의 문제로 다루어 형식재판에 의하여 소송을 종결시키는 것이다.)

(2) **공소기각의 판결**(법 제327조) : 다음의 경우에는 판결로써 공소기각을 선고하여야 한다.

① 피고인에 대한 재판권이 없는 때

② 공소제기의 절차가 법률의 규정에 위반하여 무효인 때

③ 공소가 제기된 사건에 대하여 다시 공소가 제기된 때

④ 공소취소 후 다른 중요한 증거를 발견하지 않았음에도 불구하고 공소가 제기되었을 때

⑤ 친고죄에 대하여 고소의 취소가 있은 때

⑥ 피해자의 명시한 의사에 반하여 죄를 논할 수 없는 사건에 대하여 처벌을 희망하지 아니하는 의사표시가 있거나 처벌을 희망하는 의사표시가 철회되었을 때

4) 면소의 판결(법 제326조)

(1) **법적 성격** : 면소판결은 실체심리를 하지 않고 형식적으로 소송을 종결시키는 형식재판이다. 따라서 면소사유가 밝혀진 때에는 실체심리를 허용하지 않고, 면소판결에 대하여 피고인을 무죄를 주장하여 상소 할 수 없다(통설, 판례).

(2) 다음의 경우에는 판결로써 면소의 선고를 하여야 한다.

① 확정판결이 있는 때(확정판결의 기판력이 발생한 경우 유죄·무죄의 판결이 확정된 경우뿐만 아니라 약식명령, 즉결심판, 군사법원의 판결이 확정된 경우를 포함하며, 면소의 판결이 확정된 경우도 포함된다고 본다)

② 사면이 있는 때(일반사면만을 의미)

③ 공소시효가 완성되었을 때

④ 범죄 후 법령의 개폐로 인하여 형이 폐지되었을 때

▸ 주요판례

– 특정범죄가중처벌 등에 관한 법률 위반(절도)으로 기소된 공소사실이 즉결심판이 확정된 경범죄처벌법 위반의 범죄사실과 기본적 사실관계에 있어서 동일하다(대법원 1987.2.10, 86도2454, 86감도270).

– 범행당시에는 자동차운수사업법(1981.12.31 법률 제3513) 제75조 제3호, 제56조 제1항에 해당되어 형벌인 벌금형에 처하게끔 규정되어 있다가 원심재판 당시에는 위 같은 법률(1986.12.31. 법률 제3913호, 1987.7.1 시행) 제75조 제1항 제5호, 제56조 제1항에 의하여 행정벌인 과태료에 처하여지도록 변경된 취지는 형벌로서 처벌대상으로 삼은 종전의 조치가 부당하다는 데서 나온 반성적 조치라고 보아야 할 것이므로 위 법개정 당시 그 부칙 등에 위 법시행 전의 행위에 대한 벌칙의 적용에 있어서는 종전의 규정에 의한다는 규정을 두지 아니하는 한 이는 범죄 후의 법령의 개폐로 형이 폐지된 경우에 해당한다(대법원 1988.3.22, 88도47).

– 일정기간 내에 여러 번 동종의 범행을 반복한 죄로 유죄의 확정판결을 받은 피고인이 확정판결 전에 범한 처벌받지 아니한 같은 수단방법의 동종의 다른 범죄가 발각되어 공소가 제기된 경우 그 공소사실이 확정판결의 범죄사실과의 관계에서 같은 범죄의 습벽의 발로로 저질러졌다고 인정될 경우라면 공소범죄 사실은 확정된 범죄사실과 포괄일죄의 관계에 있으므로 위 확정판결의 기판력에 저촉되어 면소되어야 한다(대법원 1988.11.8, 88도1637).

3. 실체판결

1) 유죄의 판결

① 유죄의 판결을 할 경우

– 피고사건에 대하여 범죄의 증명이 있는 때에는 형의 면제 또는 선고유

예를 하는 경우 이외에는 판결로써 형을 선고하여야 한다(법 제321조 제1항). 형의 집행유예, 판결전 구금일수의 산입, 노역장유치기간 및 가납은 형의 선고와 동시에 판결로써 선고하여야 한다(법 제321조 제2항, 제334조)

② 유죄판결에 명시될 이유

- 형의 선고를 하는 때에는 판결이유에 범죄 될 사실, 증거의 요지와 법령의 적용을 명시하여야 한다(법 제323조 제1항). 법률상 범죄의 성립을 조각하는 이유 또는 형의 가중, 감면의 이유되는 사실의 진술이 있는 때에는 이에 대한 판단을 명시하여야 한다(법 제323조 제2항).

2) 무죄의 판결

① 피고사건이 범죄로 되지 아니하거나 범죄사실의 증명이 없는 때에는 판결로써 무죄를 선고하여야 한다(법 제325조).

② 무죄판결은 실체적 종국판결이다. 무죄판결은 원칙적으로 형사보상의 사유가 된다.

③ 피고인은 무죄판결에 대하여 유죄판결을 주장하여 상소할 수 없다.

④ 재심에서 무죄의 선고를 한 때에는 그 판결을 관보와 그 법원소재지의 신문지에기재하여 공고하여야 한다(법 제440조).

▸ 주요판례

- 자수는 법관의 자유재량에 의하여 형을 감면할 수 있음에 불과하므로 원판결의 피고인의 자수주장에 대하여 판단을 아니 한 것은 자수감면을 아니한 취지로 이해되니 거기에 위법이 있다고 말할 수 없다(대법원 1980.2.26, 80도35).
- 형사소송법 제286조의2(간이공판절차의 결정) 소정의 "자백"은 공소장 기재사실을 인정하고 나아가 위법성이나 책임의 조각사유가 되는 사실을 진술하지 아니하는 것으로 충분하고, 명시적으로 유죄임을 자인하는 진술을 말하는 것이 아니다.
- 교사범, 방조범의 범죄사실적시에 있어서는 그 전제요건이 되는 정범의 범

죄구성요건 되는 사실 전부를 적시하여야 하고, 이 기재가 없는 교사범, 방조범의 사실적시는 죄가 되는 사실의 적시라고 할 수 없다(대법원 1981.11.24, 81도2422).

4. 종국재판의 부수적 효과

1) 구속에 대한 효과

① 무죄, 면소, 형의 면제, 형의 선고유예, 형의 집행유예, 공소기각 또는 벌금이나 과료를 과하는 판결이 선고된 때에는 구속영장은 그 효력을 잃는다(법 제331조).

② 사형·무기 또는 10년 이상의 징역이나 금고형을 구형받은 피고인이 1심이나 2심에서 무죄의 집행유예 또는 면소판결을 받았더라도 확정판결 이전에는 석방될 수 없도록 규정한 형사소송법 제331조의 단서 규정은 위헌결정으로 삭제되었다(헌재결 1992.12.24, 92헌가8).

2) 압수물건에 대한 효과

① 압수한 서류 또는 물품에 대하여 몰수의 선고가 없는 때에는 압수를 해제한 것으로 간주한다(법 제332조).

② 압수한 장물로서 피해자에게 환부할 이유가 명백한 것은 판결로써 피해자에게 환부하는 선고를 하여야 한다(법 제333조 제1항). 이 경우에 장물을 처분하였을 때에는 판결로써 그 대가로 취득한 것을 피해자에게 교부하는 선고를 하여야 한다(법 제333조 제2항).

③ 가환부한 장물에 대하여는 별단의 선고가 없으면 환부의 선고가 있는 것으로 간주한다(법 제33조 제3항).

④ 이상의 경우에는 이해관계인이 민사소송절차에 의하여 그 권리를 주장함에 영향을 미치지 않는다(법 제333조 제4항).

3) 가납의 재판(법 제334조)

– 법원은 벌금, 과료 또는 추징의 선고를 하는 경우에 판결확정 후에는 집행할 수 없거나 집행하기 곤란한 염려가 있다고 인정할 때에는 직권 또는 검사의 청구에 의하여 피고인에게 벌금, 과료, 추징에 상당한 금액의 가납을 명할 수 있다. 이 재판은 형의 선고와 동시에 선고하여야 한다. 이 판결은 즉시로 집행할 수 있다.

▶ 주요판례

– 형사소송법 제333조 제2항의 규정취지는 범인이 장물을 처분하여 버림으로써 피해자가 장물의 반환을 받을 수 없게 되는 경우, 그 대사로 취득한 것을 피해자에게 교부함으로써 전부 또는 일부의 피해회복을 받도록 하고자 하는 피해자보호의 견지에서 제정된 것이라 할 것이므로 이미 장물을 환부 받은 피해자에게 그 장물의 처분대가마저 교부할 수는 없다(대법원 1985.1.29, 84도2941).

– 가납판결은 벌금·과료 또는 추정 그 자체의 확정 전의 집행을 명하는 것이 아니고 그 상당한 금액의 납부를 명하여 재판이 확정된 때에는 가납한 금액의 한도에서 형의 집행이 된 것으로 간주되는 것이므로 헌법상 재산권에 관한 규정 또는 죄형법정주의에 관한 규정에 위배되지 않는다(대법원 1977.9.28, 77도2288).

제 4 장
재판의 효력

제1절 재판의 확정

1. 재판의 확정

1) 재판의 확정의 의의

– 재판이 통상의 불복방법에 의하여 다툴 수 없게 되어 그 내용을 변경할 수 없게 된 상태이다.

2) 재판확정의 시기

① 불복신청이 허용되지 않는 재판

– 선고 또는 고지와 동시에 확정된다. 법원의 관할 또는 판결전의 소송절차에 관한 결정(법 제403조), 항고법원 또는 고등법원의 결정에 대하여도 원칙적으로 불복이 허용되지 않으며(법 제415조), 대법원의 결정에 대하여도 불복이 허용되지 않는다. 그러나 대법원판결의 확정시기에 대하여는 판결정정신청기간의 경과, 정정판결 또는 신청기각의 결정에 의하여 확정된다는 설이 있으나 판결의 정정은 예외적인 현상에 불과하므로 선고와 동시에 확정된다고 보는 것이 타당하다(판례).

② 불복신청이 허용되는 재판

– 상소기간 기타 불복신청기간의 경과, 상소 기타 불복신청의 취하 또는 포기, 불복신청을 기각하는 재판의 확정으로 재판이 확정된다(법 제364조, 제399조). 보통항고의 경우에는 원심결정을 취소하여도 실익이 없게 된 때 확정된다(법 제404조).

2. 재판의 확정력

1) 형식적 확정력

– 형식적 확정력이란 재판의 형식적 확정에 의한 불가쟁적 효력이다. 절차면에서의 효력으로 모든 재판(종국재판이든 종국전의 재판이든, 실체적 판결이든 불문)에 대하여 발생한다.

2) 내용적 확정력

– 내용적 확정력이란 재판이 형식적으로 확정되면, 이에 따라 그 의사표시적 내용도 확정되는 것이다. 실체, 형식 모든 재판에 대해 인정된다. 실체재판의 외부적 효력인 일사부재리의 효력, 즉 기판력은 실체재판에만 인정된다(통설).

3) 기판력의 본질

① 실체법설 : 기판력의 본질을 확정판결에 의하여 실체법률관계를 형성·변경하는 효력이라 이해하는 견해.

② 구체적 규범설 : 일반적 추상적 규범인 실체법이 소송을 통하여 개별적 구체적인 법률관계로 형성된 당해사건에 대한 구체적 실체법이 기판력이라 하는 견해. 이에 대하여는 법원이 심판한 공소사실의 범위를 넘어 공소사실의 동일성이 인정되는 사실까지 기판력이 미치는 것을 설명하지 못한다는 비판이 있다.

③ 소송법설 : 기판력은 실체법률관계에 영향이 없으며 소송법상 인정되는 확정재판의 후소에 대한 영향이라는 견해.

3. 내용적 구속력

1) 의의

① 재판이 확정되면 다른 법원에서 동일한 사정에서 동일사항에 대하여는 다른 판단을 할 수 없는 효력.

② 기판력을 실체적 확정력의 대외적 효과인 일사부재리의 효력이라고 해석하는 통설은 실체재판에만 기판력이 인정된다고 하는데 비해 기판력과 일사부재리의 효력을 분리하는 견해는 실체재판에는 일사부재리의 효력이 인정되므로, 재판의 내용적 구속력은 주로 형식재판에서만 문제된다고 이해한다.

2) 형식재판의 내용적 구속력

(1) 내용적 구속력의 작용

① 형식재판의 내용적 구속력이 후 소에 대하여 어떤 작용을 하느냐와 관련 견해가 대립한다.

② 후소법원에 대하여 판단내용을 구속한다는 견해(구속효과설), 동일사항에 대하여는 판단을 금지한다는 견해(차단효과설)의 대립이 있으나, 형사소송법 제327조 제3호와 관련 차단효과설이 타당하다.

(2) 내용적 구속력이 미치는 범위

① 친고죄에서 고소 없음을 이유로 한 공소기각의 판결 후 유효한 고소가 있는 경우에는 재소가 허용된다.

② 관할위반의 판결확정 후 관할권 있는 다른 법원에의 공소제기는 유효하다.

③ 피고인사망을 이유로 한 공소기각결정의 확정 후 생존이 밝혀진 경우의 구속력에 대해 다수설은 불인정함.

4. 일사부재리의 효력

1) 의의

－유·무죄의 실체판결이나 면소판결이 확정된 때에 동일사건에 대하여 다시 심리·판단하는 것은 허용되지 않는다는 것.

2) 일사부재리의 효력이 인정되는 재판

① 실체재판 : 모든 실체재판, 약식명령, 즉결심판, 소년의 보호처분결정,

② 형식재판 : 면소판결(실체관계적 형식재판)을 제외한 형식재판에는 효력이 인정되지 않는다.

③ 당연무효의 판결 : 일사부재리의 효력을 부인하는 견해가 있으나 당연무효의 판결은 법원이 심리를 종결하여 최종적 판단을 한 것으로 피고인은 처벌의 위험에 있었다고 할 것이므로 일사부재리 효력을 인정하는 것이 타당.

3) 일사부재리의 효력이 미치는 범위

① 객관적 범위 : 법원이 현실적 심판의 대상인 당해 공소사실 및 그 공소사실과 단일하고 동일한 관계에 있는 사실전부. 포괄일죄나 과형상의 일죄의 일부분에 대한 기판력은 현실적 심판의 대상으로 되지 아니한 부분에까지 미친다(판례).

② 주관적 범위 : 공소가 제기된 피고인에게만 미침. 공동피고인의 경우에도 일방 피고인에 대한 판결은 다른 피고인에게 미치지 않음.

③ 시간적 범위 : 계속범, 상습범 등이 확정판결 전후에 걸쳐 행하여진 경우 어느 시점까지 일사부재리의 효력이 미치는가에 대하여 변론종결시설, 판결선고시설, 판결확정시설이 대립한다. 변론재개를 허용하고 있는 현행법의 해석으로는 사실심판결선고시를 표준으로 하는 것이 타당하다(통설, 판례). 약식명령은 그 발령시가 기준이 된다(판례).

5. 확정력의 배제

– 상소권의 회복제도(법 제345조 이하), 재심제도(법 제420조 이하), 비상상고제도(법 제441조 이하) 등이 확정력을 배제하는 형사소송법상의 제도이다.

제2절 소송비용

1. 소송비용의 의의

– 소송비용이란 「형사소송비용 등에 관한 법률」에 의하여 특히 소송비용으로 규정된 것을 말한다. 증인·감정인·통역인 또는 번역인의 일당, 여비, 숙박료와 감정인·통역인 또는 번역인의 감정료·통역료·번역료, 그 밖의 비용, 그리고 국선변호인의 일당, 여비, 숙박료 및 보수가 소송비용에 해당한다(동법 제2조).

2. 소송비용의 부담자

1) 피고인

① 형의 선고를 하는 경우 피고인에게 소송비용의 전부, 일부를 부담케 하여야 한다. 다만 피고인이 경제적 사정으로 소송비용을 납부할 수 없는 때에는 그러하지 아니하다(법 제186조 제1항).

② 피고인에게 책임지울 사유로 발생한비용은 형의 선고를 하지 아니하는 경우에도 피고인에게 부담하게 할 수 있다(법 제186조 제2항).

③ 공범인 피고인의 경우는 공동심리를 받은 경우에 연대하여 부담하게 할 수 있다(법 제187조).

2) 고소인·고발인

– 고소·고발에 의한 공소제기사건에 대하여 피고인이 무죄, 면소의 판결을 받은 경우에 고소, 고발인에게 고의 또는 중대한 과실이 있는 경우에 소송

비용의 전부 또는 일부를 부담케 할 수 있다(법 제188조).

3) 상소 또는 재심청구자

① 검사 아닌 자가 상소 또는 재심의 청구를 한 경우에 상소 또는 재심청구가 기각되거나 취하된 때 이를 한 자에게 부담가능하다(법 제190조 제1항).

② 피고인 아닌 자가 피고인이 제기한 상소 또는 재심의 청구를 취하한 경우 그 자에게 부담하게 할 수 있다(법 제190조 제2항).

3. 소송비용부담의 절차

1) 재판으로 소송절차가 종료되는 경우

① 재판으로 소송절차가 종료되는 경우에 피고인에게 소송비용을 부담하게 하는 때에는 직권으로 재판하여야 하며, 이 재판에 대하여는 본안의 재판에 관하여 상소하는 경우에 한하여 불복할 수 있다(법 제190조).

② 재판으로 소송절차가 종료되는 경우에 피고인 아닌 자에게 소송비용을 부담하게 하는 때에는 직권으로 결정을 하여야 한다. 이 결정에 대하여는 즉시항고를 할 수 있다(법 제192조).

2) 재판에 의하지 않고 소송절차가 종료되는 경우

－재판에 의하지 아니하고 소송절차가 종료되는 경우란, 상소, 재심 또는 정식재판의 청구를 취하하는 때를 말하며, 이 경우 피고인 이외의 자에게 비용을 부담케 할 때는 사건의 최종계속법원이 직권으로 결정하여야 한다. 이 결정에 대하여는 즉시항고를 할 수 있다(법 제193조).

3) 소송비용액의 산정

－재판시 구체적 비용의 명시는 불요. 재판에 금액을 표시하지 않은 경우에는 집행지휘검사가 산정한다(법 제194조). 이 경우 법원에 이의신청이 가능하다(법 제489조).

4) 소송비용부담재판의 집행

－검사집행. 비용부담의 재판을 받은 자가 빈곤으로 완납할 수 없는 때에는 그 재판 확정 후 10일 이내에 재판을 선고한 법원에 소송비용의 전부 또는 일부에 대한 집행면제 신청이 가능하다(법 제487조). 재판집행비용은 집행을 받은 자의 부담으로 하고 「민사집행법」의 규정에 준하여 집행과 동시에 징수하여야 한다(법 제493조).

제 5 장
상 소

제1절 상소에 관한 기본이론

1. 상소의 의의와 종류

1) 목적 : 상소제도의 목적은 오판의 시정을 통하여 구체적 타당성과 재판 자체의 권위로부터 당사자의 이익을 도모하고 법령해석의 통일을 기하는데 있다. 법의 두 가지 속성인 구체적 타당성(정의)와 법적 안정성을 도모하여 정의의 실현에 어긋나지 않기 위하여 상소제도가 인정된다.

2) 상소의 종류 : 현행법상 인정되는 상소는 다음의 것을 포함한다.

① 항소

② 상고(cf. 비약적 상고)

③ 항고

a. 일반항고 : 보통항고, 즉시항고

b. 특별항고(재항고).

3) 상소의 법적 성격 : 항소와 상고는 판결에 대한 것이며, 항고는 결정에 대한 것이다. 다만 항고는 명령에 대하여도 허용된다. 상소는 미확정의 재판에 대

하여 상급법원에 구제를 구하는 불복신청의 제도로서, 상급법원의 심판에 의한 구제를 구하는 점에서 당해법원에 대한 이의신청과 다르며, 미확정의 재판에 대한 불복신청이라는 점에서 확정판결에 대한 재심이나 비상상고와 같은 비상구제절차와 구별된다.

2. 상소권

1) 상소권자 : 상소권자는 재판을 받은 자이다.

① **고유의 상소권자 :** 검사, 피고인(법 제338조 제1항)

② **그 이외 상소권의 대리권자 :** 피고인의 법정대리인과 피고인의 배우자, 직계친족, 형제자매 또는 원심의 대리인이나 변호인은 피고인이 명시한 의사에 반하지 않는 한 피고인을 위하여 상소할 수 있다(법 제340조, 제341조).

2) 상소의 이익

① 상소는 재판에 대한 불복이라고 하는 이상 자기의 이익이 침해당하였음을 전제로 한다. 따라서 자기에 불이익한 상소는 허용되지 않는다.

② 무죄판결은 피고인에게 가장 유리한 재판이므로 무죄판결에 대한 피고인의 상소는 상소의 이익이 없다. 대법원은 공소기각의 판결에 대하여는 상소의 이익이 없다는 이유로 피고인이 무죄를 주장하여 상소할 수 없다고 함에 대하여 면소판결에 대하여는 피고인에게 무죄판결청구권이 없다는 이유로 상소가 허용되지 않는다고 판시하고 있다.

3. 상소권의 발생 · 소멸 · 회복

1) 상소기간

－항소 및 상고는 7일, 즉시항고는 3일, 준항고는 3일이다(법 제358조, 제374조, 제405조, 제416조 제3항). 보통항고에는 제기기간의 제한이 없고 항고의 이익이 있는 한 언제든지 할 수 있다(법 제404조). 상소기간은 재판이 선고 · 고지된 날로부터 진행된다(법 제343조 제2항).

2) 상소권의 회복

① 상소권의 회복이란 상소기간이 경과한 후에 법원의 결정에 의하여 소멸한 상소권을 회복하는 것으로 상소권자 또는 대리인이 책임질 수 없는 사유로 인하여 상소제기기간 내에 상소하지 못한 때가 이에 해당된다(법 제345조).

② 상소권회복의 청구를 받은 법원은 청구의 허부에 관한 결정을 하여야 하고, 이 결정에 대하여는 즉시항고를 할 수 있다(법 제347조).

③ 상소권 회복은 상소권자만이 청구할 수 있다. 자기 또는 대리인의 귀책사유로 인하여 상소기간을 도과한 경우에는 청구할 수 없다. 상소를 하지 못하게 된 사유가 종지된 날로부터 상소의 제기기간에 상당한 기간 내에 서면으로 원심법원에 청구해야 한다(법 제346조 제1항). 상소권회복을 청구한 자는 그 원인된 사유를 소명하고(법 제346조 제2항), 그 청구와 동시에 상소를 제기하여야 한다(법 제346조 제3항).

4. 상소의 포기와 취하

1) 고유의 상소권자는 상소를 포기 또는 취하할 수 있다(법 제349조 본문). 법정대리인이 있는 피고인이 상소의 포기를 함에는 법정대리인의 동의를 얻어야 한다. 상소의 포기 또는 취하는 상소기간 내에 언제나 할 수 있다. 다만 피고인 또는 형사소송법 제341조에 규정된 상소권의 대리행사자는 사형 또는 무기징역이나 무기금고가 선고된 판결에 대하여는 상소를 포기할 수 없다(법 제349조 단서). 상소의 포기는 원심법원에 하여야 한다. 상소를 포기·취하한 자는 그 사건에 대하여 재상소가 허용되지 않는다(법 제354조).

2) 상소의 취하는 상소법원에 하여야 한다. 다만, 소송기록이 상소법원에 송부되지 아니한 때에는 원심법원에 하여야 한다(법 제353조). 상소 취하의 경우에도 재상소가 금지된다(법 제354조).

3) 상소의 포기 또는 취하는 서면으로 하여야 한다. 단 공판정에서는 구술로 할 수 있다(법 제352조 제1항). 구술로써 상소의 포기 또는 취하를 한 경우에는

그 사유를 조성 기재하여야 한다(법 제352조 제2항). 상소의 포기 또는 취하가 있는 경우에는 법원은 지체 없이 상대방에게 그 사유를 통지하여야 한다(법 제356조).

5. 상소의 제기 및 효과

1) 상소의 제기

- 상소는 일정한 상소제기 기간 내에 상소장을 원심법원에 제출함으로써 행한다(법 제343조 제1항, 제359조, 제375조, 제406조). 재소자에 대하여는 특칙이 있다(법 제344조).

2) 상소제기의 효과

- 상소의 효과로서 판결의 집행이 정지되고 재판의 확정이 정지되며, 소송계속은 상소심에 이전된다. 즉시항고 이외의 항고는 집행정지의 효력이 없다(법 제409조, 제410조, 제416조 제4항). 가납재판은 즉시 집행할 수 있으므로(법 제334조 제3항), 상소제기에 의해 집행이 정지되지 아니한다. 가납판결은 헌법상 재산권에 관한 규정 또는 죄형법정주의에 관한 규정 등에 위배된다고 볼 수 없다(대법원 1977.9.28, 77도 2288).

6. 상소의 범위

1) 상소는 재판의 일부에 대하여 할 수 있다(법 제342조). 즉 일부상소의 경우에는 상소가 제기된 부분만 상소심에 계속되고 상소가 없는 부분은 확정된다.

2) 그러나 불가분적 관계에 있는 주문의 일부에 대한 상소는 허용되지 않는다. 예컨대 부가형, 집행유예, 압수물환수 등을 주형과 분리하여 상소할 수 없다. 일부상소가 허용되는 것은 경합범의 각 부분에 대하여 일부는 징역형, 다른 일부는 벌금형이 선고된 경우와 같이 주문에서 2개 이상의 다른 형이 병과된 때이다.

3) 경합범의 전부에 대해서 1개의 형이 선고되었을 때에는 불가분으로 되며 일부상소가 허용되지 않는다.

4) 과형상 일죄의 일부에 대한 상소의 효력은 그 전부에 미치므로 일부상소가 허용되지 않는다. 공동피고인 중 1인에 대한 상소는 가분적이므로 일부상소가 허용된다. 단순일죄의 일부에 대한 상소의 효력은 그 전부에 미치므로 일부상소가 허용되지 않는다. 주형과 부가형 중 부가형에 대한 선고만을 분리하여 상소할 수 없다.

제2절 항 소

1. 항소의 의의

－항소라 함은 제1심 판결에 대한 제2심 법원에의 상소이다.

2. 항소의 제기

1) 항소이유(법 제361조의5)

－현행법상 항소이유는 다음과 같다.

(1) 법령위반

① 상대적 항소이유 : 판결에 영향을 미친 헌법, 법률, 명령 또는 규칙의 위반이 있는 때

② 절대적 항소이유

a. 관할 또는 관할위반의 인정이 법률에 위반한 때

b. 판결법원의 구성이 법률에 위반한 때

c. 법률상 그 재판에 관여하지 못할 판사가 그 사건의 심판에 관여한때

d. 사건의 심리에 관여하지 아니한 판사가 그 사건의 판결에 관여한 때

e. 공판의 공개에 관한 규정에 위반한 때

f. 판결에 이유를 붙이지 아니하거나 이유에 모순이 있는 때

(2) 법령위반 이외의 항소이유

① 상대적 항소이유 : 사실의 오인이 있어 판결에 영향을 미친 때

② 절대적 항소이유

a. 판결 후 형의 폐지나 변경 또는 사면이 있는 때

b. 재심청구의 사유가 있는 때

c. 형의 양형이 부당하다고 인정될 사유가 있는 때

2) 항소제기의 절차

(1) 제1심 법원의 판결에 대하여 불복이 있으면 지방법원 단독판사가 선고한 것은 지방법원 본원합의부에, 지방법원합의부가 선고한 것은 고등법원에 항소할 수 있다(법 제357조).

(2) 항소를 제기함에는 7일의 항소기간 내에 항소장을 원심법원에 제출하여야 한다(법 제359조). 항소장의 기재방식에 관한 특별한 규정은 없으나 서면으로 하여야 하고(법 제343조), 항소를 한다는 뜻과 항소의 대상인 판결을 기재함으로써 족하다.

(3) 항소의 제기가 법률상의 방식에 위반하거나 항소권소멸 후인 것이 명백한 때에는 원심법원은 결정으로 항소를 기각하여야 한다. 전항의 결정에 대하여는 즉시항고를 할 수 있다(법 제360조).

(4) 원심법원은 항소기각의 결정을 하는 경우 이외에는 항소장을 받은 날로부터 14일 이내에 소송기록과 증거물을 그 법원에 대응한 검찰청 검사에게 송부하여야 한다(법 제361조).

(5) 항소법원이 기록의 송부를 받은 때에는 즉시 항소인과 상대방에게 그 사유를 통지하여야 한다. 소송기록접수통지 전에 변호인의 선임이 있는 때에는 변호인에게도 통지를 하여야 한다(법 제361조의2 제1항, 제2항). 피고인이 교도소 또는 구치소에 있는 경우에는 원심법원에 대응한 검찰청 검사는 소송기록접수의 통지를 받은 날로부터 14일 이내에 피고인을 항소법원 소재지의 교도소 또는 구치소에 이송하여야 한다. 항소인 또는 변호인은 항소법원으로부터 소송기록접수통지를 받은 날로부터 20일 이내에 항소이유서를 항소법원에 제출하여야 한다(법 제361조의3 제1항).

(6) 항소이유서의 제출을 받은 항소법원은 지체 없이 그 부본 또는 등본을 상대방에게 송달하여야 한다(법 제361조의3 제2항). 상대방은 송달을 받은 날로부터 10일 이내에 답변서를 항소법원에 제출하여야 한다(법 제361조의3 제3항). 답변서의 제출을 받은 항소법원은 지체 없이 그 부본 또는 등본을 항소인 또는 변호인에게 송달하여야 한다(법 제361조의3 제4항). 항소인이나 변호인은 형사소송법 제361조의3 제1항의 기간 내에 항소이유서를 제출하지 아니한 때에는 결정으로 항소를 기각하여야 한다. 단 직권조사사유가 있거나 항소장에 항소이유의 기재가 있는 때에는 예외로 한다. 전항의 결정에 대하여는 즉시항고를 할 수 있다(법 제361조의4).

3. 항소심의 심판

1) 심리

(1) 항소법원은 항소이유에 포함된 사유에 관하여 심판하여야 한다(법 제364조 제1항). 항소법원은 판결의 영향을 미친 사유에 관하여는 항소이유서에 포함되지 아니한 경우에도 직권으로 심판할 수 있다(법 제364조 제2항). 제1심 법원에서 증거로 할 수 있었던 증거는 항소법원에서도 증거로 할 수 있다(법 제361조 제3항).

(2) 제1심 절차와 다른 점은 피고인이 공판기일에 출정하지 아니한 때에는

다시 기일을 정하여야 하고 피고인이 정당한 사유 없이 다시 정한 기일에 출정하지 아니한 때에는 피고인의 진술 없이 판결할 수 있다(법 제365조). 그러나 다액 500만원 이하의 벌금 또는 과료에 해당하거나 공소기각 또는 면소의 판결을 할 것이 명백한 사건에 관하여는 피고인의 출석을 요하지 않고, 또한 대리인이 출석할 수 있으므로 다시 기일을 정할 필요가 없다(법 제277조).

2) 재판

– 항소심의 심리가 끝나면 종국재판에 의하여 절차를 종결시키는 것은 제1심의 경우와 같다. 그리고 종국재판에 관하여서도 특별한 규정이 있는 경우를 제외하고는 제1심의 이에 관한 규정이 준용된다.

(1) 항소심의 종국재판의 종류

① 공소기각의 결정 : 결정에 의할 공소기각의 사유가 있는 때에는 항소법원은 결정으로 공소를 기각한다(법 제363조).

② 항소기각의 재판

a. 항소기각의 결정 : 항소의 제기가 법률에 위반하거나 항소권 소멸후인 것이 명백한 때에 원심법원이 항소기각의 결정을 하지 아니한 때에는 항소법원은 결정으로 항소를 기각하여야 한다. 이 결정에 대하여는 즉시항고를 할 수 있다(법 제362조).

b. 항소기각의 판결 : 항소이유 없다고 인정한 때에는 판결로써 항소를 기각하여야 한다(법 제364조 제4항). 항소이유가 없음이 명백할 때에는 항소장, 항소이유서 기타의 소송기록에 의하여 변론 없이 판결로써 항소를 기각할 수 있다(법 제364조 제5항).

③ 원심파기의 판결 : 항소이유가 있다고 인정된 때에는 원심판결을 파기하여야 한다(법 제364조 제6항). 피고인을 위하여 원심판결을 파기할 경우에 파기의 이유가 항소한 공동피고인에게 공통될 때에는 그 공동피고인에 대하여도 원심판결을 파기하여야 한다(법 제364조의2).

④ 파기 후의 조치

a. 파기자판 : 항소이유 있다고 인정한 때에는 원심판결을 파기하고 다시 판결을 하여야 한다(법 제364조 제6항). 형사소송법은 파기자판을 원칙으로 하고 있다.

b. 파기환송의 판결 : 공소기각 또는 관할위반의 재판이 법률에 위반됨을 이유로 원심판결을 파기하는 때에는 판결로써 사건을 원심법원에 환송하여야 한다(법 제366조).

c. 파기이송의 판결 : 관할인정이 법률에 위반됨을 이유로 원심판결을 파기한 때에는 판결로써 관할법원에 이송하여야 한다. 단, 항소법원이 그 사건의 제1심관할권이 있는 때에는 제1심으로 심판하여야 한다(법 제367조).

(2) 불이익변경의 금지

–불이익변경금지의 원칙이란 피고인이 항소 또는 상고한 사건과 피고인을 위하여 항소 또는 상고한 사건에 관하여 상소심은 원심판결의 형보다 중한 형을 선고하지 못한다는 원칙을 말한다(법 제368조, 제396조).

–불이익변경금지의 원칙은 피고인이 상소한 사건과 피고인을 위하여 상소한 사건에 대하여 적용된다.

① 피고인이 상소한 사건(피고인이 항소 또는 상고한 사건)

a. 피고인이 상소한 사건이란 '피고인만이' 상소한 사건을 뜻한다.

b. '검사만이' 상소한 사건은 불이익변경금지의 원칙이 적용되지 않는다.

c. 검사와 피고인 쌍방이 상소한 사건은 불이익변경금지의 원칙이 적용되지 않는다.

d. 다만, 한미행정협정사건에서 검사가 상소한 사건이나, 검사와 피고인이 상소한 사건에 대하여는 불이익변경금지의 원칙이 적용된다.

e. 피고인만이 항소를 제기한 제2심판결에 대하여 검사가 상고한 경우에도 불이익변경금지의 원칙이 적용된다.

f. 검사와 피고인 쌍방이 상소한 경우에 검사의 상소가 기각된 때에는 피고인만 상소한 경우와 같으므로 불이익변경금지의 원칙이 적용된다.

② 피고인을 위하여 상소한 사건(피고인을 위한 항소·상고사건)

– 피고인을 위하여 상소한 사건이란 형사소송법 제340조와 제341조가 규정한 당사자 이외의 상소권자가 상소한 사건을 말한다. 문제는 검사가 피고인의 이익을 위하여 상소한 경우이다. 검사가 피고인을 위하여 상소하는 경우에는 검사가 공익적 지위에서 피고인의 이익을 위한다는 취지를 특히 명시하여 상소한 경우에는 불이익변경금지의 원칙이 적용된다(통설, 판례).

③ 상소심의 범위

a. 불이익변경금지의 원칙은 항소심의 경우뿐만 아니라 상고심에서도 적용된다.

b. 이 원칙은 상소사건에 대하여만 적용되므로 항소심에서 다른 사건이 병합되어 경합범으로 처단되는 때에는 이 원칙이 적용되지 않는다.

c. 피고인만 항고한 항고사건에 대하여는 이 원칙이 적용되지 않는다.

d. 상소심이 피고인의 상소를 이유 있다고 하여 원심판결을 파기하고 환송 또는 이송하는 경우에 환송 또는 이송 받은 법원에 있어서도 종전의 원판결과 사이에 이 원칙이 적용된다(통설, 판례).

e. 약식명령에 대한 정식재판의 청구의 경우 피고인이 청구한 사건에서 약식명령의 형보다 중한 형을 선고하지 못한다고 명문의 규정(1995년 개정 형사소송법 제457조의2 신설)을 둠으로써 약식명령에 대한 정식재판의 청구의 경우에도 불이익변경금지의 원칙이 적용된다.

f. 항고사건에서 불이익변경금지의 원칙이 적용되느냐에 대하여 견해가 대립되고 있으나 동 원칙은 항소 또는 상고에 제한되어 있으므로 항고에는 불이익변경금지의 원칙이 적용되지 않는다.

(3) 불이익변경금지의 내용

– 불이익변경금지의 원칙의 적용은 개별적 형식적으로 고찰할 것이 아니라

전체적·실질적으로 고찰하여 결정하여야 한다(판례의 입장).

① 징역형과 금고형

a. 징역형을 금고형으로 변경하는 것은 허용되지 않는다.

b. 금고형을 징역형으로 변경하는 것은 가능하다.

c. 형기가 같은 때에는 금고를 징역으로 변경하는 것이 허용되지 않는다.

② 자유형과 벌금형

a. 벌금형을 자유형으로 변경하는 것은 허용되지 않는다.

b. 자유형을 벌금형으로 변경한 경우에는 그 벌금형이 노역장유치기간이 길어졌다 하더라도 불이익변경이 아니다.

c. 징역형·금고형에 대한 집행유예를 벌금형으로 변경하는 것은 원칙적으로 형의 불이익변경이 아니다.

③ 벌금형과 선고유예

－징역형 금고형에 대한 선고유예를 벌금형으로 변경하는 것은 원칙적으로 불이익변경이라고 본다.

④ 주형과 집행유예

a. 징역형 또는 금고형을 줄이면서 집행유예를 박탈한 경우에는 불이익변경이 된다.

b. 징역형을 늘리면서 집행유예를 붙인 경우에도 불이익변경이 된다.

c. 징역형에 집행유예를 붙이면서 벌금형을 병과하거나, 벌금액을 늘린 경우 또는 금고형을 징역형으로 바꾸면서 집행유예를 선고한 때에도 불이익변경이 된다.

⑤ 주형과 부가형

－주형을 가볍게 하고 몰수나 추징을 새로이 부가하는 경우에는 이 원칙에 위반하지 않는다(통설, 판례).

3) 재판서의 기재방법

－항소법원의 재판서에는 항소이유에 대한 판단을 기재하여야 하며 원심판결에 기재한 사실과 증거를 인용할 수 있다(법 제369조).

제3절 상 고

1. 상고의 의의

－상고라 함은 항소심의 판결에 대한 대법원에의 상소를 말한다. 상고는 원칙적으로 제2심판결에 대해 허용되나(법 제371조), 일정한 경우에 한하여 제1심의 판결에 대한 비약상고가 인정된다(법 제372조).

2. 상고심의 구조

1) 법률심

① 상고심은 일반적으로 법률문제를 심리·판단하는 법률심이다.

② 형사소송법은 예외적으로 사실오인과 양형부당을 상고이유로 하고 있고(법 제383조), 상고심에서도 파기자판을 할 수 있게 하고 있다(법 제396조). 따라서 상고심은 원칙적으로 법률심, 극히 예외적인 경우에는 사실심의 성격도 가지고 있다.

2) 사후심

① 상고심은 원심판결의 당부를 사후적으로 심사하는 사후심이다.

② 그러나 예외적으로 피고인보호와 소송경제를 위해 판결 후 형의 폐지, 변경, 사면이 있거나 재심청구사유가 판명된 경우는 속심제를 취한다고 본다.

3) 최종심

① 상고심은 최종심이다.

② 다만, 현행 형사소송법은 판결내용의 오류정정제도를 두고 있다(법 제400조, 제401조).

3. 상고이유(법 제383조)

① 판결에 영향을 미친 헌법 법률 명령 또는 규칙의 위반이 있는 때
② 판결 후 형의 폐지나 변경 또는 사면이 있는 때
③ 재심청구의 사유가 있는 때
④ 사형 무기 또는 10년 이상의 징역이나 금고가 선고된 사건에서 중대한 사실의 오인이 있어 판결에 영향을 미친 때 또는 형의 양정이 심히 부당하다고 인정할 현저한 사유가 있는 때

※ 검사는 사실오인 또는 양형부당을 이유로 상고할 수 없다(판례의 입장).

4. 상고절차

(1) **상고제기기간** : 상고는 원심판결 후 7일 이내에 상고장을 원심법원에 제출하여야 한다(법 제374조, 제375조).

(2) **상고기각** : 상고의 제기가 법률상의 방식에 위반하거나 상고권 소멸후인 것이 명백한 때에는 원심법원은 결정으로 상고를 기각하여야 한다. 이에 대하여 즉시항고를 할 수 있다(법 제376조). 원심법원은 상고기각의 경우 외에는 상고장을 받은 날로부터 14일 이내에 소송기록과 증거물을 상고법원에 송부하여야 한다(법 제377조).

(3) 상고법원이 소송기록을 송부 받은 때에는 즉시 상고인과 상대방에게 그 사유를 통지하여야 한다. 이 경우 통지 전에 변호인의 선임이 있는 때에는 변호인에 대하여도 소송기록접수의 통지를 하여야 한다(법 제378조).

(4) 상고인 또는 변호인은 소송기록접수의 통지를 받은 날로부터 20일 이내에 상고이유서를 상고법원에 제출하여야 한다(법 제379조 제1항). 상고이유서에는 소송기록과 원심법원의 증거조사에 표현된 사실을 인용하여 그 이유를 명시하여야 한다(법 제379조 제2항). 상고이유서의 제출을 받은 상고법원은 지체 없

이 그 부본 또는 등본을 상대방에게 송달하여야 한다(법 제379조 제3항).

(5) 원심변호인은 상고를 제기할 수는 있으나(법 제341조) 상고를 제기한 원심변호인은 상고심에서 당연히 변호인이 되는 것이 아니므로 당연히 상고이유서를 제출할 수 없다. 상고인 또는 변호인이 법정기간 내에 상고이유서를 제출하지 아니한 때에는 결정으로 상고를 기각하여야 한다(법 제380조). 상고의 제기가 법률상의 방식에 위반하거나 상고권 소멸 후인 것이 명백한 때에는 원심법원이 상고기각의 결정을 하여야 하는데, 그러한 결정을 하지 아니하였을 때에는 상고법원의 결정으로 상고를 기각하여야 한다(법 제381조).

(6) 공소가 취소된 때, 또는 피고인이 사망하거나 피고인인 법인이 존속하지 아니하게 되었을 때에는 상고법원은 결정으로 공소를 기각하여야 한다(법 제382조).

(7) 상고심절차에 관하여는 특별한 규정이 없는 한, 원칙적으로 항소심 절차에 관한 규정이 준용된다(법 제399조). 그러나 상고심은 법률심이라는 점에서 다음과 같은 특칙이 있다.

① 상고심에는 변호사 아닌 자를 변호인으로 선임하지 못한다(법 제386조). 상고심에서는 특별변호인(법 제31조 단서)은 인정되지 아니한다. 피고인 자신은 변론할 수 없다.
② 상고심의 공판기일에는 피고인의 소환을 요하지 않는다(법 제389조의2).
③ 공판기일에는 검사와 변호인은 상고이유서에 의하여 변론하여야 한다(법 제388조).
④ 변호인의 선임이 없거나 변호인이 공판기일에 출정하지 아니한 때에는 직권으로 변호인을 선정해야 하는 경우를 제외하고는 검사의 의견을 듣고 판결할 수 있다(법 제389조 제1항). 이 경우에 적법한 상고이유서의 제출이 있는 때에는 그 진술이 있는 것으로 간주한다(법 제389조 제2항).
⑤ 상고법원은 상고장, 상고이유서 기타의 소송기록에 의하여 변론 없이 판

결할 수 있다(법 제390조).

⑥ 상고법원은 상고이유서에 포함된 사유에 관하여 심판하여야 한다(법 제384조). 그러나 다음과 같은 사유가 있는 경우에는 상고이유서에 포함되지 아니하여도 직권으로 심판할 수 있다(법 제384조).

a. 판결에 영향을 미친 헌법, 법률, 명령 또는 규칙의 위반이 있는 때

b. 판결 후 형의 폐지나 변경 또는 사면이 있는 때

c. 재심청구의 사유가 있는 때

▸ 주요판례

– 원심이 피고인에게 누범에 해당하는 전과가 있음에도 불구하고 형법 제35조 제2항에 의한 누범가중을 하지 아니한 것은 위법하다고 할 것이나, 피고인으로서 위와 같은 위법을 주장하는 것은 자기에게 불이익을 주장하는 것이 되므로 이는 적법한 상고이유가 될 수 없다(대법원 1994.8.12, 94도1591).

5. 상고심의 재판

– 상고법원은 상고장, 상고이유서 기타의 소송기록에 의하여 변론 없이 판결할 수 있다(법 제390조). 상고이유가 있는 때에는 판결로써 원심판결을 파기하여야 한다(법 제391조). 피고인의 이익을 위하여 원심판결을 파기하는 경우에 파기의 이유가 상고한 공동피고인에 공통되는 때에는 그 공동피고인에 대하여도 원심판결을 파기하여야 한다(법 제392조).

– 원심판결을 파기하는 경우에는 다음 구별에 의하여 파기와 동시에 환송·이송의 판결 또는 자판을 하여야 한다. 재판서에는 상고의 이유에 관한 판단을 기재하여야 한다(법 제398조).

1) 공소기각의 결정

– 공소가 취소되었을 때 또는 피고인이 사망하거나 피고인인 법인이 존속하지 아니하게 되었을 때에는 상고법원은 결정으로 공소를 기각하여야 한다(법 제382조).

2) 상고기각의 재판

(1) 상고기각의 결정(법 제381조)

(2) 상고기각의 판결(법 제399조, 제364조 제4항)

3) 원심판결파기의 판결(법 제391조)

① 파기환송 : 직법한 공소를 기각하였다는 이유로 원심판결 또는 제1심판결을 파기하는 경우에는 판결로써 사건을 원심판결 또는 제1심법원에 환송하여야 한다(법 제393조).

② 파기이송 : 관할의 인정이 법률에 위반됨을 이유로 원심판결 또는 제1심판결을 파기하는 경우에는 판결로써 사건을 관할 있는 법원에 이송하여야 한다(법 제394조).

③ 파기자판 : 대법원은 원심판결을 파기한 경우에 그 소송기록과 원심법원과 제일심법원이 조사한 증거에 의하여 판결하기 충분하다고 인정한 때에는 직접 판결을 할 수 있다(법 제396조 제1항). 자판을 하는 경우에는 불이익변경금지의 원칙(법 제368조)이 적용된다(법 제396조 제2항).

④ 관할위반의 인정이 법률에 위반됨을 이유로 원심판결 또는 제1심 판결을 파기하는 경우에는 판결로써 사건을 원심법원 또는 제1심법원에 환송하여야 한다(법 제395조).

⑤ 이상의 경우 외에는 원심판결을 파기할 때에는 판결로써 사건을 원심법원에 환송하거나 그와 동등한 다른 법원에 이송하여야 한다(법 제397조). 재판서에는 상고의 이유에 대한 판단도 기재하여야 한다(법 제398조).

6. 비약적 상고

– 비약적 상고란 제1심판결에 대하여 항소를 제기하지 아니하고 대법원에 상고하는 것을 말한다(법 제372조). 다음 경우에는 예외적으로 비약적 상고를 할 수 있다.

1) 원심판결이 인정한 사실에 대하여 법령을 적용하지 아니하였거나 법령의 적용에 착오가 있는 때(법 제372조 제1호). 이는 원심판결이 인정된 사실에 대하여 실체법을 적용하지 않았거나 또는 잘못 적용한 경우이다. 또 법률상 가중감면의 사유가 있는데도 불구하고 그 규정을 적용하지 않는 경우도 포함된다.

2) 원심판결이 있은 후 형의 폐지나 변경 또는 사면이 있는 때(법 제372조 제2호). 중대한 사실오인 또는 양형부당은 포함되지 아니한다.

7. 상고심 판결의 정정

1) 의의

- 상고심판결의 정정이란 상고심판결의 내용에 명백한 오류가 있는 경우에 직권 또는 검사, 상고인이나 변호인의 신청에 의하여 이를 정정하는 것을 말하며(법 제400조 제1항), 오류란 오기 기타 이와 유사한 명백한 잘못이 있는 경우를 말한다.

2) 상고심판결의 정정사유

- 상고심판결의 정정사유는 판결내용에 오류가 있음을 발견한 때이다(법 제400조 제1항).

3) 상고법원은 직권으로 판결을 정정할 수 있으며, 검사, 상고인이나 변호인의 신청에 의하여도 판결을 정정할 수 있다(법 제400조). 정정신청에 대한 재판은 원판결을 한 법원을 구성한 법관으로 구성된 법원이 이를 한다.

4) 정정의 신청은 판결의 선고가 있는 날로부터 10일 이내에 하여야 한다(법 제400조 제2항). 정정신청은 신청의 이유를 기재한 서면으로 하여야 한다(법 제400조 제3항). 정정의 판결은 변론 없이 이를 할 수 있으며(법 제401조 제1항), 정정이 필요가 없다고 인정한 때에는 지체 없이 결정으로 신청을 기각하여야 한다(법 제401조 제2항).

▸ 주요판례

- 피고인은 일관하여 피해자에게 상해를 가한 사실을 부인하고 있으며 피해자에 대한 상해진단서를 증거로 함에 동의하지 아니하고 달리 그 진정성립이 인정되지 아니한 경우 피해자의 진술이나 진술기재 만으로 상해를 입혔다고 인정하였음은 채증법칙을 위배한 것이라 할 것이다(대법원 1979.8.28, 79도1488).
- 항소심에서 피고인에 대하여 사형, 무기 또는 10년 이상의 징역이나 금고가 선고된 사건에 있어서 검사는 그 형이 심히 경하다는 이유로는 상고할 수 없다(대법원 1982.1.19, 81도2898).

제4절 항 고

1. 항고의 의의와 종류

(1) 항고는 판결 이외의 재판, 즉 결정 또는 명령에 대한 상소이지만 명령에 대해서는 원칙적으로 인정되지 않고 예외적으로만 인정된다. 명령에 대해서는 특별항고(또는 재항고)만이 인정된다.

(2) 현행법이 인정하는 항고에는 특별항고(또는 재항고)와 일반항고가 있다.

① 특별항고 : 소송법에 의하여 대법원에 대하여 항고할 수 있음이 특히 허용된 항고

② 일반항고 : 특별항고 이외의 항고를 말하며, 보통항고와 즉시항고가 있다.

(3) 그 밖에 준항고가 있다.

2. 일반항고

1) 즉시항고

① 즉시항고는 즉시항고를 할 수 있다는 명문의 규정이 있는 때에만 허용된다. 예컨대, 공소기각의 결정, 상소기각의 결정, 기피신청기각결정, 구속의 취소와 집행정지결정, 소송비용부담결정 등과 같이 신속한 구제를 요하는 결정에 대하여 즉시항고가 인정된다. 1995년 법 개정으로 보석허가결정에 대한 검사의 즉시항고를 인정한 형사소송법 제97조 제3항의 규정은 삭제되었다.

② 즉시항고는 집행정지의 효력이 있고 제기기간의 제한이 있는 점에서 보통항고와 구별된다. 즉시항고는 그 제기기간 내와 그 제기가 있는 때에는 재판의 집행을 정지하는 효력이 있는데(법 제410조), 보통항고는 원칙적으로 재판의 집행정지효력이 없다. 보통항고는 언제든지 할 수 있으며 즉시항고는 3일 이내에 하여야 한다.

2) 보통항고

– 법원에 결정에 대하여 불복이 있으면 항고할 수 있다(법 제402조 본문). 단 형사소송법에 다음과 같은 경우에는 예외로 한다(법 제402조 단서).

① 법원의 관할 또는 판결 전에 소송절차에 관한 결정에 대하여는 특히 즉시항고를 할 수 있는 경우 외에는 항고를 하지 못한다(법 제403조 제1항). 그러나 구금, 보석, 압수나 압수물의 환부에 관한 결정 또는 감정하기 위한 피고인의 유치에 관한 결정에는 이를 적용하지 않으며(법 제403조 제2항), 이때에는 보통항고를 제기할 수 있다(법 제402조).

② 성질상항고가 허용되지 않는 결정 : 대법원의 결정에 대하여는 성질상 항고가 허용되지 않는다. 항고법원 또는 고등법원의 결정에 대하여도 보통항고 할 수 없다(법 제415조).

3. 특별항고(재항고)

① 항고법원 또는 고등법원의 결정에 대하여는 원칙적으로 항고할 수 없으나 그것이 재판에 영향을 미친 헌법, 법률, 명령 또는 규칙의 위반이 있음을 이유로 하는 때에 한하여 대법원에 즉시항고를 할 수 있다(법 제415조).

② 재항고는 즉시항고이다. 따라서 재항고의 절차는 즉시항고와 같다.

4. 항고심의 절차

1) 보통항고에 대하여는 제기기간의 제한이 없고 언제든지 할 수 있다(법 제404조 본문). 단 원결정을 취소하여도 실익이 없게 된 때에는 예외로 한다(법 제404조 단서).

2) 항고장을 원심법원에 제출하여야 한다(법 제406조). 항고의 제기가 법률상의 방식에 위반하거나 항고권 소멸 후인 것이 명백한 때에는 원심법원은 결정으로 항고를 기각하여야 하며(법 제407조 제1항). 항고기각결정에 대하여는 즉시항고를 할 수 있다(법 제407조 제2항). 원심법원은 항고의 이유 있다고 인정한 때에는 결정을 경정하여야 한다(법 제408조 제1항). 그러나 항고의 전부 또는 일부가 이유 없다고 인정할 때에는 항고장을 받은 날로부터 3일 이내에 의견서를 첨부하여 항고법원에 송부하여야 한다(법 제408조 제2항). 또 원심법원이 필요하다고 인정한 때에는 소송기록과 증거물을 항고법원에 송부하여야 한다(법 제411조 제1항). 항고법원은 소송기록과 증거물의 송부를 요구할 수 있으며(법 제411조 제2항), 항고법원은 소송기록과 증거물의 송부를 받은 날로부터 5일 이내에 당사자에게 그 사유를 통지하여야 한다(법 제411조 제3항). 검사는 항고에 대하여 의견을 진술할 수 있다(법 제412조).

3) 즉시항고의 제기기간 내와 그 제기가 있는 때에는 재판의 집행은 정지되나(법 제410조), 보통항고는 재판의 집행을 정지하는 효력이 없다(법 제409조). 단, 원심법원 또는 항고법원은 결정으로 항고에 대한 결정이 있을 때까지 집행

을 정지할 수 있다(법 제409조 단서). 항고법원은 항고에 대하여 결정을 하는 데 필요한 경우에는 사실을 조사할 수 있다(법 제37조 제3항).

4) 항고의 제기가 법률상의 방식에 위반하거나 항고권 소멸 후인 것이 명백함에도 불구하고 원심법원이 항고기각의 결정을 하지 아니한 때에는 항고법원은 결정으로 항고를 기각하여야 한다(법 제413조). 또한 항고를 이유 없다고 인정한 때에도 결정으로 항고를 기각하여야 한다(법 제414조 제1항). 그러나 항고를 이유 있다고 인정한 때에는 결정으로 원결정을 취소하고 필요한 경우에는 항고사건에 대하여 직접 재판을 하여야 한다(법 제414조 제2항). 항고법원의 결정에 대하여는 특별항고(재항고)에 해당하는 경우를 제외하고는 다시 항고할 수 없다(법 제415조).

5. 준항고

1) 준항고는 재판장 또는 수명법관의 재판과 검사 또는 사법경찰관의 처분에 대하여 그 소속법원 또는 관할법원에 취소 또는 변경을 청구하는 불복신청 방법이다(법 제416조 제1항).

2) 준항고의 대상이 되는 재판으로는 다음과 같다(법 제416조).

① 기피신청을 기각한 재판
② 구금·보석·압수 또는 압수물의 환부에 관한 재판
③ 감정하기 위하여 피고인의 유치를 명한 재판
④ 증인·감정인·통역인·번역인에 대하여 과태료 또는 비용의 배상을 명한 재판

3) 지방법원이 청구를 받을 때에는 합의부에서 결정해야 한다(법 제416조 제2항). 준항고의 청구는 재판의 고지가 있는 날로부터 3일 이내에 하여야 한다(법 제416조 제3항).

4) 검사 또는 사법경찰관의 구금, 압수 또는 압수물의 환부에 관한 처분과 형사소송법 제243조2에 따른 변호인의 참여 등에 관한 처분에 관하여 불복이 있으면 그 직무집행지의 관할법원 또는 소속검찰청에 대응한 법원에 그 처분의 취소 또는 변경을 청구할 수 있다(법 제417조).

5) 준항고의 방법은 서면으로 관할법원에 신청서를 제출하는 것이다(법 제418조). 보통항고와 집행정지(법 제409조), 항고기각의 결정(법 제413조), 항고기각과 항고이유인정(법 제414조), 재항고(법 제415조)의 규정은 준항고의 청구가 있는 경우에 준용한다(법 제419조)

6) 준항고는 재판장이나 수명법관 또는 검사나 사법경찰관의 처분에 대하여 그 소속법원 또는 관할법원에 취소나 변경을 구하는 불복방법이므로 엄격한 의미에서는 상급법원에 대한 불복방법인 상소라 볼 수 없다.

제 6 장
재판의 집행

1. 재판집행의 의의

－재판의 집행이란 재판의 의사표시 내용을 국가권력에 의하여 강제로 실현하는 것을 말한다.

2. 재판집행의 일반원칙

1) 재판의 집행시기

－재판은 원칙적으로 확정된 후에 집행한다(법 제459조). 그러나 다음과 같은 특칙이 있다.

① 결정은 즉시항고가 허용되는 것을 제외하고는 확정 전에 집행할 수 있다(법 제409조, 제419조).

② 벌금, 과료, 추징에 대한 가납재판은 즉시 집행할 수 있다(법 제334조 제3항). 그러나 불완납의 경우에 노역장에 유치할 수 없다(형법 제69조 이하). 가납재판의 집행에는 민사소송법의 집행에 관한 규정을 준용한다(법 제477조 제3항).

③ 소송비용의 재판은 소송비용집행 면제신청기간 내 또는 그 신청에 대한 재판이 확정될 때까지 집행할 수 없다(법 제472조).

2) 재판집행의 지휘

(1) 재판의 집행은 그 재판을 한 법원에 대응한 검찰청 검사가 지휘한다(법 제460조 제1항). 그러나 예외적으로 법원 또는 법관이 재판의 지휘를 하는 경우는 다음과 같다.

① 긴급을 요하는 구속영장의 집행(법 제81조 제1항 단서).

② 법원에서 필요한 경우의 압수·수색영장의 집행(법 제115조 제1항 단서)

③ 법원에서 보관하고 있는 압수장물의 환부(법 제333조)

(2) 상소의 재판 또는 상소의 취하로 인하여 하급법원의 재판을 집행할 경우에는 상소법원에 대응한 검찰청 검사가 지휘한다(법 제460조 제2항). 단 소송기록이 하급법원 또는 그 법원에 대응한 검찰청에 있는 때에는 그 검찰청 검사가 지휘한다(법 제460조 제2항 단서).

(3) 재판의 집행지휘는 재판서 또는 재판에 기재한 조서의 등본이나 초본을 첨부한 서면으로 하여야 한다. 단 형의 집행을 지휘할 경우 외에는 재판서의 원본, 등본이나 초본 또는 조서의 등본이나 초본에 인정하는 날인으로 할 수 있다(법 제461조).

3) 형집행을 위한 소환

(1) 사형, 징역, 금고 또는 구류의 선고를 받은 자가 구금되지 아니한 때에는 검사는 형의 집행을 위하여 이를 소환하여야 하며(법 제473조 제1항). 소환에 응하지 아니한 때에는 검사는 형집행장을 발부하여 구인하여야 한다(법 제473조 제2항). 다만 형의 선고를 받은 자가 도망하거나, 도망할 염려가 있는 때 또는 현재지를 알 수 없는 때에는 소환함이 없이 형집행장을 발부하여 구인할 수 있다(법 제473조 제3항).

(2) 형집행장에는 형의 선고를 받은 자의 성명, 주거, 연령, 형명, 형기 기타 필요한 사항을 기재하여야 하며(법 제474조). 형집행장의 집행에는 '피고인의 구

속'에 관한 규정을 준용한다(법 제475조). 또 형집행장의 집행은 형의 시효를 중단하는 효력이 있다(형법 제80조).

3. 형의 집행

1) 집행의 순서

–2개 이상의 형의 집행은 자격상실, 자격정지, 벌금, 과료와 몰수 이외에는 그 중한 형을 먼저 집행한다. 단 검사는 소속장관의 허가를 얻어 중한 형의 집행을 정지하고 다른 형의 집행을 할 수 있다(법 제462조). 형의 경중은 형법 제50조에의 한다.

2) 사형의 집행

(1) 명령절차

–사형의 집행은 법무부장관의 명령에 의하여 집행한다(법 제463조). 사형을 선고한 판결이 확정한 때에는 검사는 지체 없이 소송기록을 법무부장관에게 제출하여야 한다(법 제464조). 법무부장관은 판결확정일로부터 6월 이내에 사형집행을 명령하여야 한다(법 제465조 제1항). 그러나 상소권회복의 청구, 재심의 청구 또는 비상상고의 신청이 있는 때에는 그 절차가 종료할 때까지의 기간은 이 기간에 산입하지 않는다(법 제465조 제2항). 법무부장관이 사형의 집행을 명한 때에는 5일 이내에 집행하여야 한다(법 제466조).

(2) 사형집행의 절차

–사형은 교도소 또는 구치소 내에서 교수하여 집행한다(형법 제66조). 사형의 집행에는 검사, 검찰청 서기관과 교도소장 또는 구치소장이나 그 대리자가 참여하여야 한다(법 제467조 제1항). 검사 또는 교도소장 또는 구치소장의 허가가 없으면 누구든지 형의 집행 장소에 들어가지 못한다(법 제467조 제2항). 사형의 집행에 참여한 검찰청 서기관은 집행조서를 작성하고 검사와 교도소장 또는 구치소장이나 그 대리자와 함께 기명날인 또는 서명날인 하여야 한다(법 제468조).

(3) 사형집행의 정지

－사형의 선고를 받은 자가 심신의 장애로 의사능력이 없는 상태에 있거나 잉태 중에 있는 여자인 때에는 법무부장관의 명령으로 집행을 정지한다(법 제469조 제1항). 형의 집행을 정지한 경우에는 심신장애의 회복 또는 출산 후 법무부장관의 명령에 의하여 형을 집행한다(법 제469조 제2항).

3) 자유형의 집행

(1) 집행의 방법

－자유형의 집행을 위하여 검사는 형집행을 발부할 수 있다(법 제473조).

(2) 집행의 정지사유

① 필요적 집행정지 : 징역, 금고 또는 구류의 선고를 받은 자가 심신의 장애로 의사 능력 없는 상태에 있는 때(법 제470조 제1항).

② 임의적 집행정지 : 징역, 금고 또는 구류의 선고를 받은 자에 대하여 다음과 같은 사유가 있는 때에는 형의 집행을 정지할 수 있다. 이 경우 검사는 소속 고등검찰청검사장 또는 지방검찰청검사장의 허가를 얻어야 한다(법 제471조).

가. 형의 집행으로 인하여 현저히 건강을 해하거나 생명을 보전할 수 없을 염려가 있는 때

나. 연령 70세 이상인 때

다. 잉태 후 6월 이상인 때

라. 출산 후 60일을 경과하지 않는 때

마. 직계존속이 연령 70세 이상 또는 중병이나 장애인으로 보호할 다른 친족이 없는 때

바. 직계비속이 유년으로 보호할 다른 친족이 없는 때

사. 기타 중대한 사유가 있는 때

(3) 미결구금일수의 산입

– 미결구금일수란 구금당한 날로부터 판결확정 전일까지 실제로 구금된 일수를 말한다.

① 법정통산 : 법정통산이란 미결구금일수가 집행시 당연히 본형에 산입되는 것을 말한다. 검사가 상소한 때와 피고인 또는 피고인 아닌 자가 상소를 제기한 경우에 원판결이 파기된 때에는 상소제기 후의 판결선고 전 구금일수는 전부 본형에 산입한다(법 제482조 제1항). 상소제기기간 중의 판결확정 전 구금일수(상소제기후의 구금일수는 제외)는 전부 본형에 산입한다(법 제482조 제2항). 상소기각 결정시에 송달기간이나 즉시항고기간 중의 미결구금일수도 전부 본형에 산입한다(법 제482조 제3항). 상소법원이 원심판결을 파기한 후의 판결선고 전 구금일수도 상소중의 구금일수에 준하여 통산한다(법 제482조 제5항). 법정통산의 경우 판결에서 미결구금일수의 산입에 대한 선고를 요하지 않는다(판례의 입장).

※ 상소제기기간을 법정통산에서 제외한 형사소송법 제482조에 대하여는 헌법불합치결정이 있었다(헌재결 2000.7.20, 99헌가7).

② 재정통산 : 재정통산이란 법원의 재량에 따라 판결주문에 형의 선고와 동시에 미결구금일수의 전부 또는 일부를 본형에 산입하는 것을 말한다(형법 제57조). 형사소송법 제482조는 피고인 또는 피고인 아닌 자의 상소를 기각할 경우와 상소제기 후 상소를 취하한 경우에 미결구금일수를 전부 산입한다는 규정이 없다. 헌법재판소는 후자에 대하여 헌법에 위반된다는 결정(헌재결 2009.12.29, 2009헌가5)을 하였다. 또한 피고인 또는 피고인 아닌 자의 상소를 기각할 경우에 상당한 이유 없이 상소를 제기한 것으로 인정되는 때에는 상소제기 후의 판결선고 전 구금일수 중 상소제기기간 만료일로부터 상소이유서 제출기간 만료일까지의 일수는 이를 본형에 산입하지 아니한다는 소송촉진 등에 관한 특례법 제24조에 대해서도 위헌결정을 하였다.

4) 재산형의 집행

(1) 재산형, 즉 벌금, 과료, 추징, 과태료, 소송비용, 비용배상 또는 가납의 재판은 검사의 명령에 의하여 집행한다(법 제477조 제1항). 검사의 명령은 집행력 있는 채무명의와 동일한 효력이 있다(동조 제2항). 이 재판의 집행에는 민사소송법의 집행에 관한 규정을 준용한다. 단, 집행 전에 재판의 송달을 요하지 아니한다(동조 제3항). 이 재판집행의 비용은 재판을 받은 자의 부담으로 하고 민사소송법의 규정에 준하여 집행과 동시에 징수하여야 한다(법 제493조). 벌금형의 가납의 재판은 확정 전에도 집행할 수 있다(법 제477조 제1항).

(2) 재산형도 형인 이상 수형자의 재산에 대해서만 집행할 수 있으나, 다음과 같은 예외가 있다.

① 몰수 또는 조세, 전매 기타 공과에 관한 법령에 의하여 재판한 벌금 또는 추징은 그 재판을 받은 자가 재판확정 후 사망한 경우에는 그 상속재산에 대하여 집행할 수 있다(법 제478조).

② 몰수는 피고인 외의 자의 소유에 대하여도 선고가 되는 경우도 있다(형법 제48조 제1항 후단).

③ 법인에 대하여 벌금, 과료, 몰수, 추징, 소송비용 또는 비용배상을 명한 경우 법인이 그 재판확정 후 합병에 의해 소멸한 때에는 합병 후 존속한 법인 또는 합병에 의하여 설립된 법인에 대하여 집행할 수 있다(법 제479조).

(3) 몰수물은 검사가 처분하여야 한다(법 제483조). 몰수를 집행한 후 3월 이내에 그 몰수물에 대하여 정당한 권리가 있는 자가 몰수물의 교부를 청구한 때에는 검사는 파괴 또는 폐기한 것이 아니면 이를 교부하여야 한다(법 제484조 제1항). 몰수물을 처분한 후에 청구가 있는 경우에 검사는 공매에 의하여 취득한 대가를 교부하여야 한다(동조 제2항).

(4) 위조 또는 변조한 물건을 환부하는 경우에는 그 물건의 전부 또는 일부에

위조나 변조인 것을 표시하여야 한다(법 제485조 제1항).

(5) 벌금 또는 과료를 완납하지 못한 자에 대한 노역장유치의 집행에는 형의 집행에 관한 규정을 준용한다(법 제492조).

4. 소송비용의 집행면제의 신청·이의(異議)신청 및 의의(疑義)의 신청

1) 소송비용집행면제의 신청

- 소송비용의 재판을 받은 자가(법 제186조 이하) 빈곤으로 인하여 이를 완납할 수 없는 때에는 그 재판의 확정 후 10일 이내에 재판을 선고한 법원에 소송비용의 전부 또는 일부에 대한 재판의 집행면제를 신청할 수 있다(법 제487조).

2) 재판집행에 대한 이의신청(異議申請)

- 재판의 집행을 받은 자 또는 그 법정대리인이나 배우자는 집행에 관한 검사의 처분이 부당함을 이유로 재판을 선고한 법원에 이의신청을 할 수 있다(법 제489조).

3) 재판의 해석에 대한 의의신청(疑義申請)

- 형의 선고를 받은 자는 집행에 관하여 재판의 해석에 대한 의의가 있는 때에는 재판을 선고한 법원에 의의신청을 할 수 있다(법 제488조).

4) 결정

- 이상의 신청이 있으면 법원은 결정을 하여야 하며, 결정을 함에는 사실을 조사할 수 있다(법 제37조 제3항). 이 결정에 대하여는 즉시항고를 할 수 있다(법 제491조). 또한 이상의 신청은 법원의 결정 전까지 취하할 수 있으며(법 제490조), 이때 신청 및 취하는 서면으로 하여야 한다(규칙 제174조 제1항).

제 7 장
비상구제절차

제1절 재 심

1. 재심의 의의

– 재심이란 유죄의 확정판결에서 사실인정의 중대한 과오를 추측시키는 일정한 사유가 있는 경우에 판결을 받은 자의 이익을 위하여 심급에 따라 재차 심판을 반복하여 판결의 부당함을 시정하는 비상구제절차이다.

2. 재심의 청구

1) 재심청구의 이유

– 재심은 유죄를 선고한 확정판결에 대하여 다음의 사유가 있는 때에 한하여 청구할 수 있다(법 제420조).

(1) 유죄의 확정판결에 대한 재심청구(법 제420조)

① 원판결의 증거 된 서류 또는 증거물이 확정판결에 의하여 위조 또는 변조인 것 증명된 때

② 원판결의 증거 된 증거, 감정, 통역 또는 번역이 확정판결에 의하여 허위

인 것이 증명된 때

③ 무고로 인하여 유죄의 선고를 받은 경우에 그 무고의 죄가 확정판결에 의하여 증명된 때

④ 원판결의 증거 된 재판이 확정재판에 의하여 변경된 때

⑤ 유죄의 선고를 받은 자에 대하여 무죄 또는 면소를, 형의 선고를 받은 자에 대하여 형의 면제 또는 원판결이 인정한 죄보다 경한 죄를 인정한 명백한 증거가 새로이 발견될 때

⑥ 저작권, 특허권, 실용신안권, 의장권 또는 상표권을 침해한 죄로 유죄의 선고를 받은 사건에 관하여 그 권리에 대한 무효의 심결 또는 무효의 판결이 확정된 때

⑦ 원판결, 전심판결 또는 그 판결의 기초된 조사에 관여한 법관, 공소의 제기 또는 그 공소의 기초된 수사에 관여한 검사 또는 사법경찰관이 그 직무에 관한 죄를 범한 것이 확정판결에 의하여 증명된 때. 단 원판결의 선고 전에 법관, 검사 또는 사법경찰관에 대하여 공소의 제기가 있는 경우에는 원판결의 법원이 그 사유를 알지 못할 때에 한한다.

(2) 항소 또는 상고를 기각한 확정판결에 대한 재심이유(법 제421조 제1항)

① 원판결의 증거 된 서류 또는 증거물이 확정판결에 의하여 위조 또는 변조인 것이 증명된 때

② 원판결의 증거 된 증언 감정 통역 또는 번역이 확정판결에 의하여 허위인 것이 증명된 때

③ 원판결 전심판결 또는 그 판결의 기초된 조사에 관여한 법관, 공소의 제기 또는 그 공소의 기초된 수사에 관여한 검사나 사법경찰관이 그 직무에 관한 죄를 범한 것이 확정판결에 의하여 증명된 때

※ 원판결의 증거 된 증언을 한 증인이 기소된 것만으로는 부족하고 위증죄로 처벌되어야 비로소 재심이유가 된다.

2) 재심청구의 절차

(1) 관할법원 등

- 재심의 청구는 판결의 선고를 받은 자의 이익을 위하여서만이 허용된다(법 제420조, 제421조). 재심의 청구는 원판결의 법원이 관할한다(법 제423조).

(2) 재심청구권자(법 제424조)

① 검사

- 검사는 공익의 대표자로 피고인의 이익을 위하여 재심을 청구할 수 있다(법 제424조 제1호). 법관, 검사 또는 사법경찰관의 직무상 범죄를 이유로 하는 재심의 청구는 유죄의 선고를 받은 자가 그 죄를 범하게 한 경우에는 검사가 아니면 하지 못한다(법 제425조).

② 유죄의 선고를 받은 자 및 그 법정대리인

- 본인이 사망하거나 심신장애가 있는 경우에는 그 배우자, 직계친족 또는 형제자매도 재심을 청구할 수 있다(법 제424조 제2호, 제3호, 제4호).

(3) 변호인선임

- 검사 이외의 자가 재심의 청구를 하는 경우에는 변호인을 선임할 수 있다(법 제426조 제1항).

(4) 재심청구의 기간

- 재심청구의 시기에는 제한이 없다. 즉, 재심의 청구는 형의 집행을 종료하거나 형의 집행을 받지 아니한 때에도 할 수 있다(법 제427조).

(5) 재심청구의 효과

- 재심의 청구는 형의 집행을 정지하는 효력이 없는 것이 원칙이고, 다만 관할법원에 대응한 검찰청 검사는 재심청구에 대한 재판이 있을 때까지 형의 집행을 정지할 수 있다(법 제428조).

(6) 재심청구의 취하

- 재심의 청구는 취하할 수 있으나(법 제429조 제1항), 재심의 청구를 취하한 자는 동일한 이유로서 다시 재심을 청구하지 못한다(법 제492조 제2항).

3. 재심청구에 대한 심판

1) 재심청구를 받은 법원은 결정을 함에 필요할 때에는 사실을 조사할 수 있으며(법 제37조 제3항), 합의부원에게 재심청구의 이유에 대한 사실조사를 명하거나 다른 법원판사에게 이를 촉탁할 수 있다. 이 경우에는 수명법관 또는 수탁판사는 법원 또는 재판장과 동일한 권한이 있다(법 제431조).

2) 재심청구에 대한 결정을 함에는 청구한 자와 그 상대방의 의견을 들어야 한다. 단 유죄의 판결을 받은 자의 법정대리인이 청구한 경우에는 유죄의 선고를 받은 자의 의견을 들어야 한다(법 제432조).

3) 재심청구가 법률상의 방식에 위반하거나 청구권의 소멸이 명백한 때에는 결정으로 기각하여야 한다(법 제433조). 재심의 청구가 이유 없다고 인정한 때에는 결정으로 기각하여야 한다(법 제434조 제1항). 이 결정이 있는 때에는 누구든지 동일한 이유로서 다시 재심을 청구하지 못한다(법 제434조 제2항).

4) 재심청구가 이유 있다고 인정한 때에는 재심개시의 결정을 하여야 하며, 이 경우 결정으로 형의 집행을 정지할 수 있다(법 제435조). 상소를 기각하는 확정판결과 이에 의하여 확정된 하급심의 판결에 대하여 경합적으로 재심의 청구가 있는 때에 하급법원이 재심의 판결을 한 때에는 그 목적이 달성된 까닭으로 상급법원은 재심의 청구를 기각하여야 한다(법 제436조).

5) 재심청구를 기각하는 결정과 재심개시의 결정에 대하여 즉시항고를 할 수 있다(법 제437조).

4. 재심의 심판

1) 법원은 재심개시의 결정이 확정된 사건에 대하여 형사소송법 제436조의 경우를 제외하고는 그 심급에 따라 다시 심판하여야 한다(법 제438조 제1항). 제1심 판결이 선고되어 확정된 이상 재심소송절차에서 공소취소를 할 수 없다. 재심판결이 확정된 때에는 원판결은 당연히 그 효력을 잃는다.

2) 재심의 심판에 대하여는 그 심급에 대한 규정이 적용되나, 다음과 같은 경우에는 공판절차의 정지(법 제306조 제1항)와 피고인의 사망을 이유로 하는 공소기각의 결정(법 제328조 제1항 제2호)에 관한 규정은 적용되지 아니한다(법 제438조 제2항).

① 사망자 또는 회복할 수 없는 심신장애자를 위하여 재심의 청구가 있는 때
② 유죄의 선고를 받은 자가 재심의 판결 전에 사망하거나 회복할 수 없는 심신장애자로 된 때

3) 재심에서 무죄의 선고를 한 때 피고인 등 재심을 청구한 사람이 원하지 아니하는 경우(예 간통죄에 대한 재심법원에서의 무죄판결의 경우) 재심 무죄판결을 공시하지 않을 수 있다(형소법 제440조).

제2절 비상상고

1. 비상상고의 의의

- 비상상고란 확정판결에 대하여 그 심판의 법령위반을 이유로 허용되는 비상구제절차를 말한다. 비상상고는 재심과는 달리 법령해석(적용을 포함)의 통일을 목적으로 하는 제도이므로 비상상고는 사건의 심판이 법령에 위반한 때 할 수 있다.

2. 비상상고의 절차

1) 검찰총장은 판결이 확정된 후 그 사건의 심판이 법령에 위반한 것을 발견한 때에는 대법원에 비상상고 할 수 있다(법 제441조). 비상상고를 함에는 그 이유를 기재한 신청서를 대법원에 제출하여야 한다(법 제442조).

2) 대법원은 신청서에 포함된 이유에 한하여 조사를 하여야 한다(법 제444조 제1항). 그러나 법원의 관할, 공소의 수리와 소송절차에 관하여는 사실조사를 할 수 있다(법 제444조 제2항). 대법원은 사실의 조사를 수명법관 또는 수탁판사에게 행하게 할 수 있다. 이 경우에는 수명법관 또는 수탁판사는 법원 또는 재판장과 동일한 권한이 있다(법 제444조 제3항).

3) 비상상고의 심리를 위하여 공판기일을 열어야 하고 검사는 공판기일에 신청서에 의하여 진술하여야 한다(법 제443조). 신청에는 기간의 제한이 없으며 또 원판결의 집행을 정지하는 효력도 없다.

3. 비상상고의 판결

1) 비상상고가 이유 없다고 인정한 때에는 판결로써 이를 기각하여야 한다(법 제445조).

2) 비상상고가 이유 있다고 인정한 때에는 다음의 구별에 따라 판결하여야 한다(법 제446조).

① 원판결이 법령에 위반한 때에는 그 위반된 부분은 파기한다. 단 원판결이 피고인에게 불이익한 때에는 원판결을 파기하고 피고사건에 대하여 다시 판결을 한다.

② 원심소송절차가 법령에 위반한 때에는 그 위반된 절차를 파기한다.

4. 비상상고의 판결의 효력

– 비상상고의 판결은 파기자판의 경우 이외에는 그 효력이 피고인에게 미치지 아니한다(법 제447조).

제 8 장

특별절차

제1절 약식절차

1. 약식절차의 의의

–약식절차란 공판절차를 거치지 아니하고 원칙적으로 서면심리만으로 피고인에게 벌금, 과료를 과하는 간이 형사절차를 말한다. 특히 현행법은 피고인이 정식재판청구권을 사전에 포기할 수 없게 하였다(법 제453조 제1항 단서).

2. 절차

1) 약식명령의 청구

(1) 청구권자

–약식명령의 청구는 검사에 한한다. 검사는 지방법원에 공소제기와 동시에 서면으로 하여야 한다(법 제448조, 제449조). 약식명령을 청구할 수 있는 사건은 지방법원의 관할에 속하며, 공판절차 없이 피고인을 벌금 과료 또는 몰수에 처할 수 있는 사건에 한 한한다(법 제448조 제1항).

(2) 약식명령의 청구는 공소의 제기와 동시에 하여야 하므로(법 제449조), 약식명령의 제기와 공소의 제기와는 별개의 소송행위이다.

2) 약식명령의 심판

(1) 약식명령의 청구가 있으면 주로 검사가 제출한 서류 및 증거물을 근거로 하여 원칙적으로 서면심사를 하게 된다. 약식명령은 재판의 종류로서는 결정에 준하여 고찰되므로 법원은 필요할 때에는 사실조사를 할 수 있다(법 제37조 제3항). 약식명령이 청구된 사건은 사건의 경중에 따라 지방법원의 합의부 또는 단독판사의 관할에 속한다. 약식명령에는 증거설명의 기재가 요구되지 않는다.

(2) 약식명령에 의하여 과할 수 있는 형은 벌금 과료 몰수에 한한다. 약식명령에는 범죄사실, 적용법령, 주형. 부수처분과 약식명령의 고지를 받은 날로부터 7일 이내에 정식재판을 청구할 수 있음을 명시하여야 한다(법 제451조).

3. 약식명령의 효력

- 약식명령은 정식재판청구기간의 경과, 그 청구의 취하 또는 청구를 기각하는 결정이 확정된 때에는 확정판결과 동일한 효력이 있다(법 제457조). 약식명령에 대한 정식재판청구는 제1심판결 전까지 취하할 수 있다(법 제454조).

4. 정식재판의 청구

1) 검사 또는 피고인은 약식명령의 고지를 받은 날로부터 7일 이내에 정식재판의 청구를 할 수 있다. 단 피고인은 정식재판의 청구권을 포기할 수 없다(법 제453조 제1항). 피고인의 법정대리인은 피고인의 의사여하에 관계없이, 피고인의 배우자, 직계친족, 형제자매, 대리인 또는 변호인은 피고인의 명시한 의사에 반하지 않는 한 독립하여 정식재판을 청구할 수 있다(법 제458조, 제340조, 제341조).

2) 7일간의 기간의 계산은 그 고지를 받은 날의 익일부터 계산하므로 검사와 피고인이 반드시 일치하는 것은 아니다. 기간 내에 정식재판을 청구할 수 없는 때에는 상소권회복의 규정이 준용된다(법 제458조, 345조 이하). 정식재판의 청구는 약식명령의 일부에 대하여서도 할 수 있으나 이는 일부 상소에 있어서와 같은 제한을 받는다(법 제458조, 제342조). 정식재판의 청구는 약식명령을 한 법원에 서면으로 제출해야 한다(법 제453조 제2항).

3) 정식재판의 청구가 있는 때에는 법원은 지체 없이 검사 또는 피고인에게 그 사유를 통지하여야 한다(법 제453조 제3항). 정식재판의 청구는 제1심 판결선고 전까지 취하할 수 있다(법 제454조). 이 경우에는 상소의 취하에 관한 규정이 적용된다(법 제458조, 제349조 이하).

4) 정식재판의 청구가 적법한 때에는 공판절차에 의하여 심판해야 한다(법 제455조 제3항). 정식재판의 청구가 법령상의 방식에 위반하거나 청구권의 소멸후인 것이 명백한 때에는 결정으로 기각하여야 하며(법 제455조 제1항), 이 결정에 대하여는 즉시항고를 할 수 있다(법 제455조 제2항).

5) 약식명령은 정식재판 청구에 의한 판결이 있는 때에는 효력을 잃는다(법 제456조).

6) 2017.12.19. 개정 형소법 제457조의2(형종상향의 금지 등)의 시행으로 피고인이 정식재판을 청구한 사건에 대하여는 약식명령의 형보다 중한 형을 선고하지 못한다는 제1항과 함께 제2항에 피고인이 정식재판을 청구한 사건에 대하여 약식명령의 형보다 중한 형을 선고하는 경우에는 판결서에 양형의 이유를 적어야 한다고 함으로써 법원은 약식명령에 대하여 정식재판을 청구한 사건에 대하여 벌금형을 징역형으로 바꾸어 선고할 수는 없지만 공판결과에 따라 약식명령에서 보다 중한 벌금형을 선고할 수 있게 되어 정식재판청구의 남용을 방지하도록 형소법이 개정되었다.

제2절 즉결심판

1. 즉결심판의 의의

- 즉결심판이란 20만 원이하의 벌금 또는 구류나 과료에 처할 경미한 범죄에 대하여 지방법원, 지방법원지원 또는 시·군 법원의 판사가 공판절차에 의하지 아니하고 즉결하는 심판절차를 말한다(즉결심판에 관한 절차법 제2조 참조).

2. 즉결심판에 부하여진 사건의 처리

1) 판사의 처리

(1) 즉결심판의 청구권자는 경찰서장이다. 이는 검사의 기소독점주의에 대한 예외이다. 즉결심판의 관할법원은 지방법원 또는 지방법원 지원 또는 시·군법원의 판사이다.

(2) 즉결심판에 부하여진 사건에 대하여 판사는 다음과 같이 처리한다.

① 범죄의 성질상 즉결심판이 부적당하다고 인정되어 통상의 형사소송절차에 의함이 타당한 것으로 사료되는 경우에는 판사는 사건을 관할검찰청에 송치할 것을 명령할 수 있으며, 이 명령이 있는 경우에는 경찰서장은 사건을 관할 지방검찰청 또는 지청의 장에게 송치하여야 한다.(즉심법 제5조). 판사로부터 송치명령이 있었던 사건에 대하여는 검사는 반드시 이를 기소하여야 한다는 견해와 불기소처분을 할 수 있다는 견해가 있다.

② 사건이 즉결심판에 타당한 것으로 인정되는 경우에는 판사는 즉시 기일을 정하여 심판을 하며 심리는 공개된 법정에서 행하되 경찰관서외의 장소임을 요한다(즉심법 제7조 제1항).

2) 기일의 심리

(1) 기일의 심리에서 판사와 법원서기관, 법원사무관, 법원주사 또는 법원주사보가 열석하여 개정한다(즉심법 제7조 제2항). 피고인은 통상의 형사소송절차에 있어서와 같이 원칙적으로 기일에 출석하지 아니하면 개정할 수 없으나, 예외적으로 벌금 또는 과료를 선고하는 경우에는 피고인이 출석하지 아니하더라도 심판할 수 있다(즉심법 제8조, 제8조의2).

(2) 판사는 기일에 출석한 피고인에게 피고사건의 내용을 고하고 변명할 기회를 주어야 하며, 필요하다고 인정할 때에는 적당한 방법에 의하여 재정하는 증거에 한하여 조사할 수 있으며, 변호인은 공판정에서 의견을 진술할 수 있다(즉심법 제9조).

(3) 판사는 상당한 이유가 있는 때에는 피고인의 진술서와 즉심법 제4조의 서류 또는 증거물에 의하여 개정 없이 심판할 수 있다(즉심법 제7조 제3항). 이 경우는 7일 이내에 정식재판을 청구할 수 있음을 명기한 즉결심판서의 등본을 피고인에게 교부하여 고지한다(즉심법 제11조 제4항). 「즉결심판에 관한 절차법」 제8조의2 제2항의 경우에서 불출석심판을 청구한 피고인 등이 미리 즉결심판서의 등본송달을 요하지 아니한다는 뜻을 표시한 때에는 그러하지 아니하다.

3) 증거조사의 특칙

- 즉결심판절차에 있어서는 사건의 성질상 증거에 관한 형사소송법의 규정 중 제310조(자백의 증명력의 제한)와 제312조 제3항(사법경찰관 작성의 피의자신문조서), 제313조(진술서 등)의 적용을 배제한다(즉심법 제10조).

3. 즉결심판의 선고와 효력

1) 선고

(1) 즉결심판으로 유죄를 선고할 때에는 형, 범죄사실 및 적용법령을 명시하고 피고인은 7일 이내에 정식재판을 청구할 수 있다는 것을 고지하여야 하며

참여한 서기는 그 선고의 내용을 기록하여야 한다. 피고인이 공판정에서 판사에게 정식재판청구의 의견을 표시하였을 때에는 이를 기록에 명시하여야 하며(즉심법 제11조), 이 의사표시가 있거나 정식재판청구서가 제출된 때에는 정식재판에 부하여진다.

(2) 판사는 즉결심판의 선고 후 그 확정전이라 할지라도 구류의 선고를 받은 피고인이 일정한 주소가 없거나 또는 도망할 염려가 있는 때에는 5일을 초과하지 않는 기간 경찰서유치장에 유치할 것을 명령할 수 있으며 그 기간은 선고기간을 초과할 수 없다(즉심법 제17조 제1항).

2) 효력

– 즉결심판은 정식재판의 청구기간의 경과, 정식재판청구의 포기 또는 그 청구의 취하에 의하여 확정판결과 동일한 효력이 있다. 정식재판청구를 기각하는 재판이 확정된 때에도 같다(즉심법 제16조). 그러나 즉결심판은 정식재판의 청구에 의한 판결이 있을 때에는 그 효력을 잃는다(즉심법 제15조).

4. 형의 집행

– 재판의 집행은 원칙적으로 검사가 지휘하는 것이나(법 제460조 제1항), 즉결심판에 의한 형의 집행은 경찰서장이 하고 그 집행결과를 지체 없이 관할검사에 보고한다(즉심법 제18조 제1항). 구류는 경찰서유치장 또는 교도소, 구치소에서 집행하되, 구치소 또는 교도소에서 집행할 경우에는 검사가 이를 지휘한다(즉심법 제18조 제2항). 경찰서장이 형의 집행을 정지하고자 할 때에는 사전에 관할검사의 허가를 얻어야 한다(즉심법 제18조 제4항).

제3절 배상명령

1. 배상명령의 의의

－배상명령이란 일정한 범죄의 피고사건에 대하여 유죄판결을 선고할 경우에 법원이 직권 또는 피해자의 신청에 의하여 피고사건의 범죄행위로 인하여 발생한 직접적인 물적 피해 및 치료비손해 및 위자료의 배상을 명하는 것을 말한다. 그러므로 배상명령은 유죄판결의 선고와 동시에 하여야 한다.

2. 배상명령의 대상(소송촉진 등에 관한 특례법 제25조)

－배상명령을 할 수 있는 피고사건의 범죄는 다음과 같다.

① 상해죄(형법 제257조), 중상해죄(형법 제258조), 상해치사죄(형법 제259조), 폭행치사상죄(형법 제262조), 다만, 피해자가 직계존속인 경우는 제외.

② 과실치상의 죄(형법 제26장), 강간과 추행의 죄(형법 제32장)

③ 장물에 관한 죄를 제외한 재산에 관한 죄(형법 제38장 내지 제40장 및 제42장) : 절도와 강도의 죄(형법 제38장), 사기와 공갈의 죄(형법 제39장), 횡령과 배임의 죄(형법 제40장), 손괴의 죄(형법 제42장)

④ 「성폭력범죄의 처벌 등에 관한 특례법」 제10조부터 제13조까지, 제14조(제3조부터 제9조까지의 미수범은 제외한다), 「아동·청소년의 성보호에 관한 법률」 제9조, 제11조에 규정된 죄

⑤ 법원은 이상의 죄 및 그 이외의 죄에 대한 피고사건에서 피고인과 피해자 사이에 합의된 손해배상액에 관하여도 배상을 명할 수 있다.

제 9 장
형사보상

1. 형사보상의 의의

1) 형사보상이란 죄 없는 죄인, 즉 국가형사사법의 과오에 의하여 선량한 국민이 죄인의 누명을 쓰고 미결구금 또는 형의 집행을 받아서 본인에 손해가 났을 때 이 손해를 국가가 보상하여 주는 것을 말한다. '형사보상권'은 국민의 기본권(헌법 제28조)이며, 이러한 권리를 구체화하기 위하여 제정된 법률이 「형사보상 및 명예회복에 관한 법률」이다.

2) 형사보상은 공무원의 고의·과실을 요건으로 하지 않는다는 점에서 '국가배상'과는 그 성격이 다르다. 따라서 형사보상의 청구는 다른 법률의 규정에 의한 손해배상청구를 금하는 것은 아니다(형사보상법 제5조 제1항). 그러나 동일한 원인에 대하여 이미 다른 법률의 규정에 의하여 손해배상을 받은 경우에 그 손해재상의 액수가 형사보상금의 액수와 같거나 그 보다 많을 때에는 보상하지 아니하고, 그 손해배상의 액수가 형사보상금의 액수보다 적을 때에는 그 손해배상금액을 빼고 형사보상금의 액수를 정한다(형사보상법 제6조 제2항).

2. 형사보상의 요건

1) 적극적 요건

① 형사보상은 형사피의자로서 구금되었던 자가 법률이 정하는 불기소처분을 받거나(피의자보상), 형사피고인으로서 구금되었던 자가 형사소송법의 일반절차, 재심, 비상상고 또는 상소권 회복에 의한 상소, 재심 또는 비상상고 절차에서 무죄의 재판을 받아 확정된 경우(피고인 보상)에 발생한다(형사보상법 제2조, 제27조).

② 면소 또는 공소기각의 재판을 받았으나 이러한 재판을 할 사유가 없었으면 무죄의 재판을 받을 만한 현저한 사유가 있는 경우에도 보상청구가 가능하다(형사보상법 제26조).

③ 구금 또는 형의 집행을 받았어야 한다.

2) 소극적 요건(보상하지 아니할 수 있는 경우) : 이 경우 법원은 재량으로 보상청구의 전부 또는 일부를 기각할 수 있다.

(1) 피고인보상의 소극적요건(형사보상법 제4조)

① 형사책임무능력을 이유로 무죄의 판결을 받은 경우

② 본인이 수사 또는 심판을 그르칠 목적으로 허위의 자백을 하거나 또는 다른 유죄의 증거를 만듦으로써 기소, 미결구금 또는 유죄의 판결을 받게 된 것으로 인정된 경우

③ 1개의 재판으로 경합범의 일부에 대하여 무죄의 재판을 받고 다른 부분에 대하여 유죄의 판결을 받았을 경우

(2) 피의자보상의 소극적 요건(형사보상법 제27조 제2항)

① 본인이 수사 또는 재판을 그르칠 목적으로 허위의 자백을 하거나 다른 유죄의 증거를 만듦으로써 구금된 것으로 인정되는 경우

② 구금기간 중 다른 사실에 대하여 수사가 행하여지고 그 사실에 관하여 범죄가 성립한 경우

③ 보상을 하는 것이 선량한 풍속 기타 사회질서에 반한다고 인정할 특별한 사정이 있는 경우

3. 형사보상의 내용

1) 구금에 대한 보상

- 구금에 대한 보상을 할 때에는 그 구금일 수에 따라 1일당 보상청구의 원인이 발생한 연도의 「최저임금법」에 따른 일급 최저임금액 이상, 최저임금액의 5배 이하의 비율에 의한 보상금을 지급한다. 구체적으로 법원이 보상금액을 산정할 때에는 구금의 종류 및 기간의 장단, 기간 중에 받은 재산상의 손실과 얻을 수 있었던 이익의 상실 또는 정신상의 고통과 신체상의 부상, 경찰, 검찰, 법원의 각 기관의 고의 또는 과실의 유무 기타 모든 사정을 고려하여 결정하도록 고려하고 있다(형사보상법 제5조 제1항, 제2항).

2) 형의 집행에 대한 보상

(1) 사형집행에 대한 보상

- 사형집행에 대한 보상금은 집행 전 구금에 대한 보상금 외에 3천만원 이내에서 모든 사정을 고려하여 법원이 상당하다고 인정하는 액을 가산하여 보상한다. 이 경우 본인의 사망에 의해 생긴 재산상의 손실액이 증명된 때에는 그 손실액도 보상한다(형사보상법 제5조 제3항).

(2) 벌금, 과료의 집행에 대한 보상

- 벌금 또는 과료의 집행에 대한 보상에 있어서는 이미 징수한 벌금 또는 과료의 액에 징수일의 익일부터 보상결정일까지 일수에 대하여 「민법」 제379조의 법정이율(연5푼)에 의한 금액을 가산한 액을 보상한다(형사보상법 제5조 제4항).

(3) 몰수·추징의 집행에 대한 보상

- 몰수집행에 대한 보상에 있어서는 그 몰수물을 반환하고 그것이 이미 처분

되었을 때에는 보상결정시의 시가를 보상하며, 추징금에 대한 보상에 있어서는 그 액수에 징수한 익일부터 보상결정시까지의 일수에 대하여 「민법」 제379조의 법정이율(연5푼)에 의한 금액을 가산한 액을 보상한다(형사보상법 제5조 제6항, 제7항).

4. 형사보상의 절차

1) 피고인보상청구는 무죄판결을 한 법원에 대하여 한다(형사보상법 제7조). 피의자보상청구는 공소를 제기하지 아니하는 처분을 한 검사가 소속된 지방검찰청의 심의회에 하여야 한다(형사보상법 제28조 제1항). 형사보상의 청구권자는 무죄, 면소 또는 공소기각을 재판을 받은 본인 또는 기소유예처분이외의 불기소처분을 받은 피의자이다(형사보상법 제2조, 제26조, 제27조). 그러나 보상청구를 하지 않고 사망한 경우에는 그 유족이 이를 청구할 수 있다(형사보상법 제3조 제1항).

2) 피고인보상의 청구는 무죄·면소·공소기각의 재판이 확정된 사실을 안 날로부터 3년, 위 재판이 확정된 때부터 5년 이내에 하여야 하며, 피의자보상의 청구는 검사로부터 공소를 제기하지 아니하는 처분의 고지 또는 통지를 받은 날부터 3년 이내에 하여야 한다(형사보상법 제8조, 제26조, 제28조 제3항). 형사보상청구권은 양도·압류할 수 없다(형사보상법 제23조). 그러나 상속할 수는 있다.

3) 보상의 청구가 있으면 법원은 검사와 청구인의 의견을 들은 뒤 합의부에서, 보상청구의 이유가 있을 때에는 보상의 결정을 하고, 이유 없을 때에는 청구기각의 결정을 한다(형사보상법 제14조, 제17조).

4) 보상청구는 서면으로 한다. 보상청구를 취소한 자는 다시 보상청구를 할 수 없다. 보상청구서에 재판서의 등본과 그 재판의 확정증명서를 첨부하여 제출하여야 한다(형사보상법 제9조 제1항).

5) 보상의 결정에 대하여는 1주일 이내에 즉시항고를 할 수 있으며, 청구를 기각하는 결정에 대하여는 즉시항고를 할 수 있다(형사보상법 제20조).

제10장
소년에 대한 형사절차

1. 개설

1) 「소년법」은 범죄 또는 반사회성이 있는 불량소년에 대한 처우방법을 규정한 것이다.

2) 이 법률의 목적은 소년의 건전한 육성에 기함에 있으므로 비행이 있는 소년에 대하여 그 행위보다는 그의 성격 환경에 중점을 두어서 처벌보다는 환경의 조정과 품행의 교정이라는 두 가지 면에서 소년의 비행 내지 범죄성을 제거하려 하고 있다.

3) 소년법에서의 소년이라 함은 19세 미만자를 말한다(소년법 제2조). 소년의 여부는 집행시가 아니라 재판시를 표준으로 한다.

2. 보호사건 : 관할소년부(가정법원소년부 또는 지방법원소년부)에의 사건의 송치 → 보호처분

－관할 소년부에 소년보호사건을 송치하는 자 : 검사 또는 법원.

1) 검사는 소년에 대한 피의사건을 수사한 결과 보호처분에 해당하는 사유가 있다고 인정한 때에는 사건을 관할 소년부에 송치하여야 한다(소년법 제49조 제1항).

2) 법원은 소년에 대한 피고사건을 심리한 결과 보호처분에 해당하는 사유가 있다고 인정한 때에는 결정으로써 사건을 관할 소년부에 송치하여야 한다(소년법 제50조).

3. 형사사건 : 관할 소년부로부터의 검사, (형사)법원에의 사건의 송치→형사처벌

- 관할 소년부는 송치된 사건을 조사 또는 심리한 결과 그 동기와 죄질이 금고 이상의 형사처분을 할 필요가 있다고 인정할 때에는 결정으로써 사건을 관할지방법원에 대응한 검찰청 검사에게 송치하여야 한다(소년법 제7조 제1항, 제49조 제2항).

4. 소송조건

- 소년의 형사사건에 대하여서도 일반형사사건의 소송조건이 필요하나 소년법에서는 다음과 같은 특별규정이 있다.

1) 관할 소년부에 의해 보호처분(소년법 제32조)을 받은 소년에 대하여는 그 심리가 결정된 사건은 다시 공소를 제기하거나 소년부에 송치할 수 없다. 다만, 소년법 제38조 제1항 제1호의 경우(보호처분이 계속 중일 때에 사건 본인이 처분당시 19세 이상인 것으로 밝혀진 경우)에는 소송을 제기할 수 있다(소년법 제53조).

2) 공소시효 정지에 관한 특례 : 소년부 판사가 송치서와 소년보호관의 조사보고에 의하여 사건을 심리할 필요가 있다고 인정하여 심리개시의 결정이 있는 때로부터 그 사건에 대한 보호처분의 결정이 확정될 때까지 공소의 시효는 그 진행이 정지된다(소년법 제54조).

5. 소년형사사건의 재판에서의 특칙

1) 사형, 무기형의 완화

– 죄를 범한 때에 18세 미만인 소년에 대하여는 사형 또는 무기형으로 처할 것을 15년의 유기징역으로 한다(소년법 제59조). 이는 범죄시가 기준이므로 재판시에 성인이 되었더라도 본조가 적용된다.

2) 부정기형제도

– 소년이 법정형 장기 2년 이상의 유기형에 해당하는 죄를 범한 때에는 그 법정형기의 범위 내에서 장기와 단기를 정하여 선고한다. 단, 장기는 10년, 단기는 5년을 초과하지 못한다(소년법 제60조).

3) 환형처분의 금지

– 18세 미만인 소년에 대하여는 벌금형의 환형으로서의 노역장유치처분을 하지 못한다(소년법 제62조).

6. 형의 집행

1) 소년에 대하여는 일반적으로 상대적 부정기형을 선고한다. 소년에 대하여 노역장유치의 선고를 할 수 없다. 소년인지 여부는 재판시를 기준으로 한다.

2) 징역 또는 금고의 선고를 받은 소년에 대하여는 특히 설치된 교도소 또는 일반교도소 내에 특히 분리된 장소에서 그 형을 집행한다. 다만 소년이 형의 집행 중에 23세에 달한 때에는 일반교도소에서 집행할 수 있다(소년법 제63조).

3) 보호처분의 계속 중에 징역, 금고 또는 구류의 선고를 받은 소년에 대하여는 먼저 그 형을 집행한다(소년법 제64조).

4) 징역 또는 금고의 선고를 받은 소년에 대하여는 무기형의 경우에는 5년,

15년의 유기형의 경우에는 3년, 부정기형의 경우에는 단기의 3분의 1이 경과하면 가석방을 허가할 수 있다(소년법 제65조).

5) 징역 또는 금고의 선고를 받은 소년이 가석방된 후 그 처분이 취소되지 아니하고 가석방 전에 집행을 받은 기간과 같은 기간이 경과한 때에는 형의 집행을 종료한 것으로 한다(소년법 제66조).

부 록

고위공직자범죄수사처 설치 및 운영에 관한 법률 (약칭: 공수처법)

[시행 2020.7.15] [법률 제16863호, 2020.1.14, 제정]

제1장 총칙

제1조(목적) 이 법은 고위공직자범죄수사처의 설치와 운영에 관하여 필요한 사항을 규정함을 목적으로 한다.

제2조(정의) 이 법에서 사용하는 용어의 정의는 다음과 같다.

1. “고위공직자”란 다음 각 목의 어느 하나의 직(職)에 재직 중인 사람 또는 그 직에서 퇴직한 사람을 말한다. 다만, 장성급 장교는 현역을 면한 이후도 포함된다.
   가. 대통령
   나. 국회의장 및 국회의원
   다. 대법원장 및 대법관
   라. 헌법재판소장 및 헌법재판관
   마. 국무총리와 국무총리비서실 소속의 정무직공무원
   바. 중앙선거관리위원회의 정무직공무원
   사. 「공공감사에 관한 법률」 제2조 제2호에 따른 중앙행정기관의 정무직공무원
   아. 대통령비서실·국가안보실·대통령경호처·국가정보원 소속의 3급 이상 공무원
   자. 국회사무처, 국회도서관, 국회예산정책처, 국회입법조사처의 정무직공무원
   차. 대법원장비서실, 사법정책연구원, 법원공무원교육원, 헌법재판소사무처의 정무직공무원
   카. 검찰총장
   타. 특별시장·광역시장·특별자치시장·도지사·특별자치도지사 및 교육감
   파. 판사 및 검사

하. 경무관 이상 경찰공무원

거. 장성급 장교

너. 금융감독원 원장·부원장·감사

더. 감사원·국세청·공정거래위원회·금융위원회 소속의 3급 이상 공무원

2. "가족"이란 배우자, 직계존비속을 말한다. 다만, 대통령의 경우에는 배우자와 4촌 이내의 친족을 말한다.

3. "고위공직자범죄"란 고위공직자로 재직 중에 본인 또는 본인의 가족이 범한 다음 각 목의 어느 하나에 해당하는 죄를 말한다. 다만, 가족의 경우에는 고위공직자의 직무와 관련하여 범한 죄에 한정한다.

가. 「형법」 제122조부터 제133조까지의 죄(다른 법률에 따라 가중처벌되는 경우를 포함한다)

나. 직무와 관련되는 「형법」 제141조, 제225조, 제227조, 제227조의2, 제229조(제225조, 제227조 및 제227조의2의 행사죄에 한정한다), 제355조부터 제357조까지 및 제359조의 죄(다른 법률에 따라 가중처벌되는 경우를 포함한다)

다. 「특정범죄 가중처벌 등에 관한 법률」 제3조의 죄

라. 「변호사법」 제111조의 죄

마. 「정치자금법」 제45조의 죄

바. 「국가정보원법」 제18조, 제19조의 죄

사. 「국회에서의 증언·감정 등에 관한 법률」 제14조 제1항의 죄

아. 가목부터 마목까지의 죄에 해당하는 범죄행위로 인한 「범죄수익은닉의 규제 및 처벌 등에 관한 법률」 제2조 제4호의 범죄수익등과 관련된 같은 법 제3조 및 제4조의 죄

4. "관련범죄"란 다음 각 목의 어느 하나에 해당하는 죄를 말한다.

가. 고위공직자와 「형법」 제30조부터 제32조까지의 관계에 있는 자가 범한 제3호 각 목의 어느 하나에 해당하는 죄

나. 고위공직자를 상대로 한 자의 「형법」 제133조, 제357조 제2항의 죄

다. 고위공직자범죄와 관련된 「형법」 제151조 제1항, 제152조, 제154조부터 제156조까지의 죄 및 「국회에서의 증언·감정 등에 관한 법률」 제14조

제1항의 죄

라. 고위공직자범죄 수사 과정에서 인지한 그 고위공직자범죄와 직접 관련성이 있는 죄로서 해당 고위공직자가 범한 죄

5. "고위공직자범죄등"이란 제3호와 제4호의 죄를 말한다.

제3조(고위공직자범죄수사처의 설치와 독립성) ① 고위공직자범죄등에 관하여 다음 각 호에 필요한 직무를 수행하기 위하여 고위공직자범죄수사처(이하 "수사처"라 한다)를 둔다.

1. 고위공직자범죄등에 관한 수사
2. 제2조 제1호 다목, 카목, 파목, 하목에 해당하는 고위공직자로 재직 중에 본인 또는 본인의 가족이 범한 고위공직자범죄 및 관련범죄의 공소제기와 그 유지

② 수사처는 그 권한에 속하는 직무를 독립하여 수행한다.

③ 대통령, 대통령비서실의 공무원은 수사처의 사무에 관하여 업무보고나 자료제출 요구, 지시, 의견제시, 협의, 그 밖에 직무수행에 관여하는 일체의 행위를 하여서는 아니 된다.

제2장 조직

제4조(처장·차장 등) ① 수사처에 처장 1명과 차장 1명을 두고, 각각 특정직공무원으로 보한다.

② 수사처에 수사처검사와 수사처수사관 및 그 밖에 필요한 직원을 둔다.

제5조(처장의 자격과 임명) ① 처장은 다음 각 호의 직에 15년 이상 있던 사람 중에서 제6조에 따른 고위공직자범죄수사처장후보추천위원회가 2명을 추천하고, 대통령이 그 중 1명을 지명한 후 인사청문회를 거쳐 임명한다.

1. 판사, 검사 또는 변호사
2. 변호사 자격이 있는 사람으로서 국가기관, 지방자치단체, 「공공기관의 운영에 관한 법률」 제4조에 따른 공공기관 또는 그 밖의 법인에서 법률에 관한 사무에 종사한 사람
3. 변호사 자격이 있는 사람으로서 대학의 법률학 조교수 이상으로 재직하였던 사람

② 제1항 각 호에 규정된 둘 이상의 직에 재직한 사람에 대해서는 그 연수를 합산한다.

③ 처장의 임기는 3년으로 하고 중임할 수 없으며, 정년은 65세로 한다.

④ 처장이 궐위된 때에는 제1항에 따른 절차를 거쳐 60일 이내에 후임자를 임명하여야 한다. 이 경우 새로 임명된 처장의 임기는 새로이 개시된다.

제6조(고위공직자범죄수사처장후보추천위원회) ① 처장후보자의 추천을 위하여 국회에 고위공직자범죄수사처장후보추천위원회(이하 "추천위원회"라 한다)를 둔다.

② 추천위원회는 위원장 1명을 포함하여 7명의 위원으로 구성한다.

③ 위원장은 제4항 각 호의 위원 중에서 호선한다.

④ 국회의장은 다음 각 호의 사람을 위원으로 임명하거나 위촉한다.

1. 법무부장관
2. 법원행정처장
3. 대한변호사협회장
4. 대통령이 소속되거나 소속되었던 정당의 교섭단체가 추천한 2명
5. 제4호의 교섭단체 외의 교섭단체가 추천한 2명

⑤ 추천위원회는 국회의장의 요청 또는 위원 3분의 1 이상의 요청이 있거나 위원장이 필요하다고 인정할 때 위원장이 소집하고, 위원 6인 이상의 찬성으로 의결한다.

⑥ 추천위원회 위원은 정치적으로 중립을 지키고 독립하여 그 직무를 수행한다.

⑦ 추천위원회가 제5조 제1항에 따라 처장후보자를 추천하면 해당 추천위원회는 해산된 것으로 본다.

⑧ 그 밖에 추천위원회의 운영 등에 필요한 사항은 국회규칙으로 정한다.

제7조(차장) ① 차장은 10년 이상 제5조 제1항 각 호의 직에 재직하였던 사람 중에서 처장의 제청으로 대통령이 임명한다.

② 제5조 제2항은 차장의 임명에 준용한다.

③ 차장의 임기는 3년으로 하고 중임할 수 없으며, 정년은 63세로 한다.

제8조(수사처검사) ① 수사처검사는 변호사 자격을 10년 이상 보유한 자로서 재판, 수사 또는 수사처규칙으로 정하는 조사업무의 실무를 5년 이상 수행한 경력이 있는 사람 중에서 제9조에 따른 인사위원회의 추천을 거쳐 대통령이 임명한다.

이 경우 검사의 직에 있었던 사람은 제2항에 따른 수사처검사 정원의 2분의 1을 넘을 수 없다.

② 수사처검사는 특정직공무원으로 보하고, 처장과 차장을 포함하여 25명 이내로 한다.

③ 수사처검사의 임기는 3년으로 하고, 3회에 한정하여 연임할 수 있으며, 정년은 63세로 한다.

④ 수사처검사는 직무를 수행함에 있어서 「검찰청법」 제4조에 따른 검사의 직무 및 「군사법원법」 제37조에 따른 군검사의 직무를 수행할 수 있다.

제9조(인사위원회) ① 처장과 차장을 제외한 수사처검사의 임용, 전보, 그 밖에 인사에 관한 중요 사항을 심의·의결하기 위하여 수사처에 인사위원회를 둔다.

② 인사위원회는 위원장 1명을 포함한 7명의 위원으로 구성하고, 인사위원회의 위원장은 처장이 된다.

③ 인사위원회 위원 구성은 다음 각 호와 같다.

1. 처장
2. 차장
3. 학식과 덕망이 있고 각계 전문 분야에서 경험이 풍부한 사람으로서 처장이 위촉한 사람 1명
4. 대통령이 소속되거나 소속되었던 정당의 교섭단체가 추천한 2명
5. 제4호의 교섭단체 외의 교섭단체가 추천한 2명

④ 제3항 제3호부터 제5호까지의 규정에 따른 위원의 임기는 3년으로 한다.

⑤ 인사위원회는 재적위원 과반수의 찬성으로 의결한다.

⑥ 그 밖에 인사위원회의 구성과 운영 등에 필요한 사항은 수사처규칙으로 정한다.

제10조(수사처수사관) ① 수사처수사관은 다음 각 호의 어느 하나에 해당하는 사람 중에서 처장이 임명한다.

1. 변호사 자격을 보유한 사람
2. 7급 이상 공무원으로서 조사, 수사업무에 종사하였던 사람
3. 수사처규칙으로 정하는 조사업무의 실무를 5년 이상 수행한 경력이 있는 사람

② 수사처수사관은 일반직공무원으로 보하고, 40명 이내로 한다. 다만, 검찰청으

로부터 검찰수사관을 파견받은 경우에는 이를 수사처수사관의 정원에 포함한다.

③ 수사처수사관의 임기는 6년으로 하고, 연임할 수 있으며, 정년은 60세로 한다.

제11조(그 밖의 직원) ① 수사처의 행정에 관한 사무처리를 위하여 필요한 직원을 둘 수 있다.

② 제1항에 따른 직원의 수는 20명 이내로 한다.

제12조(보수 등) ① 처장의 보수와 대우는 차관의 예에 준한다.

② 차장의 보수와 대우는 고위공무원단 직위 중 가장 높은 직무등급의 예에 준한다.

③ 수사처검사의 보수와 대우는 검사의 예에 준한다.

④ 수사처수사관의 보수와 대우는 4급 이하 7급 이상의 검찰직공무원의 예에 준한다.

제13조(결격사유 등) ① 다음 각 호의 어느 하나에 해당하는 사람은 처장, 차장, 수사처검사, 수사처수사관으로 임명될 수 없다.

1. 대한민국 국민이 아닌 사람
2. 「국가공무원법」 제33조 각 호의 어느 하나에 해당하는 사람
3. 금고 이상의 형을 선고받은 사람
4. 탄핵결정에 의하여 파면된 후 5년이 지나지 아니한 사람
5. 대통령비서실 소속의 공무원으로서 퇴직 후 2년이 지나지 아니한 사람

② 검사의 경우 퇴직 후 3년이 지나지 아니하면 처장이 될 수 없고, 퇴직 후 1년이 지나지 아니하면 차장이 될 수 없다.

제14조(신분보장) 처장, 차장, 수사처검사는 탄핵이나 금고 이상의 형을 선고받은 경우를 제외하고는 파면되지 아니하며, 징계처분에 의하지 아니하고는 해임·면직·정직·감봉·견책 또는 퇴직의 처분을 받지 아니한다.

제15조(심신장애로 인한 퇴직) 수사처검사가 중대한 심신상의 장애로 인하여 직무를 수행할 수 없을 때 대통령은 처장의 제청에 의하여 그 수사처검사에게 퇴직을 명할 수 있다.

제16조(공직임용 제한 등) ① 처장과 차장은 퇴직 후 2년 이내에 헌법재판관(「대한민국헌법」 제111조 제3항에 따라 임명되는 헌법재판관은 제외한다), 검찰총장, 국무총리 및 중앙행정기관·대통령비서실·국가안보실·대통령경호처·국가정보

원의 정무직공무원으로 임용될 수 없다.

② 처장, 차장, 수사처검사는 퇴직 후 2년이 지나지 아니하면 검사로 임용될 수 없다.

③ 수사처검사로서 퇴직 후 1년이 지나지 아니한 사람은 대통령비서실의 직위에 임용될 수 없다.

④ 수사처에 근무하였던 사람은 퇴직 후 1년 동안 수사처의 사건을 변호사로서 수임할 수 없다.

제3장 직무와 권한

제17조(처장의 직무와 권한) ① 처장은 수사처의 사무를 통할하고 소속 직원을 지휘·감독한다.

② 처장은 국회에 출석하여 수사처의 소관 사무에 관하여 의견을 진술할 수 있고, 국회의 요구가 있을 때에는 수사나 재판에 영향을 미치지 않는 한 국회에 출석하여 보고하거나 답변하여야 한다.

③ 처장은 소관 사무와 관련된 안건이 상정될 경우 국무회의에 출석하여 발언할 수 있으며, 그 소관 사무에 관하여 법무부장관에게 의안(이 법의 시행에 관한 대통령령안을 포함한다)의 제출을 건의할 수 있다.

④ 처장은 그 직무를 수행함에 있어서 필요한 경우 대검찰청, 경찰청 등 관계 기관의 장에게 고위공직자범죄등과 관련된 사건의 수사기록 및 증거 등 자료의 제출과 수사활동의 지원 등 수사협조를 요청할 수 있다.

⑤ 처장은 제8조에 따른 수사처검사의 직을 겸한다.

⑥ 처장은 수사처의 예산 관련 업무를 수행하는 경우에 「국가재정법」 제6조 제2항에 따른 중앙관서의 장으로 본다.

제18조(차장의 직무와 권한) ① 차장은 처장을 보좌하며, 처장이 부득이한 사유로 그 직무를 수행할 수 없는 때에는 그 직무를 대행한다.

② 차장은 제8조에 따른 수사처검사의 직을 겸한다.

제19조(수사처검사 직무의 위임·이전 및 승계) ① 처장은 수사처검사로 하여금 그 권한에 속하는 직무의 일부를 처리하게 할 수 있다.

② 처장은 수사처검사의 직무를 자신이 처리하거나 다른 수사처검사로 하여금

처리하게 할 수 있다.

제20조(수사처검사의 직무와 권한) ① 수사처검사는 제3조 제1항 각 호에 따른 수사와 공소의 제기 및 유지에 필요한 행위를 한다.

② 수사처검사는 처장의 지휘·감독에 따르며, 수사처수사관을 지휘·감독한다.

③ 수사처검사는 구체적 사건과 관련된 제2항에 따른 지휘·감독의 적법성 또는 정당성에 대하여 이견이 있을 때에는 이의를 제기할 수 있다.

제21조(수사처수사관의 직무) ① 수사처수사관은 수사처검사의 지휘·감독을 받아 직무를 수행한다.

② 수사처수사관은 고위공직자범죄등에 대한 수사에 관하여 「형사소송법」 제196조 제1항에 따른 사법경찰관의 직무를 수행한다.

제21조(수사처수사관의 직무) ① 수사처수사관은 수사처검사의 지휘·감독을 받아 직무를 수행한다.

② 수사처수사관은 고위공직자범죄등에 대한 수사에 관하여 「형사소송법」 제197조 제1항에 따른 사법경찰관의 직무를 수행한다. 〈개정 2020.2.4.〉

[시행일 미지정] 제21조

제22조(정치적 중립 및 직무상 독립) 수사처 소속 공무원은 정치적 중립을 지켜야 하며, 그 직무를 수행함에 있어 외부로부터 어떠한 지시나 간섭을 받지 아니한다.

제4장 수사와 공소의 제기 및 유지

제23조(수사처검사의 수사) 수사처검사는 고위공직자범죄의 혐의가 있다고 사료하는 때에는 범인, 범죄사실과 증거를 수사하여야 한다.

제24조(다른 수사기관과의 관계) ① 수사처의 범죄수사와 중복되는 다른 수사기관의 범죄수사에 대하여 처장이 수사의 진행 정도 및 공정성 논란 등에 비추어 수사처에서 수사하는 것이 적절하다고 판단하여 이첩을 요청하는 경우 해당 수사기관은 이에 응하여야 한다.

② 다른 수사기관이 범죄를 수사하는 과정에서 고위공직자범죄등을 인지한 경우 그 사실을 즉시 수사처에 통보하여야 한다.

③ 처장은 피의자, 피해자, 사건의 내용과 규모 등에 비추어 다른 수사기관이 고위공직자범죄등을 수사하는 것이 적절하다고 판단될 때에는 해당 수사기관에 사

건을 이첩할 수 있다.

④ 제2항에 따라 고위공직자범죄등 사실의 통보를 받은 처장은 통보를 한 다른 수사기관의 장에게 수사처규칙으로 정한 기간과 방법으로 수사개시 여부를 회신하여야 한다.

제25조(수사처검사 및 검사 범죄에 대한 수사) ① 처장은 수사처검사의 범죄 혐의를 발견한 경우에 관련 자료와 함께 이를 대검찰청에 통보하여야 한다.

② 수사처 외의 다른 수사기관이 검사의 고위공직자범죄 혐의를 발견한 경우 그 수사기관의 장은 사건을 수사처에 이첩하여야 한다.

제26조(수사처검사의 관계 서류와 증거물 송부 등) ① 수사처검사는 제3조 제1항 제2호에서 정하는 사건을 제외한 고위공직자범죄등에 관한 수사를 한 때에는 관계 서류와 증거물을 지체 없이 서울중앙지방검찰청 소속 검사에게 송부하여야 한다.

② 제1항에 따라 관계 서류와 증거물을 송부받아 사건을 처리하는 검사는 처장에게 해당 사건의 공소제기 여부를 신속하게 통보하여야 한다.

제27조(관련인지 사건의 이첩) 처장은 고위공직자범죄에 대하여 불기소 결정을 하는 때에는 해당 범죄의 수사과정에서 알게 된 관련범죄 사건을 대검찰청에 이첩하여야 한다.

제28조(형의 집행) ① 수사처검사가 공소를 제기하는 고위공직자범죄등 사건에 관한 재판이 확정된 경우 제1심 관할지방법원에 대응하는 검찰청 소속 검사가 그 형을 집행한다.

② 제1항의 경우 처장은 원활한 형의 집행을 위하여 해당 사건 및 기록 일체를 관할 검찰청의 장에게 인계한다.

제29조(재정신청에 대한 특례) ① 고소·고발인은 수사처검사로부터 공소를 제기하지 아니한다는 통지를 받은 때에는 서울고등법원에 그 당부에 관한 재정을 신청할 수 있다.

② 제1항에 따른 재정신청을 하려는 사람은 공소를 제기하지 아니한다는 통지를 받은 날부터 30일 이내에 처장에게 재정신청서를 제출하여야 한다.

③ 재정신청서에는 재정신청의 대상이 되는 사건의 범죄사실 및 증거 등 재정신청을 이유 있게 하는 사유를 기재하여야 한다.

④ 제2항에 따라 재정신청서를 제출받은 처장은 재정신청서를 제출받은 날부터

7일 이내에 재정신청서, 의견서, 수사 관계 서류 및 증거물을 서울고등법원에 송부하여야 한다. 다만, 신청이 이유 있는 것으로 인정하는 때에는 즉시 공소를 제기하고 그 취지를 서울고등법원과 재정신청인에게 통지한다.

⑤ 이 법에서 정한 사항 외에 재정신청에 관하여는 「형사소송법」 제262조 및 제262조의2부터 제262조의4까지의 규정을 준용한다. 이 경우 관할법원은 서울고등법원으로 하고, "지방검찰청검사장 또는 지청장"은 "처장", "검사"는 "수사처검사"로 본다.

제30조(처장의 재정신청에 대한 특례) ① 처장은 제26조 제2항에 따라 검사로부터 공소를 제기하지 아니한다는 통보를 받은 때에는 그 검사 소속의 지방검찰청 소재지를 관할하는 고등법원(이하 "관할 고등법원"이라 한다)에 그 당부에 관한 재정을 신청할 수 있다.

② 처장은 제1항에 따라 재정신청을 하려는 경우 공소를 제기하지 아니한다는 통보를 받은 날부터 30일 이내에 지방검찰청검사장 또는 지청장에게 재정신청서를 제출하여야 한다.

③ 재정신청서에는 재정신청의 대상이 되는 사건의 범죄사실 및 증거 등 재정신청을 이유 있게 하는 사유를 기재하여야 한다.

④ 제2항에 따라 재정신청서를 제출받은 지방검찰청검사장 또는 지청장은 재정신청서를 제출받은 날부터 7일 이내에 재정신청서, 의견서, 수사 관계 서류 및 증거물을 관할 고등검찰청을 경유하여 관할 고등법원에 송부하여야 한다. 다만, 신청이 이유 있는 것으로 인정하는 때에는 즉시 공소를 제기하고 그 취지를 관할 고등법원과 처장에게 통지한다.

⑤ 이 법에서 정한 사항 외에 재정신청에 관하여는 「형사소송법」 제262조, 제262조의2 및 제262조의4의 규정을 준용한다. 이 경우 "지방검찰청검사장 또는 지청장"은 "처장", "검사"는 "수사처검사"로 본다.

제31조(재판관할) 수사처검사가 공소를 제기하는 고위공직자범죄등 사건의 제1심 재판은 서울중앙지방법원의 관할로 한다. 다만, 범죄지, 증거의 소재지, 피고인의 특별한 사정 등을 고려하여 수사처검사는 「형사소송법」에 따른 관할 법원에 공소를 제기할 수 있다.

제5장 징계

제32조(징계사유) 수사처검사가 다음 각 호의 어느 하나에 해당하면 그 수사처검사를 징계한다.

1. 재직 중 다음 각 목의 어느 하나에 해당하는 행위를 한 때
   가. 정치운동에 관여하는 일
   나. 금전상의 이익을 목적으로 하는 업무에 종사하는 일
   다. 처장의 허가 없이 보수를 받는 직무에 종사하는 일
2. 직무상의 의무를 위반하거나 직무를 게을리하였을 때
3. 직무 관련 여부에 상관없이 수사처검사로서의 체면이나 위신을 손상하는 행위를 하였을 때

제33조(수사처검사징계위원회) ① 수사처검사의 징계 사건을 심의하기 위하여 수사처에 수사처검사징계위원회(이하 "징계위원회"라 한다)를 둔다.

② 징계위원회는 위원장 1명을 포함한 7명의 위원으로 구성하고, 예비위원 3명을 둔다.

제34조(징계위원회 위원장의 직무와 위원의 임기 등) ① 징계위원회의 위원장은 차장이 된다. 다만, 차장이 징계혐의자인 경우에는 처장이 위원장이 되고, 처장과 차장이 모두 징계혐의자인 경우에는 수사처규칙으로 정하는 수사처검사가 위원장이 된다.

② 위원은 다음 각 호의 사람이 된다.

1. 위원장이 지명하는 수사처검사 2명
2. 변호사, 법학교수 및 학식과 경험이 풍부한 사람으로서 위원장이 위촉하는 4명

③ 예비위원은 수사처검사 중에서 위원장이 지명하는 사람이 된다.

④ 제2항 제2호에 따라 위촉된 위원의 임기는 3년으로 한다.

⑤ 위원장은 징계위원회의 업무를 총괄하고, 회의를 소집하며, 그 의장이 된다.

⑥ 위원장이 부득이한 사유로 직무를 수행할 수 없을 때에는 위원장이 지정하는 위원이 그 직무를 대리하고, 위원장이 지정한 위원이 부득이한 사유로 직무를 수행할 수 없을 때에는 위원장이 지명하는 예비위원이 그 직무를 대리한다.

제35조(징계위원회의 사무직원) ① 징계위원회에 간사 1명과 서기 몇 명을 둔다.

② 간사는 위원장이 지명하는 수사처검사가 되고, 서기는 수사처 소속 공무원 중에서 위원장이 위촉한다.

③ 간사 및 서기는 위원장의 명을 받아 징계에 관한 기록과 그 밖의 서류의 작성 및 보관에 관한 사무에 종사한다.

제36조(징계의 청구와 개시) ① 징계위원회의 징계심의는 처장(처장이 징계혐의자인 경우에는 차장을, 처장 및 차장이 모두 징계혐의자인 경우에는 수사처규칙으로 정하는 수사처검사를 말한다. 이하 이 조 및 제38조 제1항, 제39조, 제40조 제2항, 제42조 제1항에서 같다)의 청구에 의하여 시작한다.

② 처장은 수사처검사가 제32조 각 호의 어느 하나에 해당하는 행위를 하였다고 인정할 때에는 제1항의 청구를 하여야 한다.

③ 징계의 청구는 징계위원회에 서면으로 제출하여야 한다.

제37조(징계부가금) ① 제36조에 따라 처장이 수사처검사에 대하여 징계를 청구하는 경우 그 징계 사유가 금품 및 향응 수수, 공금의 횡령·유용인 경우에는 해당 징계 외에 금품 및 향응 수수액, 공금의 횡령액·유용액의 5배 내의 징계부가금 부과 의결을 징계위원회에 청구하여야 한다.

② 제1항에 따른 징계부가금의 조정, 감면 및 징수에 관하여는 「국가공무원법」 제78조의2제2항 및 제3항을 준용한다.

제38조(재징계 등의 청구) ① 처장은 다음 각 호의 어느 하나에 해당하는 사유로 법원에서 징계 및 제37조에 따른 징계부가금 부과(이하 "징계등"이라 한다) 처분의 무효 또는 취소 판결을 받은 경우에는 다시 징계등을 청구하여야 한다. 다만, 제3호의 사유로 무효 또는 취소 판결을 받은 감봉·견책 처분에 대해서는 징계등을 청구하지 아니할 수 있다.

1. 법령의 적용, 증거 및 사실 조사에 명백한 흠이 있는 경우
2. 징계위원회의 구성 또는 징계등 의결, 그 밖에 절차상의 흠이 있는 경우
3. 징계양정 및 징계부가금이 과다한 경우

② 처장은 제1항에 따른 징계등을 청구하는 경우에는 법원의 판결이 확정된 날부터 3개월 이내에 징계위원회에 징계등을 청구하여야 하며, 징계위원회에서는 다른 징계사건에 우선하여 징계등을 의결하여야 한다.

제39조(퇴직 희망 수사처검사의 징계사유 확인 등) ① 처장은 수사처검사가 퇴직을 희

망하는 경우에는 제32조에 따른 징계사유가 있는지 여부를 감사원과 검찰·경찰, 그 밖의 수사기관에 확인하여야 한다.

② 제1항에 따른 확인 결과 해임, 면직 또는 정직에 해당하는 징계 사유가 있는 경우 처장은 지체 없이 징계등을 청구하여야 하며, 징계위원회는 다른 징계사건에 우선하여 징계등을 의결하여야 한다.

제40조(징계혐의자에 대한 부본 송달과 직무정지) ① 징계위원회는 징계청구서의 부본을 징계혐의자에게 송달하여야 힌다.

② 처장은 필요하다고 인정할 때에는 징계혐의자에게 직무 집행의 정지를 명할 수 있다.

제41조(징계의결) ① 징계위원회는 사건심의를 마치면 재적위원 과반수의 찬성으로 징계를 의결한다.

② 위원장은 의결에서 표결권을 가지며, 찬성과 반대가 같은 수인 경우에는 결정권을 가진다.

제42조(징계의 집행) ① 징계의 집행은 견책의 경우에는 처장이 하고, 해임·면직·정직·감봉의 경우에는 처장의 제청으로 대통령이 한다.

② 수사처검사에 대한 징계처분을 한 때에는 그 사실을 관보에 게재 하여야 한다.

제43조(다른 법률의 준용) 이 장에서 정하지 아니한 사항에 대하여는 「검사징계법」 제3조, 제9조부터 제17조까지, 제19조부터 제21조까지, 제22조(다만, 제2항의 "제23조"는 "제42조"로 본다), 제24조부터 제26조까지의 규정을 준용한다. 이 경우 "검사"는 "수사처검사"로 본다.

제6장 보칙

제44조(파견공무원) 수사처 직무의 내용과 특수성 등을 고려하여 필요한 경우에는 다른 행정기관으로부터 공무원을 파견받을 수 있다.

제45조(조직 및 운영) 이 법에 규정된 사항 외에 수사처의 조직 및 운영에 필요한 사항은 수사처규칙으로 정한다.

제46조(정보제공자의 보호) ① 누구든지 고위공직자범죄등에 대하여 알게 된 때에는 이에 대한 정보를 수사처에 제공할 수 있으며, 이를 이유로 불이익한 조치를 받지 아니한다.

② 수사처는 내부고발자에게 「공익신고자 보호법」에 따른 보호조치 및 지원행위를 할 수 있다. 내부고발자 보호에 관한 세부적인 사항은 대통령령으로 정한다.

제47조(다른 법률의 준용) 그 밖에 수사처검사 및 수사처수사관의 이 법에 따른 직무와 권한 등에 관하여는 이 법의 규정에 반하지 아니하는 한 「검찰청법」(다만, 제4조 제1항 제2호, 제4호, 제5호는 제외한다), 「형사소송법」을 준용한다.

부칙 〈제16863호, 2020.1.14.〉

제1조(시행일) 이 법은 공포 후 6개월이 경과한 날부터 시행한다.

제2조(수사처 설립에 관한 준비행위) 수사처 소속 공무원의 임명 등 수사처의 설립에 필요한 행위 및 그 밖에 이 법 시행을 위하여 필요한 준비행위는 이 법 시행 전에 할 수 있다.

찾아보기

ㄴ

ㄷ

ㅁ

ㅇ

ㅍ

ㅎ

저자 오 경 식)

능인중 · 고등학교 졸업
연세대학교 법과대학 졸업, 동 대학원 석사 박사
독일 튀빙겐대학 법대 객원교수, 일본 동북대학 객원연구원, 미국 UC버클리 로스쿨 방문학자
OCU(열린사이버대학교) 형사소송법 겸임교수. 중앙경찰학교 형사법담당 외래강사
강원도소방학교 형사소송법 외래강사
국립강릉원주대학교 법학과 교수
국립강릉원주대학교 대학원장, 전국대학원장협의회 회장

• 현재

한국비교형사법학회 전회장(현 고문). 한국피해자학회 전회장(현 고문)
한국형사소송법학회 부회장. 한국소년정책학회 부회장
한국교정학회 부회장. 국회 입법지원위원
법무부 인권강사. 대검찰청 수사심의위원회 위원
서울중앙지검 항고심의위원회 위원. 서울고등검찰청 상고심의위원회 위원
사법시험, 행정고시 입법고시, 경찰채용 및 공무원 채용 및 승진 시험 출제위원
2000년, 2003년 강릉대학교 학술상 수상. 인문사회연구회 우수연구과제상
2007년 다딤돌상 수상(강릉시), 2008년 국민훈장 석류장 수훈

• 저서

서초동 0.917(공저). 미국형사소송법 개요
소년법(공저). 생활과법률
신용카드범죄의 실채와 대책에 대한 연구 외 다수

알기쉬운 **형사소송법**(제2판)

2024년 2월 28일 제2판 발행
2019년 9월 2일 초판 발행

저 자 오 경 식
발행인 이 구 만
발행처 유원북스 도서출판

04091 서울특별시 마포구 토정로 222, 416호
(신수동, 한국출판콘텐츠센터)
대표전화 (02)593-1800 Fax (02)6455-1809
등록 2011. 9. 6. 제25100-2012-3호
www.uwonbooks.com uwbooks@daum.net

정 가 27,000원 ISBN 979-11-6288-198-9 93360